HEYNE
BÜCHER

W0402072

HEYNE KOCHBÜCHER

FAITH WILLINGER

DIE VEGETARISCHE ITALIENISCHE KÜCHE

Über 150 Gemüsevariationen, Suppen, Salate, Pasta und Risotti

WILHELM HEYNE VERLAG
MÜNCHEN

HEYNE KOCHBUCH
07/4713

Titel der amerikanischen Originalausgabe:
RED, WHITE & GREENS.
THE ITALIAN WAY WITH VEGETABLES
erschienen 1996 bei HarperCollins Publishers, Inc., New York

Ins Deutsche übertragen von
MARTINA WALTER

Gekürzte Taschenbuchausgabe
Published by arrangement with HarperCollins Pulishers, Inc.
Printed in Germany 1998
Umschlaggestaltung: Atelier Ingrid Schütz, München
Umschlagfoto: Jerry Orabona
Satz: Schaber Satz- und Datentechnik, Wels
Druck und Bindung: RMO-Druck, München

ISBN 3-453-12996-2

tutto fa brodo

Für Max
und Massimo

Abkürzungen und Erklärungen:

EL	=	Eßlöffel
TL	=	Teelöffel
l	=	Liter
ml	=	Milliliter ($^{1}/_{1000}$ l = 1 g)
g	=	Gramm
kg	=	Kilogramm ($^{1}/_{10}$ l)

1 Tasse = 1 normale Teetasse von $^{1}/_{8}$ l Inhalt
Gegarte Zutaten, die in ›ml‹ angegeben sind, sollen in einem Meßbecher abgemessen werden, z. B. gekochte Bohnen

Eine ›Mandoline‹ ist ein Schneidegerät, das man nur im Großhandel für Gastronomiebetriebe erhält.
Bei der ›Flotten Lotte‹ handelt es sich um ein Passiergerät, mit dem man gekochte Früchte und Gemüse durchdrehen kann, wobei die Schalen und Kerne zurückbleiben. Es dürfte in den meisten Fachgeschäften und Kaufhäusern vorrätig sein.

Inhalt

Grazie und Dankeschön!

Seit mehr als zwanzig Jahren sammle ich Rezepte aus ganz Italien. Ich bringe sie heim in meine Florentiner Küche und koche sie nach für meinen Sohn Max und meinen Mann Massimo – beide kritische und verwöhnte Esser, die alle Experimente ohne Beschwerde mitmachen.

Die meisten Rezepte in diesem Buch stammen aus Küchen wie Ihrer und meiner. Es sind Gerichte, die ich mit Freunden gegessen oder nach den guten Ratschlägen von italienischen Bauern zubereitet habe oder die mir irgendeine andere gute Seele zum Thema Gemüse vermitteln wollte. Einige Rezepte stammen auch aus meinen Lieblingsrestaurants in Italien, die ebenfalls Hausmannskost servieren. So geht ein ganz besonders dickes Dankeschön für die Mithilfe an diesem Buch an:

Meinen Mann Massimo und seine Familie: Massimo führte mich in die Küche der Toskana und ihre Zutaten ein und brachte mir das Kochen mit nur allerbesten Olivenölen näher. Seine kulinarischen Kenntnisse und sein unfehlbarer Gaumen erstaunen mich noch heute. Sein Vater Enzo sammelte Wildgemüse. Er brachte im Herbst Olivenöl aus der Mühle, kam mit riesigen Stücken der erstaunlichsten Käsesorten nach Hause und verwöhnte uns mit Leckereien wie wilden Eßkastanien und geräuchertem Hering. *Massimos Tante Enza* ist eine wundervolle Köchin – ein paar ihrer Spezialitäten mußten einfach in diesem Buch erscheinen.

Torquato Innocenti, meinen Lieblingsbauern auf dem Santo Spirito-Markt in Florenz: Im breiten Toskanadialekt gibt er zu jedem seiner Gemüse ein Rezept als Dreingabe – eine Verkaufsmasche, die mich schon seit Jahren fasziniert. Er verkauft unbehandelte Produkte aus seinem Garten vor der Stadt,

Eier von eigenen Hühnern, säckeweise weiße Cannellino-Bohnen und hin und wieder ein paar Flaschen hausgemachtes Tomatenpüree. Seinen Kunden kauft er um ein paar Lire altes Brot für seine Hühner und Kaninchen ab. Torquatos Rezepte sind immer einfach, nicht die genauesten und beginnen in der Regel mit einem »Schuß Öl«. Gratis bekommt man von ihm noch Informationen zu Anbau, Wachstum und den gesundheitlichen Vorteilen seiner Produkte. Seine guten Ratschläge finden Sie über das ganze Buch verstreut.

Fabio Picchi und seine Frau, *Benedetta Vitale:* Ihnen gehört das *Cibrèo,* Restaurant, Trattoria und Bar in Florenz. Bei ihnen bekommt man die Hausmannskost, die ich so liebe, »aufgeheizt« mit Knoblauch und scharfen Peperoncini. Fabios Großvater, ein Antifaschist, ging nicht in den Krieg, blieb zuhause und kochte. Seine Familie verbrachte den Sommer auf der Insel Elba – eine Zeit, die Fabios kulinarische Interpretation von Land und Meer entscheidend prägte. Die Küche des *Cibrèo* spiegelt den ganzen Reichtum an saisonaler Vielfalt wider, die der Florentiner Markt Sant'Ambrogio, nur einen Steinwurf entfernt, als eine der besten Einkaufsquellen für Frischwaren direkt von Bauern und Händlern zu bieten hat. Ich habe Stunden in Fabios und Benedettas Küche verbracht und noch mehr Zeit in ihrem Restaurant und bin mit einer reichen Beute an wunderbaren Rezepten heimgekehrt.

Für die Hilfe beim Schreiben dieses Kochbuchs danke ich natürlich auch meinen ganzen Freunden, die mir wichtige Dinge organisierten und immer gerne als Testpersonen zur Verfügung standen. Dazu allen Bäckern, Köchen, Winzern, Ölmachern und Händlern Italiens sowie meinen Lesern, Kritikern, Lektoren und Herausgebern – all den lieben Personen, die mich mit wertvollen Ratschlägen und viel Enthusiasmus unterstützten.

Ausflug in die italienische Küchengeschichte

Die Italiener stellen aufregende Dinge mit Gemüse an. Die gleiche Kreativität, mit der sie in fünfundzwanzig Jahrhunderten weltberühmte Kunst, Architektur, Technologie, Mode und Design schufen, verwendeten sie auch auf das Königreich der Gemüse und entwickelten daraus eine geradezu umwerfende *cucina*. Italienische Köche müssen nicht darum betteln, daß ihre Gemüsegerichte gegessen werden. Wenn man den Texten des Altertums über die medizinischen Vorzüge der verschiedenen Nahrungsmittel glaubt, haben viele der in Italien üblichen Gemüsesorten eine stimulierende oder aphrodisische Wirkung. Vielleicht sind intellektuelle und künstlerische Kreativität und auch der berühmte »Latin Lover« ja die direkten Folgen einer Ernährung mit italienischem Gemüse?!

Mussolini nannte Italien den »Flugzeugträger des Mittelmeers«: Durch Handel und Entdeckungsreisen dehnte sich der Markt Italiens in früheren Zeiten ständig aus. Die Seefahrernationen Venedig, Amalfi, Pisa und Genua brachten Waren aus aller Welt ins Land. Exotische Importe wuchsen in den Gärten von Aristokratie und Kirche, ebenso bestaunt als landwirtschaftliche und medizinische Studienobjekte wie als Kuriosika aus fremden Kulturen. Das erklärt zumindest teilweise die Vielfalt der italienischen Gemüsesorten.

Mönche und Ärzte füllten dicke Bände über die medizinischen und verdauungsfördernden Eigenschaften von Kräutern, Pflanzen und Früchten, in nur schwer leserlicher Handschrift und verziert mit schönen botanischen Schwarzweißdrucken. Reiseberichte und kulinarische Abhandlungen dokumentieren das damalige Interesse an Produkten aus der Fremde und ihre

Auswirkungen auf die heimische Küche. Arabische Reisende, die nach Sizilien kamen, römische Feinschmecker, anonyme toskanische und venezianische Köche des 14. Jahrhunderts, schreibende Botaniker wie Ulisse Aldrovandi und Costanzo Felici oder der Exil-Venezianer Castelvetro – sie alle schrieben über einheimische und importierte Zutaten und ihre Verwendung in der Küche.

Italiens Klima ist ideal für die Landwirtschaft. Die Alpengipfel Norditaliens halten das kältere Wetter Nordeuropas ab. In geschützten Tälern wächst ganzjährig Gemüse. In kaum einer Region gibt es im Winter Bodenfrost – kein Wunder, daß man vom »sonnigen Italien« spricht. In einer Vielzahl von Mikroklimata, in Lagunen, auf trockenen Inseln, in fruchtbaren Tälern, auf Ebenen und hügeligen Terrassenfeldern wächst eine breite Palette an Gemüsesorten. Fast immer gibt es preiswerte Angebote, und ihre Verwendung in der Küche ist geprägt durch die bäuerlichen Traditionen ihrer Erzeuger.

Auch die Armut ist mitverantwortlich für eine hauptsächlich auf Gemüse basierende Ernährung. Grünes aus der freien Natur und Waldpilze im Überfluß bereichern kostenlos den täglichen Speiseplan des aufmerksamen Sammlers: seine Beute sind wilder Spargel, Wildgemüse, Beeren, Pilze und Trüffeln.

Die katholischen Fastentage nährten jedermanns Abhängigkeit von Gemüse. Das galt nicht nur für die Armen, deren Gerichte in der Küchenchronik nur selten auftauchten. Kochbücher wurden von Hofköchen und berühmten Gastronomen geschrieben. Allerdings verschönten sie magere Gerichte mit exotischem und teurem Zucker und Gewürzen, die es im damaligen Durchschnittshaushalt sicherlich nicht gab. Hausmannskost war einfacher und wurde nur selten niedergeschrieben. Glücklicherweise dokumentierten auch Nonnen und Mönche die Küche ihrer Zeit, und nicht selten wurde die Zubereitungszeit dabei in Ave-Maria-Längen angegeben!

Regionale Abgeschiedenheit und kulturelle Besonderheiten formten unterschiedliche Einstellungen zur Gemüseküche. So werden zum Beispiel verschiedene Kürbisarten immer wieder anders verwendet: in der einen Region tauchen sie als Pasta-Füllung auf, in der nächsten mit Reis, in wieder anderen Gegenden werden sie eingelegt, kandiert, fritiert, püriert, gedünstet oder geschmort. Aber wehe, man spricht mit Befürwortern des Einlegens über Fritieren – bestenfalls ein spöttisches Lächeln ist alles, was man erntet. Jede Gegend, jedes Dorf und wahrscheinlich jeder einzelne Haushalt hält die jeweils typische Kürbisart und -zubereitung für die einzig wahre.

Doch der wichtigste Grund dafür, daß die Italiener soviel Gemüse essen, ist wahrscheinlich der, daß es so gut schmeckt. Reifes Gemüse der Jahreszeit ist der Star der italienischen Küche. Man behandelt es mit Respekt und kombiniert es selten mit mehr als ein paar Grundzutaten, um zu vermeiden, daß ein Geschmack zu sehr hervorsticht. Die wenigen verwendeten Zutaten sollten allerdings von bester Qualität sein. Erntefrische ist ein Muß. Es ergibt keinen Sinn, sich mit geschmacklosen Treibhaustomaten an einer sommerlichen Tomatensauce zu versuchen. Oder mit großgezüchteten, viel zu weichen und angeschlagenen Artischocken an einem Artischockenrezept. Außerhalb ihrer Saison verwendete Ware ergibt meist zweitklassige oder noch schlechtere Ergebnisse. Das sollte man möglichst vermeiden.

Kochen auf italienische Art

Fast so wichtig wie die Zutaten in der Vorratskammer ist in Italien die Einstellung zum Kochen. Die Küche des italienischen Haushalts basiert auf frischen Produkten direkt aus dem eigenen Garten oder vom Bauernmarkt – was heißt, aus einem anderen Garten. Koch oder Köchin suchen ihre Zutaten ohne Menüfolge im Kopf aus. Man wählt die jeweils besten, reifesten Produkte, trägt sie nach Hause und bereitet daraus eine Mahlzeit zu. Das kann Gemüse als Vorspeise, Suppe, im Risotto, mit Pasta oder Polenta bedeuten, als Beilage, Salat, Hauptgericht oder als rohe Erfrischung am Ende einer Mahlzeit, zusammen mit Obst.

Da es Gemüse der Jahreszeit jeweils im Überfluß gibt, müssen italienische Köche die einzelnen Sorten kreativ einsetzen, in mehr als nur einer Zubereitung und mehr als nur einem Gang. So wird die Spargelsaison zu einem Festival an Spargelgerichten, die in ihrer Vielfalt das Angebot noch übertreffen: Spargelomelett, Spargelrisotto, Spargel gekocht, im Ofen überbacken, Spargelpfanne oder roher Spargel. Wenn man dieses Konzept mit der Anzahl der Gemüsesorten je Saison multipliziert und dann die möglichen Kombinationen aus Gemüsegerichten und Suppen, das regional verfügbare Angebot an frischen Kräutern, das zur Zubereitung verwendete Fett oder Öl oder die dazu servierten Teigwaren und die »grüne Resteküche« dazurechnet – dann kann man ersehen, daß die Arten der Gemüsezubereitung einer italienischen Hausfrau schier unerschöpflich sind.

Bei manchen Gerichten ist der Arbeitsaufwand minimal, beispielsweise bei gekochtem Spargel, Zucchini oder grünen Bohnen, die einfach mit nativem Olivenöl extra, Salz und Pfeffer serviert werden. Oft gart man das Gemüse in einem großen Topf Wasser, in dem dann auch die Pasta gekocht wird.

Die meisten italienischen Gemüsegerichte kommen mit nur wenigen Zutaten aus – es gibt keine langen Listen exotischer Dinge, die man erst stundenlang in Fachgeschäften suchen muß. Vieles läßt sich vorbereiten und bei Zimmertemperatur servieren. Sommergerichte machen meist noch weniger Arbeit, da sich im heißen Mittelmeerklima kaum jemand zu sehr anstrengen möchte.

Saisongemüse ist normalerweise preiswert. Wenn Fleisch und Fisch nur als würzende Zutaten eingesetzt werden, sind Gemüserezepte im allgemeinen günstig zu verwirklichen, und populäre Gerichte der Bauernküche, die auch auf feineren Tafeln ihren Platz finden, sind zu köstlich, um übergangen zu werden. Die einzige Extravaganz ist erstklassiges Olivenöl – natives Olivenöl extra. In vielen Regionalküchen Italiens kommt es im Überfluß zum Einsatz. Natives Olivenöl extra ist teuer, aber seinen Preis wert, weil es den Weg zu exzellentem Geschmack bereitet. Es ist nicht einfach, solch ein qualitativ hochwertiges Öl aus dem Angebot herauszupicken, und oftmals hat der Handel auch gar keine Sorten zu bieten, die den Feinschmecker befriedigen würden. Doch auch ein hoher Preis oder eine ansprechende Aufmachung sind noch kein Qualitätsgarant. Auf den nächsten Seiten folgen weitere Informationen zu nativem Olivenöl extra und wie man es erkennt – denn je besser das Öl, desto besser werden auch die nachfolgenden Rezepte gelingen. Mein Florentiner Ehemann war entsetzt, als er sah, daß ich in allen Rezepten nur die minimale Menge an Olivenöl angegeben habe. Er gibt bei Tisch immer noch einen Extraschuß Öl dazu.

Mit Mengenangaben nehmen es Italiener überhaupt nicht genau. In italienischen Kochbüchern findet man oft »q.b.«, *quanto basta* als Mengenangabe, was bedeutet »soviel wie nötig«. Eine anderer üblicher Hinweis ist »Kochen, bis es gar ist«. Gehen Sie also entspannt mit Mengen um. Alle Italiener, die mir zusahen, wunderten sich, als ich die Zutaten für die Rezepte dieses Buches abmaß. Folgen Sie den genauen Angaben doch ein- oder zweimal, bis Sie sich an das Rezept gewöhnt haben. Dann kochen Sie es einfach auf Ihre eigene Art nach.

Die italienische Speisekammer

Jede italienische Speisekammer enthält einige grundlegende Dinge, die in Kombination mit Frischprodukten zu einer Mahlzeit werden. Ohne sie kann gutes italienisches Essen gar nicht zubereitet werden. Auch bei uns sind diese Zutaten erhältlich. Sicher geht man immer mit dem qualitativ Besten. Zu entscheiden, was das Beste ist, ist allerdings nicht immer leicht.

Natives Olivenöl extra und seine essentielle Bedeutung

Warum wird um natives Olivenöl extra soviel Aufhebens gemacht? Was heißt »nativ extra«, »nativ« oder »kaltgepreßt« überhaupt? Ist Olivenöl nicht ölig und schwer verdaulich? Und wie kann ein Verbraucher, der ohne Italiener in der Familie aufgewachsen ist, ein gutes Öl unter der Vielzahl preislich unterschiedlicher Flaschen erkennen?

Natives Olivenöl extra ist der wichtigste Bestandteil der italienischen Küche, die Grundlage allen Kochens, der Hintergrund, vor dem sich der Geschmack entfaltet. Es wird in fast jedem Rezept dieses Buches verwendet. Erstklassiges Öl ist das Geheimnis zum Erfolg, und schon ein Teelöffel davon kann rohes oder gekochtes Gemüse zu einem Geschmackserlebnis werden lassen. Minderwertiges Öl hat nichts derart Aufregendes zu bieten und ist der Leistung eines Kochs meist abträglich.

Ich lebe in der Toskana, dem Land der Oliven, zusammen mit einem Ehemann, für den Butter etwas für unterentwickelte Gaumen ist. Er brachte mir alles über Olivenöl bei und bombardierte meine Geschmacksnerven so lange mit den besten

Qualitäten, bis ich die Botschaft verstanden hatte – was nicht lange dauerte. In nördlicheren Regionen wird auch Butter verwendet, alleine oder in Kombination mit Olivenöl. Aber nicht in der Toskana oder in Rom, wo ich kochen lernte. Hier gibt *olio extra vergine di oliva*, natives Olivenöl extra, den Ton an.

In der Toskana verwendet man natives Olivenöl extra nicht nur, weil es soviel Geschmack hat. Auch andere Gründe untermauern seinen Ehrenplatz in der Küche: Es ist cholesterinfrei, hat fast nur ungesättigte Fettsäuren und ist reich an Vitamin E. Für seine Herstellung werden Oliven ohne chemische Lösungsmittel gepreßt, die leider bei anderen Pflanzenölen oft eingesetzt werden. Natives Olivenöl extra ist wirklich rein, obwohl skrupellose industrielle Ölhersteller auch schon angefangen haben, seinen hervorragenden Ruf für ihre Zwecke zu mißbrauchen.

Ende November werden in ganz Mittelitalien grüne und blauschwarze Oliven handgepflückt und so schnell und schonend wie möglich in eine *frantoio*, eine Olivenöl-Mühle, gebracht. Oliven, die nach der Ernte zu lange aufeinanderliegen und womöglich auf der Fahrt wilden Stößen ausgesetzt sind, werden warm, fangen an zu gären, säuern und verderben das Öl, bevor es gepreßt ist. In einer traditionellen Ölmühle werden die Oliven gewaschen und alle Blätter entfernt. Die Früchte werden zwischen Mühlsteinen aus Granit zerquetscht. Heraus kommt ein homogener Brei. Er wird auf runde Matten aufgestrichen, die heute wegen der besseren Hygiene meist aus Kunststoff sind. Man stapelt sie wie einen Haufen Schallplatten aufeinander und fügt zur Stabilisierung nach allen zehn Scheiben eine Metallplatte ein. Der Stapel wird dann mechanisch gepreßt, was eine bräunliche Flüssigkeit ergibt: eine Mischung aus Öl und Fruchtsaft, die durch Zentrifugieren in ihre Bestandteile getrennt wird. Aus dieser ersten Pressung erhält man natives Olivenöl extra. Es darf maximal ein Prozent freie Ölsäuren enthalten – alle guten Öle haben noch weniger. Natives Öl aus derselben Pressung enthält unter vier Prozent Säure. Öle mit höherem Säuregehalt sind das Ergebnis weiterer Pressungen, bei der chemische Lösungsmittel eingesetzt werden. Sie werden deodoriert, auf 0,5 Prozent entsäuert und entfärbt. Für den besseren Geschmack gibt man eine kleine Menge nativen Öls dazu. Diese Öle möchte ich nicht empfehlen.

Es ist nicht so leicht, ein qualitativ gutes natives Olivenöl extra auszuwählen. Das Mikroklima des Anbaugebiets, die Olivensorten, die geographische Lage und die Verarbeitung haben Einfluß auf Geschmack und Farbe. In Gebieten, in denen während der Ernte Frostgefahr besteht, mischt man reife und grüne Oliven. Das gibt ein pfeffriges Öl mit möglicherweise aggressivem Geschmack, wenn es ganz frisch ist. Im gemäßigten Klima, wo die Oliven voll ausreifen können, gibt es goldgelbe, leicht fruchtige und feine Öle. In Süditalien verwendete man in der Vergangenheit oft überreife Früchte und Fallobst zur Ölherstellung, was einen erdigen Geschmack bei nur eingeschränkter Haltbarkeit mit sich brachte. Künstliche Bewässerung und neue Erntemethoden haben die Qualität verbessert, insbesondere in der Region Apulien, aus der zehn Prozent der weltweiten Olivenölproduktion kommen.

Frisches natives Olivenöl extra, *olio nuovo*, ist ein spezielles Würzmittel und erhältlich von Ende November bis Anfang März. Es ist grasgrün durch einen hohen Chlorophyllgehalt, pfeffrig und aggressiv im Geschmack. Nach einigen Monaten wird zur Freude empfindlicher Gaumen durch die Umwandlung der in ihm enthaltenen Polyphenole der Geschmack milder. Wer es bekommen kann, sollte *olio nuovo* ruhig einmal versuchen.

Wie kann man erstklassiges Öl auswählen, ohne es zu probieren? Natives Olivenöl extra aus dem Anbau des Herstellers trägt den Vermerk *prodotto e imbottigliato*, das heißt »produziert und abgefüllt von«. Das ist der einzige Qualitätshinweis, den das Etikett enthält. Öl, das nur den Vermerk »produziert von« oder »abgefüllt von« trägt, kann auch aus Oliven von benachbarten Hainen, einer anderen Region, einem anderen Land oder sogar Kontinent hergestellt oder sogar in Italien nur abgefüllt worden sein. Manche Kooperativen, Ölmühlen und kleinere Produzenten kaufen Oliven ein und machen gutes Öl daraus. Dann läßt sich allerdings nicht mehr feststellen, woher die Oliven kommen. Ein großer Teil der Oliven für erstklassiges Öl, das in der Toskana abgefüllt wurde, kommt aus anderen Gebieten. So bleibt als einzige Herkunftsgarantie für die verwendeten Oliven der Vermerk »produziert und abgefüllt von«. Italiens Gesetzgeber ist dabei, für Olivenöl D.O.C.-Regionen zu deklarieren. Wann das entsprechende Gesetz in Kraft tritt und inwieweit auch die Belange der kleineren Qualitätshersteller darin durchgesetzt werden, ist jedoch noch offen.

Den oft zu lesenden Hinweis, zum Kochen »normales« Olivenöl zu verwenden und das bessere Öl nur für den Geschmack einzusetzen, halte ich für keine gute Idee. Für mich gibt es keinen Grund, minderwertiges Öl zu verwenden.

Olivenöl, das Hitze und Licht ausgesetzt wird, verliert an Geschmack und oxidiert zu einer gelb-orangen Farbe. Man sollte es daher nie an einem sonnenungeschützten Verkaufsstand erwerben oder dort lagern, wo es der Sonne ausgesetzt oder warm ist, wie zum Beispiel neben dem Herd oder einer Heizung. Natives Olivenöl extra hält sich zwei bis drei Jahre. Den besten Geschmack hat es innerhalb eines Jahres nach der Herstellung. Sehr gutes Öl wird oft in dunkle Flaschen abgefüllt oder zum Schutz vor Lichteinwirkung in Folie gewickelt.

Ich werde immer wieder nach meinem Lieblingsöl gefragt. Jede Saison probiere ich Dutzende von erstklassigen Ölen und bin begeistert von vielen, aus der Toskana oder aus anderen Regionen. Die meisten davon werden auf Gütern produziert, die auch hervorragenden Wein machen. Meine absoluten Favoriten, von denen ich jedes Jahr große Mengen kaufe: *Castello di Ama* aus dem Chianti nahe Florenz und *Tenuta di Capezzana* aus der Gegend um Carmignano westlich davon, beide voller Geschmack und fruchtig. Das feine *Grattamacco* von der Toskana-Küste verwende ich gerne zu Fisch. Ein neuer Favorit ist das vollmundige *Podere le Boncie* aus dem Süden des Chianti. Mein »Maestro« in Sachen Öl ist Maurizio Castelli, Berater beim Weingut *Castello di Volpaia* mitten im Chianti-Gebiet. Er ist ein guter Freund, und wir haben schon viele Verkostungen miteinander besucht. Niemand beherrscht das Schlürfen der Olivenöl-Tester besser als er. In Volpaia arbeitet er mit der brandneuen Produktionstechnik *sinolea*. Damit erhält er elegante, hochklassige Öle mit milderem Geschmack. Er macht auch Öl für die umliegenden Weingüter, wie zum Beispiel Castellare und Vistarenne.

Pasta

Einfach unglaublich! Auf geniale Art und Weise vermengen die Italiener zwei preiswerte Zutaten, Hartweizen und Wasser, und formen daraus eine endlose Zahl unterschiedlicher Gebilde, die nur darauf warten, mit Sauce vermischt zu werden. Für Pastagerichte gibt es unzählige Rezepte. Fast alle konzentrieren sich auf die Saucenzubereitung, aber nur wenige erwähnen den entscheidenden Schritt, durch den Nudeln und Sauce sich verbinden, was ausschlaggebend für ein perfektes Pastagericht ist. Und da ist auch noch jene »geheime« Zutat«, die in fast keinem Rezept auftaucht, jedoch obligatorisch ist und in der Küche jedes guten Pastakochs verwendet wird. Mehr dazu später!

In Italien gibt es zwei grundsätzlich verschiedene Pastatypen. *Pasta fresca* – frische Pasta – hat die längere Tradition. Fast jede Gegend produziert ihre eigenen Varianten. In altrömischen Rezepten ist bereits von den Vorgängern der *pasta fresca* die Rede, aber der erste Hinweis, den ich auf hausgemachte Pasta fand, stammt aus einem Antrag auf Seligsprechung des Mönches Guglielmo de Malavilla aus dem frühen 12. Jahrhundert. Beim Abendessen im Hause einer Dame, die im Verdacht stand, eine Hexe zu sein, segnete er mit Weizenkleie gefüllte Ravioli, und die Füllung verwandelte sich in Ricotta-Käse. Ein Wunder, aber wahrscheinlich doch nicht ausreichend für die Heiligsprechung.

Frische Pasta wird zuhause gemacht, mit Mehl aus Weichweizen (*triticum vulgare aestivum*). Er ist dunkler und stärkehaltiger als Hartweizen und enthält weniger Klebereiweiß (Gluten), so daß der Teig daraus nicht so elastisch ist. Normalerweise wird Weichweizen zwischen Metallrollen gemahlen, was die vitamin- und mineralstoffreichen Kornhülsen und Keime plattwalzt und die stärkehaltigen Endosperme pulverisiert. Dann wird die Kleie vom Mehl abgesiebt, womit man den besten Teil zugunsten des weißen pudrigen Mehls entfernt. Teig aus Weichweizen läßt sich aufgrund seines geringen Glutengehalts leicht ausrollen. Oft werden für Geschmack und bessere Geschmeidigkeit Eier zugegeben. Am besten schmeckt hausgemachte Pasta von Hand ausgerollt, eine Liebesmühe, der sich echte Pasta-Liebhaber gerne unterziehen. *Pasta fresca* ist zart, schnell gar und sollte rasch mit der Sauce vermengt und aufgetragen werden.

Ich bin ein Fan von »trockener« Pasta aus dem glasigen, glutenreicheren Hartweizen, *triticum durum*, die immer industriell und nie zuhause hergestellt wird. Die Getreidekörner werden befeuchtet, damit die Getreidehülle aufweicht und sich leichter entfernen läßt. Gleichzeitig keimen die Körner durch das Wasser leicht an. Die hüllenlosen Körner werden zwischen stark gerillten Zylindern gemahlen und in bis zu vierzehn »Durchgängen« gesiebt, bis man einen goldgelben, sandfeinen Weizengrieß erhält, komplett mit dem gluten- und eiweißreichen

Keim. Mehr Gluten bedeutet mehr Glutaminsäure für den Körper: die einzige Aminosäure, die das menschliche Gehirn direkt für den Stoffwechsel umwandeln kann. Durch ein Mehr an Glutaminsäure erhöht sich die geistige Aktivität. Also: Nudeln machen schlau! Pasta enthält auch Thiamin oder Vitamin B1, das den Kohlenhydrat-Stoffwechsel reguliert und sich positiv auf den Gemütszustand auswirkt. Fazit: Pasta zu essen macht auch glücklich!

Noch schlauer und glücklicher werden all diejenigen, die sich für Pasta bester Qualität entscheiden. Der Teig dafür wird durch Bronzedüsen in Form gepreßt und nur ganz langsam getrocknet. Die Pasta ist goldgelb und hat eine poröse Oberfläche, die aussieht wie geschmirgelt. Sie nimmt dadurch Saucen viel besser auf als handelsübliche Nudeln mit glatter Oberfläche und wird bei der Zubereitung auch nie gummiartig. Beim Kochen riechen solche Nudeln süßlich und nach Weizen. Der größte Teil der handelsüblichen Pastasorten wird durch Teflondüsen gepreßt und schnell getrocknet, wodurch sich die glatte Oberfläche ergibt, die Kochwasser oder Sauce nicht so gut aufnimmt. Pasta, die durch Bronzedüsen gepreßt wurde, ist immer teurer, aber ihren Preis wert. Am besten schmeckt sie nach folgender Methode zubereitet, die auch für die Herstellung von handelsüblichen Hartweizennudeln ideal ist, allerdings hier nie so gute Ergebnisse bringen wird:

Grundsätzlich beginnt jedes Rezept mit einem großen Topf kochendem Wasser. Die Menge wird benötigt, damit das Kochwasser nach dem Einlegen der Nudeln schnell sprudelnd weiterkocht. Ich koche mit einem speziellen Pasta-Kochtopf. Er hat einen Siebeinsatz, den man zum Abtropfen der Nudeln herausnimmt. Das erspart es, einen schweren Topf kochenden Wassers herumzuheben. Mein Topf ist ein schöner Designerkochtopf von Alessi, aber jedes andere Modell tut es genauso und kann dazu auch noch sehr gut zum Gemüsekochen verwendet werden.

Dem kochenden Wasser gibt man Salz und dann die Nudeln zu. Während sie kochen, wird in einer größeren Pfanne mit hohem Rand die Sauce zubereitet. Wenn die Pasta noch sehr *al dente* ist, das heißt, wenn sie noch ziemlich viel Biß hat (nach rund Dreiviertel der Kochzeit), wird sie abgegossen und in die fertige Sauce gegeben, zusammen mit etwas stärkehaltigem Pastawasser. Das ist die erwähnte »geheime Zutat«, die der Sauce eine samtige Konsistenz verleiht. Auf größter Hitze werden nun die Nudeln fertiggekocht. Falls die Sauce dabei zu sehr eindickt, wird noch etwas Kochwasser hinzugegeben. Pasta mit poröser Oberfläche nimmt die Sauce und ihren Geschmack besser auf als Nudeln mit glatter Oberfläche. Kürzere Pasta wie Penne oder Rigatoni, die ein größeres Volumen als Spaghetti haben, koche ich meistens in einem größeren Topf mit Sauce und Nudelwasser fertig, weil das leichter geht. Mit der Sauce gekochte Nudeln schmecken besser, weil sie die Sauce aufsaugen, anstatt nur in ihr zu schwimmen. Professionelle Küchenchefs wenden Pasta und Sauce normalerweise mit einem geschickten Schlenker des Topfs in der Luft. Das braucht etwas Übung, aber Umrühren mit einem Holzkochlöffel oder einer Holzgabel ist ebenfalls in Ordnung.

Ich habe nie verstanden, warum manche Hersteller ihre Pasta mit dehydrierten Tomaten, Spinat, Pilzen oder Trüffeln würzen. Effektiver verwendet man solche Zutaten frisch, in der Sauce. Meiner Meinung nach ist das die bessere Investition.

Am liebsten ist mir Pasta des Herstellers Latini, aus den Marken in Mittelitalien. Sie wird in handnumerierte Schachteln verpackt, die farblich an rosa Granit erinnern. Carlo Latini ist der einzige Pasta-Produzent, der seinen eigenen Weizen anbaut, und zwar alle italienischen Sorten einschließlich »Senatore Capelli«, ein Weizen mit hohem Glutengehalt und geringem Ertrag. Latini verwendet ihn für Pasta, die ausschließlich aus dieser Sorte hergestellt wird. Latini-Pasta wird durch verschieden geformte Bronzedüsen gepreßt und langsam getrocknet. Seine *bucatini* haben ein kleineres Loch, sind angenehmer zu essen und verkochen auch nicht so leicht. Die flachen *trenette* eignen sich hervorragend für Pesto oder Käsesauce. *Spaghetti* und *quadretti alla chitarra*, *penne, maccheroni* und *strozzapreti* (»Priesterwürger«) gehören zu meinen Lieblingsformen. Ich bestelle Latini-Pasta immer kartonweise. So kann ich jederzeit eine Mahlzeit für unerwartete Gäste zaubern.

Gute, in Handwerksbetrieben gefertigte Pasta, geformt durch Bronzedüsen und langsam getrocknet, kommt auch von Rustichella d'Abbruzzo (hauptsächlich aus italienischem Weizen), Gerardo di Nola (italienischer Weizen) und von Martelli, Setaro und Cav. Giuseppe Cocco (aus kanadischem Weizen).

Großindustriell hergestellte Nudeln aus Italien oder anderen Ländern werden nie das gleiche überzeugende Ergebnis bringen wie handwerklich gefertigte Pasta. De Cecco ist eine Alternative, falls keine der empfohlenen Marken erhältlich ist. Allerdings lohnt es sich immer, nach erstklassiger Qualität Ausschau zu halten.

Reis

In Venetien habe ich mich in Risotto verliebt. Ich sah Profi-Köchen zu und notierte akribisch jeden Schritt der Zubereitung. Allerdings gelang mir daheim nie etwas Überzeugendes, bis mir ein Koch einen Beutel Carnaroli-Reis schenkte. Und da entdeckte ich, daß man zu einem erstklassigen Risotto auch erstklassigen Reis braucht. Mit Billigreis aus dem Supermarkt läßt sich nie das gleiche hervorragende Ergebnis erzielen wie mit erstklassigem *Carnaroli* oder *Vialone Nano*.

In Italien werden rund 50 verschiedene Reissorten angebaut, die man in Größengruppen einteilt: Die kürzesten heißen *originario*, gefolgt von *semifino, fino* und schließlich *superfino* mit mehr als einem halben Zentimeter Kornlänge.

Die Reisschößlinge wachsen in gefluteten Feldern, die man für die Ernte trockenlegt. Heute wird Reis hauptsächlich maschinell geerntet, was der strapaziösen Bückarbeit von früher ein Ende gemacht hat. Die Körner werden von den Halmen gestreift und getrocknet, so daß man sie in Silos lagern kann. Das Dreschen ist der wichtigste Schritt, und einige der besten italienischen Reismühlen arbeiten hier noch ganz traditionell: in Schüsseln werden die Strohspelzen mit hölzernen Stößeln von nur einer kleinen Menge Reiskörnern geschlagen. Damit kann man sie leicht entfernen. In den meisten Mühlen läuft der Reis durch Gummirollen, um die Spelzen zu brechen. Mit Rüttelsieben werden sie vom Korn getrennt. Die Silberhaut wird vom Korn abgeschliffen, so daß ein feiner Reismehlstaub auf den Körnern bleibt, der schlußendlich ein sämiges Risotto erzeugen wird.

Fast ganz Italien stimmt darin überein, daß *superfino* die beste Länge für ein Risotto ist. Aber welche Sorte die richtige ist, darin sind Reisfans aus Venetien, dem Piemont und der Lombardei geteilter Meinung. In Venetien verwendet man *Vialone Nano* genauso oft wie *Carnaroli*, der auch in der Lombardei und im Piemont wächst. *Baldo* ist eine neue Sorte. Alle haben nach dem Kochen noch Biß und enthalten genug Stärke, um die Kochflüssigkeit leicht anzudicken. Mit *Arborio-Reis* wird Risotto klebriger, was nicht nach jedermanns Geschmack ist.

Reis sollte innerhalb eines Jahres nach dem Abpacken aufgebraucht werden. Es lohnt sich, nach handwerklich produziertem Reis Ausschau zu halten, da man mit ihm ein viel besseres Risotto zubereitet. Er enthält keinerlei Chemie und sollte im Kühlschrank aufgehoben werden.

Tomatenfruchtfleisch

Tomaten sind ein wichtiger Bestandteil der italienischen Küche. Frisch und reif, während der sommerlichen Hochsaison, sind sie am besten. Oft werden sie geschält, immer entkernt. Der Saft wird abgegossen, das Tomatenfruchtfleisch kleingehackt. Während des restlichen Jahres verwenden die Italiener fertige Saucen oder ganze geschälte Eiertomaten aus der Dose, was zur oft geschmacklosen Treibhaustomate die weitaus bessere Alternative ist. Tomatensauce aus der Dose empfinde ich jedoch meist als zu wäßrig und konsistenzlos. Ganze Dosentomaten – geschälte Tomaten in Saft oder Saftkonzentrat – gießt man ab und hackt sie klein, weswegen ich fast immer die bereits geschnittene Dosenware (Pizzatomaten) ohne zusätzliche Flüssigkeit verwende. Das ist die beste Qualität, andere Varianten enthalten noch zusätzlich Saft oder, weniger empfehlenswert, Tomatenmark. Für die Rezepte in diesem Buch sollten wenn möglich frische, reife Tomaten verwendet werden, die man bei Bedarf schält, entsaftet, entkernt und klein würfelt. Außerhalb der Saison empfehle ich Pizzatomaten oder ganze geschälte Tomaten, vorzugsweise Eiertomaten, aus der Dose.

Salz

Salz ist in Italien eine wichtige Kochzutat. Von historischer Bedeutung, waren doch Salzgewinnung und -handel die Säule ganzer Königreiche und bis 1974 Staatsmonopole. Meersalz wird in Italien aus Adriawasser gewonnen, auf küstennahen, weiten, flachen Salztonebenen. Hitze und Wind lassen das Wasser verdampfen, und auf den wasserundurchlässigen Tonböden bleibt kristallines Salz zurück. Zum Trocknen wird es zu konischen Säulen aufgehäuft, ein System, das nur in wirklich heißen Klimazonen funktioniert. Italienisches Meersalz ist salziger, schmeckt aber meiner Meinung nach besser als die meisten Tafelsalzsorten. Im Gegensatz zu vielen anderen Salzen enthält es keine Trennmittel. Meersalz läßt sich dank Reiskörnern im Streuer verwenden, außer in sehr feuchten Gegenden, wo es klumpt, weswegen man gerne offene Salzfäßchen nimmt. Grobes Salz wird in der Küche in großen Mengen verwendet. Oft salzt man Speisen auch mit in Salz konservierten Zutaten, wie gepökeltem Schweinefleisch (*pancetta, guanciale* etc., die Sie durch gepökelten Bauchspeck ersetzen können, falls Sie kein »eingefleischter« Vegetarier sind), Fisch (Salzkabeljau, Sardellen oder *bottarga*, der gepreßte Rogen von Meeräsche oder Thunfisch) oder Kapern (die Blüten des Kapernstrauches, deren beste von den sizilianischen Inseln Pantelleria und Salina kommen). Wenn nötig, salzt man noch nach. Pasta und Risotto können gar nicht ohne Salz gekocht werden, und auch hier schmeckt Meersalz einfach am besten.

Brühe

Selten hat man in Italien Brühe für Suppen oder Risotto zur Hand. Die Brühe, die sich beim Fleischkochen ergibt, kommt als erster Gang auf den Tisch, als Suppentopf mit dünnen Fadennudeln, aufwendigerer gefüllter Pasta oder verschiedener *minestrina,* kleiner Pasta, die man nur in Suppe einlegt und mit einer Prise Parmesan bestreut. Ich kenne niemanden, der einen Vorrat Brühe eingefroren hätte, also verlassen sich die meisten auf gewöhnliche Brühwürfel. Das mache ich nicht: Ich verwende Wasser anstelle von Brühe für Risotto und Gemüsesuppen, und niemand vermißt den Fleischgeschmack. Wenn ich im Pastatopf Gemüse koche, verwende ich die Kochflüssigkeit. An ganz »aktiven« Tagen bereite ich eine einfache Gemüsebrühe aus ein paar Petersilienzweigen, einer Möhre, Zwiebel, Knoblauchzehe und einer Handvoll frischen Kräutern zu, die ich eine Viertelstunde lang koche. Wer sein Risotto dennoch mit Brühe zubereiten möchte, sollte sie nicht zu stark machen und nur wenig salzen, da sie während des Kochvorgangs noch einkocht.

Parmesan

Parmigiano-Reggiano, so der offizielle Name von Parmesan, hat eigentlich mehr verdient als nur die Bezeichnung »Käse«. Er ist einzigartig, eine Klasse für sich, komplex und nussig im Geschmack und vielseitig einsetzbar. Abgepackter geriebener Parmesan kommt dem echten Produkt nicht im entferntesten nahe. Parmesan wird seit über 700 Jahren in derselben Region Italiens hergestellt. Jeder der rund 40 Kilogramm schweren goldbraunen Käselaibe trägt seitlich einen Stempel mit dem Schriftzug »Parmigiano-Reggiano«. Für die Herstellung eines Laibs Parmesan braucht man rund 800 Liter Milch, die mit Kälberlab in Kupferkesseln erhitzt und gerührt wird. Der Käsebruch tropft in Käseleinen ab, wird in runde Holzformen gepreßt, im Salzbad gewaschen und auf Holzregalen mindestens 18 Monate gereift.

Gute Käsehändler brechen den Käse entsprechend seiner natürlichen Kornstruktur anstatt ihn glatt abzuschneiden, womit man eine rauhe, unebene Oberfläche erhält. Ein frisches Stück Parmigiano-Reggiano sollte blaßgolden sein, mit weißen Flecken, den kristallisierten Aminosäuren, und nicht so aussehen, als trockne er bereits aus. Große Stücke lassen sich leicht im Kühlschrank aufbewahren. Man wickelt sie zuerst in Wachspapier und dann in Plastikfolie. Wenn der Käse austrocknet, kann man ihn für ein bis zwei Tage in ein feuchtes Tuch einschlagen. Danach kommt er in Aluminiumfolie oder ein trockenes Küchentuch. Nach Meinung meines Käsefachmanns ruiniert Einfrieren echten Parmesan. Ein paar Brocken Parmesan, besprenkelt mit altem Balsamessig, sind hervorragende Begleiter zu einem Glas Sekt oder Champagner. (Wie man aus jüngerem Balsamessig einen Ersatz für erstklassigen alten herstellt, steht auf Seite 136). Und feinster alter Parmesan zusammen mit grünen Trauben ergibt einen wunderbaren Nachtisch.

Artischocken

Carciofi

An meine erste Artischocke als Kind erinnere ich mich noch gut. Ein »new-wave«-Gemüse damals, weitaus gewagter als die altbekannten Erbsen, Kartoffeln und Möhren. Ich liebte den eindeutig erwachsenen Geschmack und das Ritual, die Blätter in flüssige Butter einzutauchen und mit den Zähnen abzuziehen, was hinterher einen schönen Abdruck auf dem Blatt ergab. Wie aufregend war es, das nicht eßbare »Heu« der Artischocke freizulegen und endlich am fleischigen Boden anzukommen und ihn mit der restlichen Butter zu genießen. Und: teuer waren Artischocken auch.

Jahre später fand ich es noch aufregender, mit einer ganz neuen »Artischockenwelt« Bekanntschaft zu schließen: den italienischen *carciofi,* Lichtjahre entfernt von der gekochten Variante mit Butter, dicken Blättern und Herz. Nur ganz wenig Heu mußte entfernt werden, es gab kein Dämpfen oder Kochen. Italienern fallen zu Artischocken die wildesten Dinge ein. Sie werden sogar roh gegessen, wie beispielsweise im Pinzimonio (siehe Seite 112).

Die Artischocke, *Cynara cardunculus scolymus,* gehört zur Pflanzenfamilie der *Compositae*. Sie ist eine mehrjährige Distel, die wegen ihrer Blütenknospen angebaut wird, potentiellen Blüten auf einem dicken runden Stiel. Schuppenähnliche, dachziegelartig übereinanderstehende Hüllblätter (meist nur »Blätter« genannt) schützen die noch unausgebildete Blüte. Ihr zartes Behältnis, dort wo die ersten Blätter am Stiel ansetzen, nennt man für gewöhnlich »Boden« oder »Herz«. Es ist im gekochten Zustand buttrig-bittersüß, hat viel Biß und einen nussigen Geschmack, wenn man es roh ißt. Die oberste Artischocke einer

Pflanze ist die größte und beste. Es folgen die seitlichen Köpfe und, auf noch kleineren Trieben aus den unteren Blattachseln der Pflanze, ganz kleine, die zum Einlegen am besten geeignet sind. Manche Züchter entfernen die Seitentriebe, um die verbleibenden Köpfe zu vergrößern. Ideal ist es, die Artischocke mit mindestens 15 Zentimetern Stiel zu ernten und die ausgefransten fleischigen Blätter dranzulassen. Derart geerntete Köpfe bleiben länger frisch als Artischocken ohne Stiel.

Wer war der Botaniker, der vor langer Zeit den wilden Kardy, auch Kardystaude oder Kardone genannt, kultivierte, dabei die Entwicklung der unreifen Blüten anstelle der Blätter förderte und damit eine einheimische Distel zur einer verbesserten Gemüsesorte, der Artischocke zähmte, von der er schlußendlich Hüllblätter und Blütenboden aß? Wenn die derzeitige Lehrmeinung die Artischocke auch für einen Import aus Arabien hält, so glaube ich doch, daß sie italienischen Ursprungs ist, wahrscheinlich aus Sizilien oder Süditalien, wo Kardy und Artischocke heute noch wild nebeneinander wachsen.

Auf den größeren Märkten mancher italienischer Städte veranstalten die Gemüsehändler regelrechte »Frühjahrs-Artischockenputz«-Vorführungen. Sie schneiden alles Überflüssige mit einem scharfen schlanken Pariermesser weg, reiben die Schnittstellen mit Zitrone ein und werfen die gesäuberten Köpfe in einen Eimer Wasser, in dem zur Säuerung einige Zitronenhälften schwimmen. Wer keinen italienischen Gemüsemarkt um die Ecke hat und mit den handelsüblichen größeren Artischocken zurechtkommen muß, richtet sich nach den Anweisungen in dem hervorragenden Buch *Die klassische italienische Küche* der berühmten Kochlehrerin Marcella Hazan (Heyne Verlag, 1995) – ein Muß für jeden, der sich für Italiens Küche und seine Weine interessiert.

Die bei uns meist erhältlichen großen Artischocken bereiten viel Mühe. Sie sind zäh und holzig und haben viel unbrauchbares Heu. Das liegt daran, daß das Heu auch nach der Ernte weiterwächst. Italienische Artischocken werden früher geerntet und schneller in den Verkauf gebracht. Die Schnittfläche des Stiels ist leicht oxidiert und sieht etwas rostig aus. Keinesfalls sollte sie braunschwarz sein. Italienische Artischocken haben in der Regel kaum Heu. Grüne kleine Artischocken sind meist die Köpfe von Seitentrieben. Alle Artischocken, egal welche Sorte, müssen ohne Rücksicht auf den Abfall geputzt werden. Von den Stielen, oder was davon übrig ist, sollte man nur die zähe äußere Haut abschälen, da sie gekocht in Struktur und Geschmack genauso gut wie der Boden sind. Herz und Boden sind austauschbare Begriffe und bezeichnen den zarten, gesäuberten Blütenstand der Artischocke. Ungeputzt bleiben Artischocken länger frisch, wenn man die Stiele anschneidet und sie wie Blumen ins Wasser stellt. »Müden« Artischocken hilft man auf die Beine, indem man sie für einige Stunden in eiskaltes Wasser legt.

Das Säubern großer Artischocken beginnt durch großzügiges Entfernen von rund einem Viertel der äußeren Blätter. Selbst wenn viel Abfall anfällt: die Außenblätter ebenso wie die grünen Blattspitzen der inneren Blätter enthalten mehr bittere Gerbstoffe als der Rest und sind zudem zäh. Für medizinische Tees oder Aufgüsse, bei denen Bitterstoffe erwünscht sind, können sie allerdings verwendet werden. Marcella Hazan schlägt folgende Methode vor:

»Beginnen Sie damit, die äußeren Blätter nach außen (unten) umzubiegen und kurz vor dem Boden abzubrechen. Brechen Sie nicht das helle untere Ende des Blattes mit ab, weil es zart und wohlschmeckend ist. Je mehr Blätter Sie abbrechen und je weiter Sie ins Innere der Artischocke vordringen, desto umfangreicher ist der eßbare Teil der Blätter. Auf diese Weise fortfahren, bis Sie einen Kegel aus Blättern freigelegt haben, die grüne Spitzen und eine mindestens 4 cm lange helle Basis haben.

Von der Spitze dieses Kegels mindestens 2,5 cm abschneiden, so daß alle grünen Spitzen entfernt sind. Mit der halben Zitrone über die Schnittflächen der Artischocke fahren und diese mit dem Saft einreiben, damit sie sich nicht verfärben.
Schauen Sie nun in die offenliegende Mitte der Artischocke. Am Grund sehen Sie sehr kleine Blätter mit stacheligen, nach innen gerollten Spitzen. Diese Blättchen alle abschneiden, ebenso das darunterliegende flaumige »Heu«. Schneiden Sie aber auf keinen Fall etwas von dem zarten Boden mit ab. Ein kleines Messer mit abgerundeter Spitze oder ein Kugelausstecher wird Ihnen diese Arbeit sehr erleichtern. Kehren Sie nun zum äußeren unteren Ende der Artischocke zurück, wo Sie die Außenblätter abgebrochen haben. Entfernen Sie alle harten grünen Teile.
Drehen Sie die Artischocke um und schauen sich den Stiel an, er besteht innen aus einem weißlichen Kern und außen aus einer grünen Schale. Die Schale ist hart, der Kern dagegen nach dem Kochen weich und köstlich. Schälen Sie deshalb den Stiel bis zum unteren Boden der Artischocke, schneiden Sie ihn aber nicht aus Versehen ab. Alle Schnittflächen mit Zitronensaft einreiben.«

Marcella Hazans Technik, die Hüllblätter mit Daumen und Zeigefinger nach unten zu biegen und dabei über dem eßbaren Teil abzubrechen, ist original italienisch und die einfachste Methode, Artischocken zu putzen. Dankeschön! Artischockenprofis säubern die Köpfe für gewöhnlich großzügig mit einem scharfen Messer. Das geht schneller, ist effizienter und ergibt hübsche, blaßgrüne blütenartige Köpfe – »wie eine Rose«, kommentiert Francesco Mariani, dessen Familienbetrieb täglich Hunderte von Artischocken serviert. Eine andere Methode empfiehlt, das Heu mit einem Kugelausstecher zu entfernen – eine pfiffige Idee. Nach dem Säubern legen Sie die Artischocken in 2–3 Liter mit Zitronensaft gesäuertes Wasser (einige Hälften ausdrücken und die Schalen ebenfalls ins Wasser geben). Stimmt die Theorie, daß ein 20-Minutenbad der Artischocke das Bittere nimmt oder ist das ein Ammenmärchen? Wie dem auch sei, bei mir dürfen sie vorsichtshalber so lange schwimmen.

Die Artischocke ist ein Frühjahrstonikum unter den Gemüsen. Sie ist von der Natur dafür gemacht, zum Jahreszeitenwechsel die nötige Dosis an Vitaminen und Mineralstoffen zu liefern. Am besten wirken diese Inhaltsstoffe beim Verzehr von rohen Artischocken. Sie enthalten Cynarin, das die Gallenfunktion anregt, wodurch wiederum tierische und pflanzliche Fette leichter verdaulich werden. Artischocken haben wenig Kalorien, viel Kalium, Phosphor, Folsäure, Zink, Vitamin C, Flavonoide, Tannine, Enzyme, Salze und zwei Bitterglukoside, die indirekt den Appetit anregen. Sie sind verdauungsfördernd, harntreibend und gut für die Leber, worauf die Italiener besonderen Wert legen. Es heißt, Artischocken bewährten sich auch bei Arthritis, Gicht, Diabetes und hohem Blutdruck. Aufgüsse oder Tees aus Hüllblättern und Wurzeln können bei Ekzemen angewandt werden. Und die meisten Pflanzentexte, die ich las, beschreiben die Artischocke als Aphrodisiakum.

Wem Artischocken mit Butter schmecken, sollte sie unbedingt auch mit erstklassigem Olivenöl probieren. Oliven und Artischocken wachsen in derselben Gegend, und aus den guten Ölen der Toskana kann man oft auch einen Hauch von Artischocke herausschmecken. Da Artischocken Milch zum Gerinnen bringen, scheint es nicht ratsam, sie mit Milchprodukten zuzubereiten.
Wenn man sich die Mühe macht und auch die Zeit nimmt, Artischocken zu säubern und zu kochen, sollte man wirklich das beste Olivenöl verwenden, das man bekommen kann. Ein Teelöffel davon kostet ja auch nicht die Welt. Seien Sie ruhig mal verschwenderisch!
Italien ist der weltweit größte Artischocken-Produzent und

-Verbraucher. Kultiviert werden Hunderte verschiedener Arten, einheimische Gewächse, die auch exportiert werden, mit oder ohne Stacheln auf den Hüllblättern. Im Frühjahr sind Italiens Märkte voll mit örtlich und in anderen Regionen angebauten Artischocken. Im Ausland sind davon nur wenige erhältlich – hier sind die mittelgrünen, großblättrigen Sorten am gängigsten.

In Rom ißt man sie in Olivenöl mit Knoblauch und Minze geschmort, mit einem rund 10 Zentimeter langen Stiel serviert, oder flachgedrückt wie eine Blüte und knusprig-braun fritiert. Venezianer lieben ihre bittersüßen *Castraure* aus der Lagune. Man ißt sie als Snack zu einem Gläschen Wein, *cicchetto*, in den Vinotheken (*bacari*) der Stadt. In der Toskana bevorzugt man die violetten Sorten roh, zusammen mit pfeffrigem, erstklassigem Olivenöl.
In ganz Italien gibt es Artischocken mit Pasta und Reis, Artischocken vom Holzkohlengrill, im Ofen gebacken, geschmort, mit oder ohne Teig fritiert, roh als Salat, als Füllung, als Highlight einer *frittata*, dem klassischen italienischen Eieromelett, oder in der Nebenrolle mit dicken Bohnen und Erbsen, wie in dem eierlosen sizilianischen Frühlings-Gemüsegericht *frittella*.

Den richtigen Wein zu einem Artischockengericht zu finden ist nicht einfach, da die Tannine und das Cynarin des Gemüses sich nicht gut mit Wein vertragen.
Artischocken verändern den Geschmackssinn, man empfindet andere Speisen oder Getränke als süßlich. Die in Rotwein enthaltenen Tannine oder Gerbstoffe bekämpfen sich direkt mit denen der Artischocke. Es lohnt sich daher nicht, große Rotweine mit hohem Tanningehalt zu Artischocken zu servieren. Gut beraten ist man mit einem frischen jungen Weißwein, der nicht zuviel Säure hat, wie mit einem Verdicchio, Soave, Orvieto, Tokajer, Sauvignon Blanc oder einem Rosé.

Die Rezepte in diesem Kapitel sind auf die gängigen großen, mittelgrünen Artischocken zugeschnitten. Bei der Verwendung von kleinen Artischocken sollte die doppelte Menge an Köpfen gerechnet werden.

Artischockengeschichte

Bereits im 1. Jahrhundert vor Christus wird erwähnt, daß die Artischocke ihren lateinischen Namern *cinara* von dem damals verwendeten Düngemittel »Asche« (lat. *cina)* hat. Im weiteren Verlauf der Geschichte wird immer wieder die Verwandtschaft zum wilden Kardy erwähnt, und Domenico Romoli behauptete 1560 sogar, daß es sich um die gleiche Pflanze handelt. Romoli warnte auch als einer der ersten davor, Artischocken zusammen mit Milch zu genießen, da diese in der Kombination gerinnt. Diese Eigenschaft der Artischocke macht man sich übrigens heute noch in manchen Gegenden Italiens zunutze, um Quark für die Käseherstellung zu gewinnen. In fast allen frühen Werken wird bereits auf die Vielzahl der Artischockensorten und vor allem auf die medizinischen Eigenschaften des Gemüses hingewiesen. So unterschied 1584 der Bologneser Mediziner Baldassare Pisanelli verschiedene gute und schlechte Eigenschaften: Artischocken lösen Verstopfung, fördern Harndrang und Windabgang, wärmen die Eingeweide, verlängern den sexuellen Höhepunkt und stärken insbesondere die Erektion des Mannes. Roh gegessen seien Artischocken allerdings blähend, verursachten Kopfschmerzen, lägen schwer im Magen und seien schwer verdaulich, meinte Pisanelli.

Artischocken-»Carpaccio«

Artischocken-Carpaccio tauchte vor ein paar Jahren das erste Mal auf den Speisekarten auf, zusammen mit Carpaccio aus rohem Fisch. Beide Gerichte sind Abwandlungen des Originalgerichts aus rohem Rindfleisch, das Harry's Bar in Venedig einst für eine adelige Genießerin komponierte. Obwohl das nicht ganz original ist, geht heute auf modernen italienischen Speisekarten fast alles als Carpaccio durch, was roh und dünn geschnitten ist. Da es nichts zu kochen gibt, ist dieses Carpaccio ein einfaches und schnelles Rezept, was vielleicht auch zu seinem durchschlagenden Erfolg beigetragen hat. Man schneidet dafür frische, knackige rohe Artischocken dünn auf, am einfachsten mit einer Mandoline, einem scharfen Küchenhobel aus Edelstahl, einem normalen Gemüsehobel oder der Küchenmaschine mit Hobeleinsatz. Ich verwende meine *Cuisinart*-Schneide wie eine Mandoline. Wer das nachmachen möchte, sollte allerdings sehr vorsichtig sein. Artischocken zum Rohessen müssen frisch und zart sein – große weiche Köpfe lassen sich überhaupt nicht schneiden. Und sie müssen wirklich rigoros geputzt werden, so daß nur der eßbare Teil der Blätter und der Boden übrig ist. Für die Käsespäne hobelt man mit dem Gemüseschäler hauchdünne Scheibchen von einem Stück Parmesan oder Pecorino. Das fertig zubereitete Gericht muß sofort gegessen werden.

Vorspeise oder Beilage für 4 Personen:

2–3 gründlich gesäuberte Artischocken (siehe Seite 32)
Saft von 1/2 Zitrone
2–3 EL natives Olivenöl extra
2 EL kleingehackte Petersilie
Meersalz
frischgemahlener schwarzer Pfeffer
150 g Parmesan oder Pecorino am Stück

1. Gesäuberte Artischocken halbieren. Jede Hälfte vom Boden bis zur Spitze mit einem scharfen Messer, dem Gemüsehobel oder der Küchenmaschine mit Hobeleinsatz längs in hauchdünne Scheibchen schneiden, dabei vom Boden zur Spitze hin schneiden.
2. Artischockenscheiben mit Olivenöl beträufeln, Petersilie darüberstreuen, pfeffern und salzen. Gut durchmischen und auf einem Servierteller anrichten.
3. Parmesan oder Pecorino direkt über die Artischocken hobeln, so daß das Carpaccio gut bedeckt ist. Sofort servieren.

»Ziegelbeschwerte« Artischocken

Carciofi al Mattone

Eins der schönsten Dinge am römischen Frühling sind *carciofi alla guidea,* knusprige, im ganzen gegarte Artischocken auf römisch-jüdische Art. Sie werden gründlich gesäubert und zweimal fritiert, so daß die Blätter knusprig werden und der Boden cremig. Ein wundervolles Gericht, aber kein Spaß bei der Zubereitung. Die Person, die die »beschwerte« Version erfunden hat, war von Artischocken *alla giudea* sicherlich begeistert, hatte aber eine Aversion gegen Fritieren – genau wie ich. Er oder sie wendete alternativ eine spezielle Technik an, bei der das Kochgut mit einem schweren Gegenstand – ursprünglich einem Ziegel *(al mattone)* beschwert wird. Auf diese Weise bereitet man zum Beispiel auch Hähnchen zu. Auf der Grundlage dieser Technik ergab sich das Artischockengericht *carciofi al mattone.* Die Artischocken werden dafür gründlich von allen harten Blättern und dem Heu gesäubert, in Olivenöl auf kleiner Hitze weich gedünstet, mit Boden nach oben abgetropft und abgekühlt. Dann biegt man vorsichtig die zarten Blätter nach außen und brät die Artischocken mit wenig Öl noch einmal, anstatt sie zu fritieren. Dabei beschwert man sie mit einem Teller und Gewicht, so daß sie ganz flach in der Pfanne liegen. Das Ergebnis ist eine weniger aufwendige gebratene Version der jüdischen Variante, mit dem gleichen Kontrast knusprig gebratener Blätter und zarter Böden. Wichtig ist es, die Artischocken wirklich gründlich zu putzen, damit man sie auch im ganzen essen kann.

Beilage für 4 Personen:

4 gesäuberte Artischocken (siehe Seite 32)
3 EL natives Olivenöl extra
Meersalz

1. Den unteren Teil der Artischocken so beschneiden, daß sie aufrecht stehen bleiben.
2. 2 EL Olivenöl in einem kleinen Topf erhitzen, Artischocken zugeben und auf mäßiger Hitze 20–30 Minuten garen. Dabei oft umdrehen, so daß die Köpfe von allen Seiten leicht anbräunen. Artischocken aufrecht stellen und weitere 8–10 Minuten garen, bis die Böden gar sind. Zur Probe mit einem Zahnstocher einstechen.
3. Artischocken aus dem Topf nehmen und mit dem Boden nach oben auf Küchenkrepp abtropfen und abkühlen lassen.
4. Artischockenblätter leicht nach außen biegen. Wieder auf den Kopf stellen und auf dem Küchenkrepp flachdrücken.
5. Eine große beschichtete Pfanne mit dem restlichen Öl ausstreichen und die Artischocken mit dem Boden nach oben hineinlegen. Einen großen Teller auflegen, der alle Artischocken bedeckt und ein Gewicht daraufstellen (zum Beispiel einen mit Wasser gefüllten Topf), so daß die Artischocken beim zweiten Garen flach in der Pfanne liegen.
6. Auf mäßiger Hitze 10–12 Minuten braten. Die Blätter sollten braun und knusprig sein. Mit Meersalz bestreuen und sofort servieren.

Marias Spaghetti mit Artischocken-Tomatensauce

Meine Haushälterin Maria di Fazio ist eine wunderbare Köchin. Sie kommt ursprünglich aus der Region Apulien in Süditalien, einer Gegend, in der Artischocken eine wichtige Rolle spielen. Wenn ich mit frischen Köpfen vom Markt komme, gibt Maria mir immer gute Ratschläge, was ich mit ihnen anstellen soll, und einige ihrer Vorschläge sind so verführerisch, daß ich meine Einkäufe abgebe und dafür lieber spontan Kochunterricht bei ihr nehme. Marias apulischer Akzent und ihre Art zu kochen spiegeln ihre süditalienische Herkunft wieder, obwohl sie bereits seit mehr als 30 Jahren in Florenz lebt. Wenn Maria mit geübten Bewegungen Artischocken zubereitet, sieht es immer ganz leicht aus.

Vorspeise für 4–6 Personen:

4 gesäuberte, geachtelte Artischocken
(siehe Seite 32)
4 EL (60 ml) natives Olivenöl extra
1 durchgepreßte Knoblauchzehe
2 EL feingehackte Petersilie
1 EL und 5–6 l Wasser (für die Pasta)
400 ml Tomatenstückchen (frische Tomaten häuten, entkernen, entsaften und kleinschneiden oder Dosenware)
Meersalz und frischgemahlener schwarzer Pfeffer
400–450 g Spaghetti
30 g geriebener Parmesan (nach Wunsch)

1. Artischockenachtel mit Olivenöl in eine große beschichtete Pfanne geben und gut vermengen. Artischocken rund 5 Minuten unter Rühren leicht bräunen.
2. Knoblauch und Petersilie zufügen und 2–3 Minuten mitkochen. 1 EL Wasser zugeben und den Deckel auf die Pfanne

setzen. 5 Minuten kochen, bis die Artischocken gar sind. Hitze erhöhen, bis die ganze Flüssigkeit verdampft ist. Artischocken mit einem Schaumlöffel aus dem Öl heben und im Mixer grobhacken.

3. Artischocken mit den Tomaten zurück in die Pfanne geben. Auf mäßiger Hitze 5 Minuten köcheln, bis die Sauce leicht dick wird. Mit Salz und Pfeffer würzen.
4. Nudelwasser zum Kochen bringen. Wasser salzen und Pasta in das sprudelnde Wasser einlegen.
5. Die Spaghetti nach rund dreiviertel der empfohlenen Kochzeit abgießen – sie müssen noch gut *al dente* sein –, dabei rund 500 ml Kochwasser auffangen.
6. Pasta und rund die Hälfte Kochwasser in die Pfanne mit der Artischockensauce geben und in 3–5 Minuten auf großer Flamme fertigkochen, so daß die Nudeln gut mit Sauce bedeckt sind. Falls die Spaghetti zu trocken werden, noch mehr Kochwasser zugeben, aber nicht mehr als $^1/_2$ Kelle (60 ml) auf einmal. Nach Wunsch mit geriebenem Parmesan bestreuen und servieren.

Artischocken-Risotto

Artischocken mit Reis sind ein klassisches italienisches Gericht. Wie von der Kochbuchautorin Marcella Hazan beschrieben, entfernt man alle äußeren harten Blätter und stutzt die Köpfe. Statt den Boden »auszugraben«, schneidet man jedoch das ganze untere Drittel der Artischocke ab, so daß der gesamte Boden mit dem Heu freiliegt. Geschälte Stiele und gesäuberte Böden kocht man in einer einfachen Gemüsebrühe. Die übrigen Hüllblätter werden in feine Streifen geschnitten und so lange gedünstet, bis sie zu Sauce verkocht sind. Der Reis wird angeröstet und leicht mit Öl beträufelt, wobei die Reisstärke die Sauce aus Weißwein und Artischockengemüsebrühe andickt. Ein wenig Minze, zum Schluß untergerührt, verleiht dem Ganzen noch ein wunderbares Kräuteraroma (Puristen sammeln dafür wilde Minze, zum Beispiel *mentucia* oder *nepitella*). Beim letzten Umrühren des Risottos (der *mantecatura*) gebe ich gerne noch etwas Olivenöl dazu, was traditionelle Köche etwas schockieren mag. Butterliebhaber können die Hälfte oder sogar die gesamte Ölmenge im Rezept durch ihr Lieblingsfett ersetzen.

Vorspeise für 3–4 Personen:

2 Artischocken
1 l mit Zitrone gesäuertes Wasser (1 unbehandelte Zitrone, Saft und Schale)
2–2,5 l leicht gesalzene Gemüsebrühe (1 Zwiebel, 1 Knoblauchzehe, 1 Möhre, 1 Stange Sellerie mit einigen Petersilienzweigen 15 Minuten kochen)
1 kleingehackte Schalotte oder Frühlingszwiebel
1 kleingehackte Knoblauchzehe
4 EL (60 ml) natives Olivenöl extra
250 g Risottoreis (vorzugsweise Carnaroli *oder* Vialone Nano*, siehe auch Seite 25)*
4 EL (60 ml) trockener Weißwein (nach Wunsch)
60 g geriebener Parmesan (und nach Wunsch zusätzlicher Käse zum Bestreuen)
1 EL kleingehackte Petersilie
½ TL kleingehackte Minze (nach Wunsch)

1. Man fängt mit dem schwierigsten Teil an: Artischocken wie auf Seite 32 beschrieben säubern, dabei aber das Heu nicht herauslöffeln, sondern das ganze untere Drittel der Artischocke abschneiden, so daß Heu und Herz freiliegen. Heu entfernen und Boden säubern. Eßbare zarte Teile der Hüllblätter in feine Streifen schneiden. Herz, geschälte Stiele und Artischockenstreifen in gesäuertes Wasser legen.

2. Artischockenböden und Stiele in der köchelnden Gemüsebrühe in rund 10 Minuten weich pochieren. Zur Garprobe mit dem Messer einstechen. Aus der Brühe nehmen, die Böden in Streifen, die Stiele kleinschneiden.
3. Während die Artischocken kochen, Schalotte, Knoblauch und 2 EL Olivenöl in einem 3-Liter-Topf mit schwerem Boden vermengen und auf mittlerer Hitze weichdünsten.
4. Die Hitze erhöhen, abgetropfte Artischockenstreifen zugeben und sautieren, bis die gesamte Flüssigkeit eingekocht ist.
5. Reis hinzufügen, gut umrühren, damit alle Körner mit Öl bedeckt werden und einige Minuten leicht anrösten.
6. Falls gewünscht, den Weißwein zugeben und gut unterrühren. Hitze erhöhen, um den Wein zu verkochen.
7. Kochende Gemüsebrühe etwa 250-ml-weise zugießen und unter kräftigem Rühren auf dem Grund des Topfs mit dem Reis verkochen lassen (dazu einen langen Holzkochlöffel oder eine -gabel verwenden). Achtung: Risotto wird so heiß wie geschmolzene Lava! Jeweils noch Wasser oder Brühe zufügen, solange das Risotto noch einigermaßen flüssig ist. Nach weiteren 8–10 Minuten die in Streifen geschnittenen Artischockenböden und -stiele zugeben. Risottoreis jetzt probieren. Er sollte noch etwas Biß haben, da er noch einige Minuten weitergart, wenn der Käse zugegeben wird. Die Konsistenz sollte noch etwas suppig sein, da das Risotto durch den Käse, Öl (oder Butter) und das letzte Umrühren noch andickt. Die Körner müssen in der milchigen Flüssigkeit noch gut erkennbar sein.
8. Käse, Kräuter und restliches Olivenöl zugeben und mit dem Kochlöffel zwei Minuten kräftig durchrühren.
9. Vom Herd nehmen, auf Suppenteller verteilen und vor dem Auftragen einige Minuten ruhen lassen. Nach Wunsch geriebenen Parmesan darüberstreuen und servieren.

Giulianos Artischocken-Knoblauch-Spaghetti

Giuliano Gargani war ursprünglich Metzger. Er hatte Spielschulden und eine Menge Freunde, die seine Küche liebten. Vor rund 16 Jahren machten er und seine kanadische Frau Sharon in Florenz die kleine Trattoria *Garga* auf, um durch seine Fähigkeiten als Künstler, Koch und Metzger zu etwas Geld zu kommen. Giulianos Küche basiert auf den Zutaten der Toskana, ist aber nicht traditionell – wie man es von einem freidenkenden Künstler auch nicht anders erwarten würde. Dank des guten Zulaufs zog er mit dem *Garga* vor einigen Jahren ein paar Straßenecken weiter, vergrößerte es auf drei Gasträume und erweiterte die Karte um einige fantastische neue Gerichte. Am liebsten sind mir Giulianos Artischocken-Knoblauch-Spaghetti. Das Gericht basiert auf einer klassischen Knoblauch-Olivenölsauce, der man dünn geschnittene rohe Artischocken zugibt.
Giuliano mag es, wenn der Knoblauch in dem Gericht noch fast roh ist, wohingegen ich beim Fertiggaren der Pasta-Artischockenmischung noch etwas Nudelwasser hinzufüge, damit der Knoblauch nicht zu sehr vorschmeckt. Giuliano verwendet zum Artichockenschneiden immer ein frischgeschärftes Messer, aber eine Mandoline geht genauso gut. Die Artischocken schneidet man erst in letzter Minute und gibt sie dann gleich mit Olivenöl in eine Pfanne, so daß sie nicht oxidieren und braun werden.

Vorspeise für 4–6 Personen:

2–3 gesäuberte Artischocken (siehe Seite 32)
750 ml und 5–6 l Wasser (für die Pasta)
½ Zitrone
2–3 EL Meersalz
400–450 g Spaghetti
8 EL (120 ml) natives Olivenöl extra
2 Knoblauchzehen
frischgemahlener schwarzer Pfeffer
2 EL kleingehackte Petersilie

1. Die gesäuberten Artischocken halbieren. Die 750 ml Wasser mit dem Zitronensaft der halben Zitrone säuern und die Schale ebenfalls zugeben.
2. Nudelwasser zum Kochen bringen. Wasser salzen und Spaghetti in das sprudelnde Wasser einlegen.
3. Während die Nudeln kochen, Olivenöl und Knoblauch in einer beschichteten Pfanne sanft erhitzen, aber nicht bräunen.
4. Abgetropfte Artischockenhälften mit der Schnittfläche nach unten auf ein Schneidebrett legen und längs (am Stiel beginnend) mit einem scharfen Messer oder einem Gemüsehobel in Streifen schneiden. Die Streifen sofort in die Pfanne mit Öl und Knoblauch geben und umrühren, bis sie mit Öl bedeckt sind. Mit Salz und Pfeffer abschmecken.
5. Die Pasta nach rund dreiviertel der empfohlenen Kochzeit abgießen – sie muß noch gut *al dente* sein –, dabei rund 500 ml Kochwasser auffangen.
6. Die Nudeln und die Hälfte des Kochwassers zu der Knoblauch-Artischockenmischung geben und auf starker Hitze in ca. 3–4 Minuten fertigkochen. Mit Petersilie bestreuen und servieren.

Pasta mit Artischockenstiel-Sauce »Checchino«

Das *Checchino* ist eines meiner Lieblingsrestaurants. Die Familie Mariani serviert hier traditionelle römische Gerichte, mit den feinsten Zutaten exquisit zubereitet. Im späten Winter und Anfang Frühjahr verlassen täglich rund 50 Artischocken auf römische Art die Küche, gedämpft mit Olivenöl, Weißwein, Knoblauch und wilder römischer Minze (*mentuccia*), serviert mit Stielen von ungefähr acht Zentimetern, die kerzengerade auf dem Teller stehen. Mit der Fertigkeit jahrzehntelanger Praxis säubert Francesco Mariani Artischocken mit einem Lederschneider aus der Schusterwerkstatt. Beim Kauf ist der Stiel ungefähr 30 Zentimeter lang, und da in einer guten italienischen Küche nichts weggeworfen wird, ist dieses Rezept ideal, um auch die Stiele zu verwerten. Sie werden vorsichtig geschält, mit Knoblauch gegart und zu Pastasauce püriert. Daheim, wo man nicht immer so viele Stiele hat, können auch Böden und Stiele für das Püree verwendet werden. Die zarten Blätter schneidet man in Streifen und gibt sie ebenfalls in die Sauce.

Vorspeise für 4–6 Personen:

2 große Artischocken
½ Zitrone
4 EL (60 ml) natives Olivenöl extra
2 Knoblauchzehen
5–6 l Wasser (für die Pasta) + einige EL
2 EL kleingehackte Petersilie
Meersalz und frischgemahlener schwarzer Pfeffer
400–450 g Spaghetti oder Linguine (lange feine Bandnudeln)

1. Harte äußere Hüllblätter der Artischocken entfernen und die zarten Blätter vom Boden abtrennen.
2. Das Heu von den Artischockenböden abschaben und Böden mit der halben Zitrone einreiben. Die zartesten Teile der Artischockenblätter in feine Streifen schneiden, Zitronensaft darüberträufeln und gut mit dem Saft vermengen.
3. Artischockenstiele und -böden mit 2 EL Olivenöl in einem kleinen Topf bei mäßiger Hitze 5 Minuten dünsten, bis sie leicht braun sind.
4. Knoblauch zugeben und 2–3 Minuten weitergaren. 1 EL Wasser zugeben und garen, bis die Artischockenstiele und Böden weich sind und das ganze Wasser verkocht ist. Falls nötig, mehr Wasser zugeben, um die Artischocken weich zu kochen.
5. Stiele, Böden, Knoblauch und Petersilie im Mixer zu einer geschmeidigen Paste pürieren, mit Salz und Pfeffer abschmecken.

6. Artischockenstreifen in eine große beschichtete Pfanne geben und mit dem restlichen Olivenöl beträufeln.
7. Auf mäßiger Hitze 5 Minuten garen. Die Streifen sollten kaum Farbe annehmen.
8. Nudelwasser zum Kochen bringen. Wasser salzen und Pasta in das sprudelnde Wasser einlegen.
9. Die Pasta nach rund dreiviertel der empfohlenen Kochzeit abgießen – sie muß noch gut *al dente* sein –, dabei rund 500 ml Kochwasser auffangen. Nudeln, Artischockenpüree und rund die Hälfte Kochwasser in die Pfanne zu den Artischockenstreifen geben und in 3–5 Minuten auf starker Hitze fertigkochen, so daß die Nudeln gut mit Sauce bedeckt sind. Falls die Pasta zu trocken wird, noch mehr Kochwasser zugeben, aber nicht mehr als $^1/_2$ Kelle (60 ml) auf einmal.

Francesco Gaudenzios Artischocken mit Kräuter-Knoblauchfüllung

Francesco Gaudenzios Kochbuch von 1705 trägt den Untertitel »Ein Buch, das aufzeigt, wie man auf leichte Art und Weise modern und wirtschaftlich kochen kann«. Im Vorwort verspricht er seinen ungeübten Lesern, daß sie »das richtige Kochen lernen, so daß die Speisen bei Tisch willkommen und bekömmlich sind.« Gaudenzio war ein jesuitischer Koch und übte diese Tätigkeit in Klöstern in Spoleto, Rom und Arezzo aus. In seinem Kochbuch steht die fleischlose Küche der Fastentage im Mittelpunkt. Er schlägt vor, zarte Artischocken vorzukochen und dann zu fritieren. Im Abschnitt »Verschiedene Arten und Weisen, Artischocken zu kochen und zu rösten« beschreibt er aber auch, wie man die Köpfe putzt, die Blätter etwas nach außen drückt und die Artischocken mit Petersilie, römischer Minze, Knoblauch, Salz, Pfeffer und Öl füllt, um sie im Ofen oder auf dem Holzkohlengrill zu backen. Das folgende Rezept ist an diese Zubereitung angelehnt. Ich bereite es als fleischlose Variante des Florentiner Klassikers *carciofi ritti* zu, bei dem Artischocken mit gepökeltem Schweinefleisch gefüllt werden.

Beilage für 4 Personen:

1 Bund kleingehackte Petersilie
1 TL kleingehackte Minze
2–3 durchgepreßte Knoblauchzehen
(8 EL) 120 ml natives Olivenöl extra
4 ganze, gesäuberte Artischocken
(siehe Seite 32)
Meersalz und
frischgemahlener schwarzer Pfeffer

1. Ofen auf 190 °C vorheizen. Eine Auflaufform, in der alle Artischocken Platz haben, leicht einölen.
2. Kräuter, Knoblauch und 60 ml Olivenöl vermengen.
3. Artischockenblätter nach außen drücken, so daß sich die Köpfe leicht füllen lassen. Je ein Viertel der Kräuter-Öl-mischung in die Mitte und zwischen die Blätter einer Artischocke geben. Artischocken in die Form setzen und mit dem restlichen Öl beträufeln.
4. Artischocken einzeln von allen Seiten mit Aluminiumfolie abdecken und im Ofen 30 Minuten backen. Folien entfernen und Köpfe weitere 10–15 Minuten bräunen lassen. Bei Zubereitung auf dem Holzkohlengrill die Artischocken einzeln ganz in Aluminiumfolie wickeln und damit 30–40 Minuten grillen, dabei oft wenden.

Florentiner Artischocken-»Tortino«

Florentiner lieben Artischocken. Zuhause und in den Trattorien bereiten sie daraus traditionelle *tortini* zu, eine Art Quiche aus gedünsteten Artischocken mit Eiern, ohne Sahne und ohne Teig. Im Originalrezept werden die Artischocken mehliert und fritiert. Ich lasse das Mehl lieber weg, weil es ein wenig gummiartig wird.

Hauptgericht für 4, Vorspeise für 6 Personen:

3 gesäuberte, geachtelte Artischocken
(siehe Seite 32),
nach Wunsch leicht mehliert
4 EL (60 ml) natives Olivenöl extra
1 durchgepreßte Knoblauchzehe
1 EL Wasser
4 Eier
Meersalz und frischgemahlener Pfeffer

1. Ofen auf 200 °C vorheizen. Eine runde Auflaufform mit 25 cm Durchmesser leicht ölen.
2. Artischockenachtel und Olivenöl in einer großen beschichteten Pfanne vermengen. Auf mäßiger Hitze 5 Minuten leicht bräunen, dabei öfters umrühren.
3. Knoblauch und Petersilie zufügen und 2–3 Minuten weitergaren. Wasser zugeben, Deckel aufsetzen und 5 Minuten köcheln lassen, bis die Artischocken weich sind. Deckel abnehmen, Hitze erhöhen und Flüssigkeit einkochen lassen.
4. Artischocken mit einem Schaumlöffel aus der Pfanne nehmen und in die Auflaufform geben.
5. Eier verrühren, mit Salz und Pfeffer würzen und über die Artischocken gießen.
6. 10–15 Minuten im Ofen backen. Die Masse sollte fest, aber nicht braun sein.

Marias Artischocken mit Käse-Kräuterfüllung

Meine apulische Haushälterin, Maria di Fazio, konnte sich kaum beherrschen, als ich Rezepte für gefüllte Artischocken ausprobierte. Sie verglich sie alle mit ihrer traditionellen Zubereitungsweise, die mir zum Schluß auch am besten gefiel. Das Rezept vereint genau die richtige Kräuter- und Würzkombination und ist weder zu »mager«, noch zu fett.

Beilage für 4 Personen:

60 g Brotkrümel (ungewürzt)
60 g geriebener Pecorino
2 kleingehackte Knoblauchzehen
2 EL kleingehackte Petersilie
4 EL (60 ml) natives Olivenöl extra
4 gesäuberte Artischocken (siehe Seite 32)

1. Ofen auf 190 °C vorheizen.
2. Brotkrümel, geriebenen Käse, Knoblauch, Petersilie und 3 EL Olivenöl vermengen.
3. Artischockenblätter auseinanderbiegen, so daß die Zwischenräume gefüllt werden können. Jede Artischocke mit je einem Viertel der Brot-Käsemischung füllen, dabei die Füllung in die Mitte und zwischen die Blätter geben.
4. Artischocken mit restlichem Öl beträufeln, in Alufolie einwickeln und 30 Minuten im Ofen backen. Folie entfernen und weitere 10–15 Minuten bräunen.

Robertos fritierte Artischocken (ohne Teig)

Das Restaurant *Omero* liegt vor den Toren von Florenz. Nach einer kurzen Autofahrt durch die Toskana erreicht man das ländliche Anwesen mit seinem Blick auf alte Steinmauern, Villen, Landgüter, Olivenbäume und Zypressen. Vor dem Restaurant kann man in einem kleinen Laden Olivenöl aus irdenen Tonkrügen kaufen. Von der Decke hängen Schinken, salzloses Brot wird auf einem Holzgestell angeboten, und auf langen Regalen liegen orangefarbene Laiber Pecorino. An der kleinen Bar trifft man Einheimische, die auf einen Kaffee hereinschauen oder sich hier Busfahrkarten oder Zigaretten holen. Im rückwärtigen Teil des Restaurants wird gegessen, mit Blick auf die toskanische Landschaft, passend zu den traditionellen toskanischen Gerichten auf der Karte. Die Suppen, einfache Pastagerichte, gegrilltes Fleisch oder Geflügel, weiße Bohnen mit Olivenöl und fritierte Gemüse der Saison sind typische Spezialitäten der Region. Für Artischocken hat Koch Roberto noch eine bessere Version parat: Er säubert und viertelt die Köpfe und legt sie in Zitronenwasser bereit. Zum Garen tropft er sie kurz ab, tupft sie trocken, mehliert sie nur leicht und fritiert sie bei 165 °C. Das knusprige Ergebnis finde ich sehr viel besser als die traditionell mit Teig fritierten Artischocken, dazu hat man bei dieser Zubereitungsart noch weniger Arbeit. Große, zähere Artischocken müssen vor dem Fritieren eventuell noch kurz gekocht werden. Bei frischen, sorgfältig geputzten Köpfen ist das normalerweise nicht nötig.

Beilage für 4 Personen:

1 l natives Olivenöl extra (oder Sonnenblumenöl, falls es nicht anders geht)
4 gesäuberte, geachtelte Artischocken (siehe Seite 32), in 750 ml Zitronenwasser gesäuert (Saft und Schale von ½ Zitrone)
60 g Mehl in einer Papiertüte
Meersalz nach Geschmack

1. Öl auf 165 °C erhitzen.
2. Artischockenachtel abtropfen und mit Küchenkrepp trockentupfen.
3. Artischocken in die Papiertüte mit dem Mehl geben; Tüte gut zuhalten und schütteln, so daß die Artischocken leicht mehliert werden.
4. Artischocken goldbraun fritieren. Auf Küchenkrepp abtropfen lassen und mit Salz bestreut sofort servieren.

Marias geschmorte Artischocken

Hier ist noch ein weiteres Artischockenrezept von Maria di Fazio, das ich in mein Repertoire aufgenommen habe. Die einfachen geschmorten Artischockenachtel sind leicht zubereitet, bereichern jedes Frühlingsgericht und können als Vorspeise oder Beilage serviert werden. Bereitet man gleich die doppelte Menge zu, erhält man Reste für Marias Artischocken-Tomatensauce (Seite 40) oder das Florentiner Artischocken-»Tortino« (Seite 49). Das Schwierigste am Rezept ist das Putzen der Artischocken, besonders wenn man keine Maria als Hilfe hat. Alle Zutaten werden in eine Pfanne gegeben und auf mittlerer Hitze 10 Minuten mit Deckel geschmort, bis sie weich sind (ohne Deckel werden die Artischocken braun, sagt Maria).

Vorspeise oder Beilage für 4 Personen:

4 gesäuberte, geachtelte Artischocken
(siehe Seite 32)
3–4 EL natives Olivenöl extra
1 durchgepreßte Knoblauchzehe
2 EL feingehackte Petersilie
1 EL Wasser
Meersalz und frischgemahlener schwarzer Pfeffer

1. Artischockenachtel und Olivenöl in eine große beschichtete Pfanne geben und gut vermengen. Auf mäßiger Hitze 5 Minuten leicht bräunen, dabei öfter umrühren.
2. Knoblauch und Petersilie zugeben und 2–3 Minuten dünsten. Wasser zugießen, Deckel auf die Pfanne setzen und 5 Minuten schmoren, bis die Artischocken weich sind. Deckel abnehmen, Hitze erhöhen und Flüssigkeit einkochen lassen. Mit Salz und Pfeffer würzen und warm oder bei Zimmertemperatur servieren.

Grundrezept für gekochten Kardy

Der Kardy, auch Kardone oder Kardistaude genannt (*cardi*) ist wahrscheinlich die Stammform der Artischocke. Man ißt bei ihm allerdings nicht die Blütenköpfe, sondern, ähnlich dem Bleichsellerie, nur die gebleichten Blattstiele. Zum Bleichen werden die Pflanzen während des Wachstums ein- bis eineinhalb Meter hoch mit Stroh, schwarzer Folie oder Pappe eingehüllt. Die Spitzen der Pflanzen werden abgeschnitten und der Stock zur Erhöhung der Standfestigkeit mit Erde angehäufelt. Eine ähnliche Staude, ebenfalls aus der Familie der *Compositae,* ist die Klettenwurzel. Ihre jungen Blattstiele können ebenfalls gegessen werden, wichtiger ist allerdings die lange, fleischige Wurzel, die der Schwarzwurzel ähnelt. Die Klettenwurzel ist als Gemüse in Europa nicht sehr verbreitet. Sie wird vor allem in Japan, Taiwan und Kalifornien kultiviert. Kardy, manchmal auch Klettenwurzeln, findet man auf italienischen Gemüsemärkten im Winter. In Restaurants stehen sie nur selten auf der Karte, da man mit ihnen eine Menge Arbeit hat. Beim Kardy muß von den Blattstielen nach dem Säubern die äußere Schicht, zähe, ungenießbare Fäden, abgezogen werden. Die kleingeschnittenen Stiele werden wie Artischocken in gesäuertes Wasser gelegt, damit sie sich nicht verfärben.

Im Piemont ißt man den Kardy roh, als wichtige Zutat der traditionellen *bagna cauda,* einer warmen Dipsauce mit Sardellen. Der Rest Italiens verzehrt ihn allerdings wie unten beschrieben gekocht, bzw. vorgekocht und dann auf die in der Region übliche Art und Weise weiterverarbeitet. *Reader's Digest Gastro-Enzyklopädie* gibt eine Kochzeit von 2–2,5 Stunden an, was ich allerdings für übertrieben halte. Man kocht den Kardy, bis er gar ist.

Beilage für 4 Personen:

7 l Wasser
1–1,5 kg Kardy
1 halbierte Zitrone
2 EL Meersalz

1. Wasser in einem großen Topf zum Kochen bringen.
2. Kardy säubern: Dazu das Blattstielende der Staude und alle Blattreste sowie eventuelle stachelige Ränder der Stiele abschneiden. Die äußeren zähen Fäden abziehen und die Stiele in rund fingerlange Stücke schneiden. Schnittstellen mit Zitrone einreiben und die Stücke in 2 l gesäuertes Wasser legen (die andere Hälfte der Zitrone dafür verwenden).
3. Abgetropfte Kardystücke mit dem Meersalz ins kochende Wasser geben. Kardy je nach Saison und Sorte 10–30 Minuten weich kochen. Mit einem Schaumlöffel aus dem Wasser nehmen, mit kaltem Wasser abschrecken und abtropfen lassen. Für eines der beiden folgenden Rezepte weiterverwenden.

Im Ofen überbackener Kardy mit Käse

Bei der klassischen Version dieses Rezepts schichtet man gekochten Kardy mit Butter und Parmesan in eine Auflaufform und überbäckt sie im Ofen. Meiner Familie fehlt dabei jedoch der »Biß«, und mein Mann Massimo mag keine Butter. Ihm zuliebe mehliere ich den Kardy, fritiere ihn in Olivenöl in der Pfanne, streue Käse darüber und backe das Ganze im Ofen goldbraun.

Beilage für 4 Personen:

1 nach Grundrezept gekochter Kardy (siehe Seite 53)
60 g Mehl in einer Papiertüte
natives Olivenöl extra zum Fritieren
feines Meersalz
frischgemahlener schwarzer Pfeffer
60 g geriebener Parmesan

1. Ofen auf 190 °C vorheizen.
2. Gekochten Kardy mit Küchenkrepp trockentupfen
3. Kardystücke in die Papiertüte mit dem Mehl geben, Tüte gut zuhalten und schütteln.
4. In eine Pfanne mit hohem Rand 1 cm hoch Olivenöl geben und den Kardy, auf mäßiger Hitze leicht bräunen. Mit einem Schaumlöffel herausheben und auf Küchenkrepp abtropfen lassen.
5. Kardystücke in eine Back- oder Auflaufform geben, mit Salz und Pfeffer würzen und geriebenen Parmesan darüber verteilen. Im Ofen 15–20 Minuten überbacken, bis der Käse goldbraun wird.

Tante Enzas gedünsteter Kardy

Gedünsteter Kardy ist eines der vielen Gerichte auf Tante Enzas Sonntagstisch. Es ist ein toskanischer Klassiker, obwohl die Zubereitung aufwendig ist. Der Kardy wird dreimal verarbeitet: gekocht, in der Pfanne fritiert und in Sauce geschmort. Ich habe versucht, das Gericht um ein paar Kalorien zu erleichtern und den Arbeitsaufwand zu verringern, indem ich den Kardy nicht mehlierte und fritierte, aber meine Familie widersetzte sich standhaft jedem Änderungsversuch, da alle die Originalversion am liebsten mögen. Hier ist also Tante Enzas Rezept:

Beilage für 4 Personen:

1 Grundrezept gekochter Kardy (siehe Seite 53)
60 g Mehl in einer Papiertüte
natives Olivenöl extra zum Fritieren
1 EL natives Olivenöl extra
1–2 durchgepreßte Knoblauchzehen
500 ml Tomatenstückchen (frische Tomaten häuten, entkernen, entsaften und kleinschneiden oder Dosenware)
Meersalz und frischgemahlener schwarzer Pfeffer nach Geschmack
60 ml Wasser (nach Wunsch)

1. Gekochter Kardy mit Küchenkrepp trockentupfen.
2. Kardystücke in die Papiertüte mit dem Mehl geben, Tüte gut zuhalten und schütteln.
3. In einer Pfanne 1 cm hoch Olivenöl erhitzen und Kardystücke bei mäßiger Hitze leicht bräunen. Mit einem Schaumlöffel herausheben und auf Küchenkrepp abtropfen lassen.
4. Knoblauch und 1 EL Olivenöl in einer großen beschichteten Pfanne mäßig erhitzen, bis der Knoblauch anfängt, braun zu werden. Tomate zugeben, mit Salz und Pfeffer würzen und einige Minuten köcheln lassen. Kardystücke zugeben und auf kleiner Flamme 10–15 Minuten dünsten. Falls die Tomatensauce zu dick wird, mit Wasser verdünnen.

Auberginen

Melanzane

Die Aubergine, auch Eierfrucht genannt, ist eines der vielen Mitglieder der Nachtschattengewächse oder der Familie der Solanazeae. Sie ist eine fleischige Frucht mit schlechtem Ruf: *Mela insana*, »ungesunder« oder »verrückter« Apfel wurde sie in frühen Erwähnungen genannt. Man verwendete die Aubergine wegen ihrer hübschen Blätter, weißen oder lila Blüten und ihrer tiefgefärbten, glänzenden Frucht gerne als Verzierung. Ihr Verzehr, so dachte man, sei gefährlich, da sie Geisteskrankheit herbeiführe.

Der Ursprung der Aubergine, *Solanum melongena*, ist Indien. Die Römer erwähnten die Frucht nie. Möglicherweise hatten sie Sarazenen oder Juden nach Italien eingeführt, und wahrscheinlich waren ihr die Kreuzfahrer auf ihren heiligen Eroberungszügen begegnet. Boccaccio erwähnte die Aubergine 1355. In einem Kochbuch taucht sie zum ersten Mal Ende des 15. Jahrhunderts auf. Ein anonymer Neapolitaner unterzog sie in einem Rezept einer kulinarischen Ganzheitsbehandlung – geschält, blanchiert, mehliert und fritiert, gab er Knoblauch, Oregano, Sardellen, Brotkrümel, Pfeffer, Safran und *agresto* daran, einen leicht säurehaltigen Weinessig, erhitzte das Gemisch noch einmal in der Pfanne und krönte es mit Gewürzen.

Die Aubergine wächst als einjährige, buschige Pflanze mit holzigem Unterkraut. Sie hat graue, stachelige Blätter und entwickelt attraktive lila Blüten. Die Früchte sollten geerntet werden, bevor die Schale zu hart und die Samen zu reif werden, da dies ihre Bitterkeit erhöht.

Auberginen haben nur wenig Kalorien und einen geringen Nährwert, aber relativ viel Kalium, Ballaststoffe und Folsäure.

In nicht zu großen Mengen genossen soll die Aubergine verdauungsfördernd wirken und sich positiv auf das Wohlbefinden auswirken. Wenn man zuviel davon ißt, könnten allerdings Verdauungs- und nervöse Störungen auftreten. Wegen ihrer »meteoristischen« oder gasbildenden Eigenschaften nannten die Italiener die Frucht früher *petonciano,* abgeleitet von ihrem Wort für »furzen.« In der Volksheilkunde wurde sie äußerlich bei Verbrennungen und Hämorrhoiden eingesetzt. In seinem Buch über die Risiken und Vorteile von Lebensmitteln meint der italienische Autor Giovanni Ballarini, daß die Aubergine eventuell den Cholesterinspiegel im Blut senken und den Stoffwechsel anregen könnte.

Altertümliche, regional verschiedene italienische Bezeichnungen für die Aubergine sind *mollegnane, marignani, petonciani, mulignani, melanciane, mele isdegnose, meli di giano* und der erwähnte *mela insana*. Die heutige Bezeichnung ist in ganz Italien *melanzana*. Die einzelnen Sorten unterscheiden sich durch ihre Form und Farbe, die von dunkel- über hellviolett bis weiß rangiert. Viele der besten Auberginenrezepte stammen aus Süditalien, insbesondere Sizilien und Kampanien.

Fast jeder, den ich zu dem Thema befragte, hatte eine andere Version dafür parat, wie man der Bitterkeit der Aubergine beikommt. Manche Köche salzen die Früchte nie ein, manche legen sie in Scheiben geschnitten in Salzwasser. Die meisten empfahlen jedoch, die Früchte zu salzen und die austretende Flüssigkeit in einem Sieb auszudrücken. Die Autorinnen Paula Wolfert und Suzanne Hamlin, beide unerschöpfliche Quellen kulinarischer Weisheit, stimmen darin überein, daß man das Salzen jeweils vom Rezept, der verwendeten Sorte und dem Reifegrad der Frucht abhängig machen sollte. Auberginen können eine Unmenge von Öl aufsaugen, das sie aber mit jedem weiteren Kochvorgang wieder abgeben. Ich streiche Auberginenscheiben vor dem Braten in der Pfanne gerne mit Öl ein oder grille dicke Scheiben ganz ohne Öl – eine Empfehlung von Torquato.

Beim Kauf sollten Auberginen fest sein, mit glänzender, straffer und glatter Haut ohne Anzeichen von Fehl- oder Druckstellen. Kleinere Exemplare (nicht mit Zwergsorten verwechseln) sind zarter. Auberginen, die sich vom Gewicht her leicht anfühlen, enthalten weniger Kerne und sollten bevorzugt werden.

Auberginengeschichte

Allzuviel gibt die Historie zu Auberginen nicht gerade her, nicht zuletzt deshalb, weil ihr die klassischen Referenzen des Altertums fehlen. Der toskanische Mediziner M. Pietro Mattioli immerhin kommentierte sie im 16. Jahrhundert kurz im Rahmen seiner Übersetzung aus dem Lateinischen zu den Arzneimitteln seiner Zeit, obwohl der Originaltext keinen Bezug darauf enthielt. Er empfahl, Auberginen »wie Pilze« in Öl zu braten und mit Salz und Pfeffer zu würzen und behauptet, daß viele Italiener die Eierfrucht äßen, um ihre »Lust anzuregen«. Costanzo Felici, ein Landarzt aus den Marken, unterhielt Ende desselben Jahrhunderts einen regen Briefwechsel mit dem Naturalisten und Mediziner Ulisse Aldrovandi aus Bologna, der für seine Abhandlungen über Fauna und Flora der Zeit berühmt war. In einem Schreiben äußert er sich gegenüber seinem Briefpartner ausführlich zu den »Salaten und Pflanzen, die der Mensch als Lebensmittel verwendet«. Seiner persönlichen Meinung nach machte sich die Aubergine sehr gut als Dekoration auf dem Fensterbrett. Er mußte allerdings auch zugeben, daß viele sie *con gusto* verzehrten, gegrillt, gefüllt, fritiert, mehliert und geschmort wie Pilze. Ein Koch einer reichen, weltlichen Herrschaft des 17. Jahrhunderts, Bartolomeo Stefani, nahm die Aubergine schließlich in sein Kochbuch auf und informierte seine Leser darüber, daß die Frucht in Klostergärten gezüchtet würde und durch Einweichen in kühlem Wasser ihre natürliche Bitterkeit verlöre. Pellegrino Artusi ergänzt die Auberginengeschichte in seinem erfolgreichen Kochbuch von

1910 noch um eine politische Note: Auberginen seien neu auf dem Florentiner Markt, schreibt er und vordem als »Judenessen« verschrien gewesen. Damit hätten diese, so Artusi, wieder einmal mehr Geschmack als die Christen bewiesen.

Ezios Auberginenpüree

Ezio Santin ist einer der großen Köche Italiens und serviert in seinem Restaurant *Antica Osteria del Ponte* in Cassinetta di Lugagnano vor den Toren Mailands elegante Gerichte der gehobenen Küche. Seine Art zu kochen unterscheidet sich komplett von der Art Hausmannsküche, die ich fast immer bevorzuge. Vor ein paar Jahren allerdings gab er mir dieses Rezept für Auberginenpüree, als ich ihn nach einer einfachen Vorspeise für ein spezielles Abendessen fragte. Ezio bäckt seine Auberginen dafür im Ofen, was in einer Küche, in der der Ofen ständig in Betrieb ist, auch kein Problem darstellt. Ich wickle die ganze Frucht in Alufolie und backe sie auf einem Gitteraufsatz für die Herdplatte, dem *tostapane* – ein in Italien übliches Küchengerät. Wer keinen *tostapane* zur Hand hat, kann Auberginen auch auf einem Drahtgestell über einer kleinen Gasflamme rösten. Einem 3-Sterne-Koch angemessen, formt Ezio seinen »Auberginenkaviar« zu kleinen Nocken und serviert ihn auf einem Spiegel aus Tomatensauce. Das ist mir allerdings zuviel Aufwand. Ich serviere das Püree in einer Schüssel und reiche die Sauce separat dazu.

Vorspeise für 4–6 Personen:

1 kg Auberginen
1 Knoblauchzehe
1–2 EL frische, kleingehackte Basilikumblätter, einige Blätter als Verzierung zurückbehalten
Meersalz

frischgemahlener schwarzer Pfeffer
10 reife Eiertomaten, geschält, entkernt, entsaftet (Saft auffangen)
8 EL (120 ml) natives Olivenöl extra

1. Ofen auf 200 °C vorheizen.
2. Auberginen längs halbieren, Schnittflächen mit einem scharfen Messer einritzen und die Hälften auf Backpapier im Ofen rund 20–30 Minuten backen, bis das Fruchtfleisch weich ist. Alternativ die Früchte in eine doppelte Lage Aluminiumfolie wickeln und wie auf Seite 60 beschrieben mit einem Gitter über Herdplatte oder Gasflamme garen. Weiche Auberginen abkühlen lassen.
3. Fruchtfleisch mit einem Löffel auskratzen und in einem Sieb 15 Minuten abtropfen lassen. Die Hälfte der Auberginenschalen aufheben.
4. Auberginenschalen in große Stücke schneiden und mit Knoblauch und Basilikum im Mixer zerkleinern. Abgetropftes Auberginenfruchtfleisch, 4 EL Olivenöl, Pfeffer und Salz nach Geschmack zugeben und gut vermixen, aber nicht völlig pürieren. Auberginenpüree kühl stellen.
5. Tomatenfruchtfleisch und Saft mit dem restlichen Olivenöl verrühren und mit Salz und Pfeffer würzen.
6. Mit zwei Löffeln Nocken vom Auberginenpüree abstechen und pro Portion ca. 3–4 Nocken auf einen Spiegel aus zimmerwarmer Tomatensauce setzen. Oder das Auberginenpüree im ganzen in einer Schüssel anrichten und die Sauce separat dazu reichen. Am selben Tag servieren.

Torquatos gegrillte Auberginenscheiben

Torquato Innocentis Rezepte, die er auf dem Bauernmarkt von Santo Spirito zum Besten gibt, sind immer einfach, sehr regionaltypisch und »ölgetränkt«. Er verkauft zwei Auberginensorten: die dunkelvioletten neapolitanischen, die als kleine, zarte Früchte nicht gesalzen werden müssen (größere Exemplare haben das nötig) und die mildere violett-weiße Florentiner Sorte, die ganz ohne Salzen auskommt. Torquatos Rezept für gegrillte Auberginenscheiben gelingt auf dem Holzkohlengrill und dem Gasgrill. Alternativ kann man auch eine gußeiserne gerillte Grillpfanne auf der Herdplatte einsetzen. Anstelle der von ihm vorgeschlagenen Petersilie schmecken auch Basilikum oder Rucolasalat. Von Torquatos Sohn Valerio stammt die feine Variante, die gegrillten Scheiben mit Pesto zu bestreichen.

Vorspeise oder Beilage für 4–6 Personen:

1 kg ungeschälte, in 1,5 cm dicke Scheiben geschnittene Auberginen
4 EL (60 ml) natives Olivenöl extra und zusätzliches Öl zum Servieren
2 durchgepreßte Knoblauchzehen
2–3 EL kleingehackte frische Petersilie, Basilikum oder Rucolasalat
Meersalz
frischgemahlener schwarzer Pfeffer

1. Eine gußeiserne gerillte Grillpfanne oder normale Pfanne auf großer Flamme erhitzen.
2. Auberginenscheiben mit Öl bestreichen oder das Öl auf einen Teller gießen und die Scheiben darin eintauchen, dabei zuviel Öl mit einem Teigschaber abnehmen.
3. Gemüse auf starker Hitze grillen und einmal wenden, so daß beide Seiten gut gebräunt sind.

4. Gegrillte Auberginenscheiben auf einer Servierplatte anrichten, mit Knoblauch und Kräutern bestreuen, mit Salz und Pfeffer würzen und mit etwas Olivenöl beträufeln. Heiß oder bei Zimmertemperatur servieren.

Sergios fritierte Auberginen

Ein Freund aus Venedig entführte mich einst in die Randgebiete von Malamocco in der Lagune von Venedig, ein Gebiet, das für seine Gemüsegärten berühmt ist. Wir besuchten Sergio Maggion, der biologisches Gemüse und Früchte für die erstklassige Konditorei seines Sohnes am Lido, dem venezianischen Badestrand, anbaut. Sergio erzählte uns von der Notwendigkeit, die Erde zu achten und von der Bedeutung der Lagune mit ihren fruchtbaren Böden und ihrer salzigen Meerluft. Auf dem Rundgang durch seinen Garten wies er auf alle möglichen Gemüse- und Obstsorten hin und erntete auf dem Weg ausgewählte, beispielhafte Exemplare. Vor einer einfachen Hütte mit offener Küchen- und Eßveranda einschließlich Brunnen machte er halt und entzündete einen Campingkocher unter einer großen schwarzen Pfanne, die mit Olivenöl gefüllt war. Er schnitt frischgeerntete Auberginen in dicke Scheiben, legte sie in die Pfanne, fritierte sie dunkelbraun, ließ sie auf Küchenkrepp abtropfen und bestreute sie mit Salz. Meine anfängliche Skepsis – kein Salzen, Ausdrücken, kein Mehlieren, kein Teig und dazu die sehr lange Fritierzeit –, verschwand mit dem ersten Bissen. Das Innere der Aubergine hatte sich in eine cremige Füllung verwandelt.

Beilage für 4 Personen:

1 kg ungeschälte, sehr frische Auberginen
750 ml–1 l natives Olivenöl extra
feines Meersalz

1. Auberginen in 2,5 cm dicke Scheiben schneiden.
2. Öl in einer großen Pfanne oder der Friteuse auf 190°C erhitzen.
3. 3–4 Auberginenscheiben in das Öl gleiten lassen und dunkelbraun fritieren. Einmal wenden, um auch die andere Seite zu bräunen. Scheiben mit einem Schaumlöffel aus dem Öl heben und auf Küchenkrepp abtropfen lassen. Alle Scheiben auf diese Weise zubereiten, dabei die Pfanne aber nicht zu voll machen.
4. Auberginenscheiben leicht salzen und sofort servieren.

Sizilianische »Caponata«

Ich habe in Sizilien viele Versionen der *caponata* gegessen. Jedesmal fielen sie etwas anders aus, obwohl die Grundzutaten für gewöhnlich dieselben sind. Gebratene Auberginen und blanchierter Stangensellerie werden mit einer süßsauren Tomatensauce vermischt, die mit Oliven und Kapern gewürzt ist. Bisweilen bekommt man die *caponata* mit kleingehackten Mandeln bestreut serviert. Die meisten Rezepte verwenden heute Tomatenmark anstelle des traditionelleren sizilianischen *estratto*, einer Tomatenpaste, die man durch Eindicken von Tomatensauce in der Sonne erhält. Doch da die *caponata* ein Sommergericht ist, wurden ursprünglich sicherlich frische Tomaten anstelle des Marks eingesetzt.

Vorspeise für 4 Personen:

5 l Wasser
2–3 EL Meersalz
3 Stangen Sellerie, in 1 cm breite Stücke geschnitten
750 g–1 kg geschälte und in 2,5 cm große Würfel geschnittene Auberginen
1 grobgehackte große Zwiebel

6 EL (90 ml) natives Olivenöl extra
400 ml Tomatenstückchen (frische Tomaten häuten, entkernen, entsaften und kleinschneiden oder Dosenware)
75 g entkernte, kleingeschnittene grüne Oliven
3 EL gespülte, abgetropfte Kapern (vorzugsweise in Salz konserviert)
3 EL Zucker
60 ml Weinessig
frischgemahlener schwarzer Pfeffer

1. Wasser in einem großen Topf zum Kochen bringen. 2–3 EL Salz und Sellerie zugeben und das Gemüse in rund 5 Minuten knapp weich kochen. Sellerie mit einem Schaumlöffel aus dem Wasser heben, mit kaltem Wasser abschrecken und abtropfen lassen.
2. Auberginenwürfel salzen und in ein Sieb geben. Während der Saucenzubereitung beschweren, um das Auberginenwasser gründlich auszudrücken.
3. Zwiebel und 2 EL Olivenöl in einer großen beschichteten Pfanne vermengen, auf mäßiger Hitze weich dünsten.
4. Sellerie- und Tomatenstückchen zugeben und köcheln lassen, bis die Sauce leicht eingedickt ist. Oliven, Kapern, Zucker und Essig zufügen und mit Salz und Pfeffer würzen.
5. Auberginenwürfel ausdrücken, so daß möglichst alle Flüssigkeit entfernt ist, abspülen und mit Küchenkrepp trockentupfen.
6. 2 EL Olivenöl in einer großen beschichteten Pfanne stark erhitzen, die Hälfte der Auberginenwürfel in das heiße Öl geben und garen, bis sie goldbraun und weich sind. Mit einem Schaumlöffel aus dem Öl heben und auf Küchenkrepp abtropfen lassen. Die andere Hälfte ebenso zubereiten.
7. Auberginenwürfel zur Tomatensauce geben. Zimmerwarm servieren und innerhalb von 1–2 Tagen aufbrauchen.

Spaghetti mit Auberginen

Die Kombination Aubergine und Pasta ist in Italien selten. In Sizilien jedoch findet man relativ häufig Nudelgerichte mit Tomatensauce, gesalzenem Ricotta und einer Garnierung aus gebratenen Auberginenscheiben oder -streifen. In Catania heißt dieses Pastagericht *alla Norma*, angeblich eine Hommage an die berühmteste Oper des Landessohnes Vincenzo Bellini. Ich denke eher, daß sich der Name von Giuditta Pasta herleitet, die bei der Uraufführung der Oper die Partitur der Norma sang. Es empfiehlt sich, die Auberginen erst ganz zum Schluß zum Gericht zu geben, damit sie nicht matschig werden. Auf dieser Basis bereite ich auch oft eine ganz einfache Knoblauch-Kräutersauce, der ich in letzter Minute bereits gebratene Auberginenwürfel zufüge. Als Würzmischung kommen dafür frische Petersilie mit Basilikum, Oregano oder Minze in Frage. In Sizilien serviert man das Pastagericht mit einem trockenen Reibekäse aus Schafsmilch, *ricotta salata*. Diesen Käse bekommt man nicht leicht, und ich bezweifle, daß es sich lohnt, extra nach ihm zu suchen. Geriebener Pecorino ist ein guter Ersatz dafür.

Vorspeise für 4–6 Personen:

Meersalz + 2–3 EL Salz
500 g geschälte, in 2,5 cm große Stücke geschnittene Auberginen
5 EL natives Olivenöl extra
5–6 l Wasser (für die Pasta)
400–450 g Spaghetti
2 durchgepreßte Knoblauchzehen
500 ml Tomatenstückchen (frische Tomaten häuten, entkernen, entsaften und kleinschneiden oder Dosenware)
frischgemahlener schwarzer Pfeffer
(oder 1 frische rote scharfe Pfefferschote

oder getrockenetes Chilipulver nach Geschmack, für alle, die es schärfer mögen)
2 EL kleingehackte Blattpetersilie
1 EL kleingehacktes frisches Basilikum, Oregano oder Minze
60 g geriebener ricotta salata *oder Pecorino*

1. Auberginenwürfel falls nötig salzen und abtropfen lassen.
2. Eine große beschichtete Pfanne stark erhitzen. Die Hälfte der Auberginenwürfel mit 2 EL Olivenöl darin garen, bis die Auberginen goldbraun und weich sind, dabei die Pfanne öfters schütteln. Auberginenwürfel mit einem Schaumlöffel aus dem Öl nehmen und auf Küchenkrepp abtropfen lassen. Die zweite Hälfte ebenso zubereiten. Fertige Auberginenwürfel leicht salzen.
3. Nudelwasser zum Kochen bringen. Wasser salzen und Pasta in das sprudelnde Wasser einlegen.
4. Während die Spaghetti kochen, Knoblauch im restlichen Olivenöl in einer großen beschichteten Pfanne dünsten, bis er leicht Farbe angenommen hat. Tomatenstückchen zugeben, mit Salz und Pfeffer nach Geschmack würzen und die Flüssigkeit auf großer Flamme in 2–3 Minuten einkochen lassen. Kräuter zugeben und vom Herd nehmen.
5. Die Spaghetti nach rund dreiviertel der empfohlenen Kochzeit abgießen – sie müssen noch gut *al dente* sein –, dabei rund 500 ml Kochwasser auffangen.
6. Pasta und rund 250 ml Kochwasser zur Sauce geben. Die Nudeln auf stärkster Hitze in rund 3–5 Minuten fast fertig kochen, so daß Pasta und Sauce gut vermengt sind. Falls die Sauce zu sehr eingedickt ist, noch etwas Kochwasser zugeben.
7. Auberginenwürfel zur Nudel-Saucenmischung geben, gut unterheben und mit Käse bestreut servieren.

Moderne Auberginen »Parmigiano«

In drei verschiedenen Regionen Italiens behauptet man, Auberginen *Parmigiano* erfunden zu haben. Der italienische Name für dieses Gericht ist la *parmigiana di melanzane* oder *melanzane alla parmigiana.* Die Ansprüche Parmas auf den Urhebertitel sind relativ schwach, da Gemüsegerichte mit der Zusatzbezeichnung *parmigiana* lediglich mit Butter und geriebenem Parmesan überbacken sind. Die Ernährungshistorikerin Mary Taylor Smith schreibt, daß sich der Name von der sizilianischen Aussprache des Begriffs *palmigiana* herleitet, was soviel wie »Fensterjalousie« heißt, da dachziegelartig geschichtete Auberginen eine entfernte Ähnlichkeit damit haben. Allerdings verwendet man in Sizilien *Caciocavallo*-Käse für das Gericht und nicht Mozzarella wie in dem klassischen Rezept. Wahrscheinlich kommt das Gericht aus Kampanien wie auch Jeanne Carola Francesconi in ihrem Buch über die *Cucina Napoletana* behauptet, da es in den anderen Gegenden Italiens Mozzarella nicht gab. Das Gericht erscheint typisch für die barocke neapolitanische Küche: an sich einfache Zutaten wie Auberginen, Käse, etwas Tomatensauce und Kräuter verbinden sich hier zu etwas ganz Besonderem. Aber egal, wo das Gericht auch herstammt, es schmeckt fantastisch, wenn es auch sehr arbeitsaufwendig ist. Üblicherweise werden Auberginenscheiben dafür gesalzen, ausgedrückt, abgetropft, trockengetupft, mehliert, fritiert und mit Tomatensauce, Mozarellascheiben und geriebenem Parmesan (Caciocavallo für die sizilianische Version) aufgeschichtet und im Ofen gebacken. Fabio Picchi aus dem *Cibrèo* sagt, dies sei das erste Gericht gewesen, das er im Alter von 7 Jahren zubereitet habe. Seither hat er es immer wieder abgewandelt. In seiner jüngsten Version verwendet er rohe Tomaten anstelle gekochter Tomatensauce und weniger Käse. Bei den Auberginen verzichtet er auf das Salzen, was ich sofort übernommen habe.

Hauptgericht für 4 Personen:

1 kg in 1 cm breite Scheiben geschnittene Auberginen
(2 große Früchte, ca. 24 Scheiben)
8 EL (120 ml) natives Olivenöl extra
125 ml Tomatenstückchen (frische Tomaten häuten,
entkernen, entsaften und kleinschneiden
oder Dosenware)
1 EL frische Basilikumblätter
1 Knoblauchzehe
Meersalz
frischgemahlener schwarzer Pfeffer
100 g Mozzarella
3 EL geriebener Parmesan

1. Eine große beschichtete Pfanne stark erhitzen.
2. Auberginenscheiben mit Olivenöl einpinseln oder Olivenöl auf einen Teller gießen und Auberginenscheiben darin wenden. Zuviel Öl mit einem Teigschaber abnehmen.
3. Auberginen rund 3–4 Minuten pro Seite in der Pfanne bräunen und auf einen Teller geben.
4. Tomatenstückchen, Basilikum und Knoblauch im Mixer zu einer homogenen Masse pürieren. Mit Salz und Pfeffer würzen.
5. Mozzarella in 4 Scheiben schneiden und jede Scheibe vierteln.
6. Auberginenscheiben in einer beschichteten Auflaufform auslegen, auf jede Scheibe je 1 EL Tomatenpüree geben und dünn ausstreichen. Ein Stück Mozzarella in die Mitte legen. Je eine weitere Auberginenscheibe, Tomatensauce und Käse auflegen und das ganze noch einmal wiederholen, zum Schluß restliches Tomatenpüree auf die Stapel geben. 30 Minuten durchziehen lassen. Die Auberginen dürfen dabei ruhig Flüssigkeit ziehen.
7. Ofen auf 190 °C vorheizen. Auberginenstapel 15–20 Minuten backen, bis sie blubbern und gut gebräunt sind.

Sizilianische Auberginen »Beccafico«

Enrico Alliata (1879–1946), der sizilianische Herzog von Salaparuta, war ein glühender Theosoph, Vegetarier, dazu ein am Mailänder Konservatorium geschulter Baritonsänger, Önologe und Direktor der Winzerei von Salaparuta, die sein Großvater 1824 gegründet hatte.
In seinem vegetarischen Handbuch erläuterte er seine hochgebildete Ernährungsphilosophie (»degenerierte leichenschändende Gelüste« sollten einer »Lebensweise in Einklang mit den Naturgesetzen« weichen) und zählt darin 909 internationale Rezepte auf. Ein Anhang ruft zum Verzicht auf alle tierischen Produkte und deren Zubereitung auf. Die von Alliata beschriebene *cucina* ist die der sizilianischen Adeligen mit internationalem Horizont. Eines meiner Lieblingsgerichte daraus ist ein vegetarischer *beccafico*, eine Zubereitung nach »Waldsängerart«, bei dem die frischen Sardinen des Originals durch Auberginenscheiben ersetzt werden. Die Füllung aus Pinienkernen, Rosinen und Brotkrümeln ist ein typisches Beispiel für die durch die Araber beeinflußte Küche Siziliens.

Vorspeise oder Beilage für 4–6 Personen:

120 g feine Brotkrümel
1 kg in 1 cm breite Scheiben geschnittene Auberginen (7,5–10 cm Durchmesser)
6 EL (90 ml) natives Olivenöl extra
Meersalz
2 EL getrocknete Rosinen
2 EL Pinienkerne
1 TL kleingehackte Petersilie
frischgemahlener schwarzer Pfeffer
Lorbeerblätter

1. Brotkrümel in einer mittelgroßen beschichteten Pfanne leicht bräunen.
2. Eine große beschichtete Pfanne stark erhitzen. 3–4 Auberginenscheiben mit Olivenöl einpinseln und auf einer Seite in 2–3 Minuten bräunen, umdrehen und die andere Seite braten. Aus der Pfanne nehmen und auf Küchenkrepp abtropfen lassen. Die restlichen Scheiben ebenso zubereiten. Leicht salzen.
3. Brotkrümel, 2 EL Olivenöl, Rosinen, Pinienkerne und Petersilie vermengen und mit Salz und Pfeffer nach Geschmack würzen.
4. Ofen auf 180 °C vorheizen.
5. Je 2 TL Brotkrümelmischung in die Mitte einer Auberginenscheibe geben, Scheiben einmal zusammenklappen und an den Rändern etwas andrücken, damit sie gut schließen. Auberginen mit der offenen Seite nach unten in eine Auflaufform schichten, dabei je ein Lorbeerblatt zwischen die Scheiben stecken. Restliche Füllung darüberstreuen.
6. 20–30 Minuten im Ofen leicht bräunen. Sofort servieren.

Doras gefüllte Auberginen

Das Restaurant *Il Fornello* von Dora und Angelo Ricci ist ein hervorragender Grund für eine Reise nach Apulien und dort nach Ceglie Messapico, eine Stadt ohne architektonischen, künstlerischen oder archäologischen Berühmtheitsgrad. Auf der Guide-Michelin-Karte trägt sie einen Stern, auf normalen Landkarten findet man sie kaum. Dora kocht nach Hausmannsart, unkompliziert, mit den besten örtlich produzierten Zutaten. Bei ihren mit Käse und Kräutern gefüllten Auberginen komme ich ins Schwärmen. Am besten schmecken dafür kleine, frische violette Auberginen der Saison.

Vorspeise oder Beilage für 4 Personen:

2 Auberginen à 250 g (oder 4 Auberginen à 125 g)
Meersalz
2 Knoblauchzehen
2 EL gespülte und kleingehackte Kapern
frischgemahlener schwarzer Pfeffer
1 EL Petersilienblätter
ca. 75 g in Würfel geschnittener frischer Schafsmilch-Pecorino
2 EL (30 ml) natives Olivenöl extra
3 EL (45 ml) Rotwein
1 EL Rotweinessig
1 TL getrockneter Oregano oder frisches Kraut

1. Von den Auberginen jeweils Spitze und Blütenansatz abschneiden. Jede Aubergine längs halbieren und die Schale jeder Hälfte 2 mal rund 3,5 cm tief einschneiden. Einschnitte und Schnittflächen der Auberginen mit Salz bestreuen und 30 Minuten in einem Sieb Wasser ziehen lassen.
2. Knoblauch, Kapern, Pfeffer und Petersilie im Mixer gründlich vermengen. Käsewürfel zugeben und das Ganze nochmals gut zu einer homogenen Masse pürieren.

3. Salz von den Auberginenhälften abwaschen und die Früchte trockentupfen.
4. Käse-Kräutermischung in die Einschnitte verteilen.
5. Olivenöl in einer großen beschichteten Pfanne erhitzen und Auberginenhälften mit der Schale nach oben hineinlegen. 5–8 Minuten auf mittlerer Hitze goldbraun braten. Hälften umdrehen und nochmals 5 Minuten garen. Größere Auberginen brauchen länger und sollten auf jeden Fall weich gegart werden.
6. Auberginenhälften wieder umdrehen, Rotwein und Essig zugießen, Oregano dazugeben und auf stärkster Hitze fast die gesamte Flüssigkeit verkochen lassen. Sofort servieren.

Bohnen

Fagioli

Kann es sein, daß Bohnen der Grund dafür waren, daß die Renaissance – trotz ihrer französischen Bezeichnung – in Florenz begann? Ein Florentiner Bohnenfan versicherte mir, daß Bohnen die Geistesnahrung waren, die der künstlerischen und intellektuellen Wiedergeburt Vorschub leisteten. Michelangelo und Lorenzo de' Medici waren von Bohnen begeistert. Bevor weiße Bohnen aus der »Neuen Welt« im 16. Jahrhundert in Europa eintrafen, aßen die Bewohner von Florenz bereits Augenbohnen, die wahrscheinlich über die Medici in die Toskana gekommen waren – die wiederum hatten sie vom Papst. In Florenz konnte man von Straßenhändlern, den sogenannten *fagiolai*, gekochte Bohnen kaufen. Diese Händler waren im 14. Jahrhundert Mitglieder der Bäcker- und Köchegilde. Mein allwissender Florentiner Ehemann behauptet, Bohnen machten schlau, was ich ihm gerne glauben würde. Florenz liebt bekanntermaßen Bohnen. Sie stehen das ganze Jahr über auf der Speisekarte. Eine frische Spezialität der Saison – zart und dünnhäutig, aber sehr arbeitsaufwendig, sind *fagioli sgranati*, frisch aus der Schote gepalte Bohnen.

Bohnen sind kalorien- und ballaststoffreich, enthalten viel Calcium, Eisen, Phosphor und Kalium. Wegen ihres hohen Eiweißanteils nennt man sie »Fleisch der Armen«. Damit dieses Protein auch optimal genutzt werden kann, muß es allerdings mit den Aminosäuren von Getreide kombiniert werden. Bohnen enthalten das Kohlenhydrat Stachyose, das von Verdauungsenzymen nicht verwertet werden kann, deshalb im Dickdarm vergärt und zu Gasbildung führt. Jean Carper schreibt in *Jungbrunnen Nahrung*, daß der Verzehr von Bohnen Cholesterinspiegel und Blutdruck senkt, den Insulinhaushalt, Blutzucker und die Darmtätigkeit reguliert, die Bildung von krebshemmenden Stoffen anregt sowie Verstopfung und Hämorrhoiden vorbeugt.

In ganz Italien sind landesweit wie auch nur regional angebaute Bohnensorten erhältlich. Manche der letzteren haben regelrechte örtliche Fangemeinden und sind daher teurer als die weiter verbreiteten Sorten. »Lamon« und »Saluggia«, zwei gefleckte Sorten, die an Kronsbeeren erinnern, die kleine weiße »Sorana« und die kleine blaßgelbe »Solfini« sind kaum außerhalb der Anbaugegenden erhältlich. Häufig findet man allerdings eine Bohnensorte mit der Bezeichnung »Tipo Lamon«, die der echten »Lamon« im Aussehen ähnelt. Hochgeschätzt ist überall die »Cannellino«, eine mittelgroße weiße Sorte. In Florenz sind dazu »Toscanelli« oder »Piattelini«, kleiner und mit dünnerer Schale, sehr beliebt. Hier kauft man Bohnen, Hülsenfrüchte, Samen und Tierfutter in Geschäften mit der Bezeichnung *civaio*, die sich auf diese Trockenprodukte spezialisiert haben. Ich kaufe Bohnen bei den Bauern und dem *civaio* am Markt auf der Piazza Santo Spirito in Florenz. Von den Bauern bekomme ich selbstangebaute Sorten. Im *civaio* habe ich mir die Säcke im Lagerraum genauer angesehen und festgestellt, daß die *Toscanelli* aus den USA kommen, wo sie unter der Sortenbezeichnung »Great Northern« angebaut werden. Die Cannellini kommen oft aus Argentinien. Grundsätzlich sollte man immer die besten und frischesten Bohnen kaufen, die man finden kann und sie innerhalb eines Jahres aufbrauchen. In Bio- oder Feinkostläden findet man meist eine größere Auswahl als im Supermarkt, und Packungen, die bereits etwas antiquiert aussehen, sollte man lieber stehenlassen. Auch Bohnen, die schon einige Zeit in der Speisekammer verbracht haben, sollte man nicht mehr verwenden.

Eine oft bessere Alternative zu getrockneten Bohnen, die man ganz hinten aus dem Regal zieht, sind tiefgefrorene Bohnen oder Dosenware. Wenn man sich schon die Mühe macht, Bohnengerichte zuzubereiten, sollte man auch wirklich mit einem optimalen Produkt arbeiten. Eine große Investition sind selbst die besten Bohnen nicht, das Kochergebnis wird dadurch aber um so besser. Einheimische oder sogar örtlich angebaute Sorten sind am allerbesten.

Getrocknete Bohnen müssen 6–8 Stunden eingeweicht werden. Wenn ich sie abends brauche, weiche ich sie am Morgen ein. Es gibt auch eine schnellere Methode: die Bohnen in einen Topf geben, gut mit Wasser bedecken, aufkochen und 1–2 Minuten kochen, vom Herd nehmen und 1 Stunde zugedeckt ziehen lassen. Bohnen abgießen, frisches Wasser zugeben und den Kochvorgang beenden. Das dauert dann je nach Bohnenqualität rund eineinhalb Stunden oder etwas länger.
Frisch ausgepalte Bohnen müssen nicht eingeweicht werden und sind auch schneller gar als getrocknete. Durchpassierte Bohnen, bei denen die harte, ballaststoffreiche äußere Schale entfernt wurde, sind leichter verdaulich.

Für die folgenden Rezepte braucht man gekochte Bohnen. Bei Zeitmangel ersetzt man sie durch Dosenware. Das Ergebnis ist vielleicht nicht ganz so gut, aber viel schneller erreicht. Bei getrockneten Bohnen, selbst wenn sie sehr frisch und qualitativ hochwertig sind, wird die Kochzeit immer stark schwanken.

Bohnengeschichte

Apicius, ein wohlhabender römischer Gastronom im 1. Jahrhundert nach Christus, brachte sein ganzes Vermögen mit Freßgelagen durch und vergiftete sich, als er feststellen mußte, daß er seinen kulinarischen Standard hätte herunter-

setzen müssen. Seine Lebensgeschichte überlebte in einer Dokumentation seiner Rezepte aus dem 4. Jahrhundert, *De Re Coquinaria*. Der Abschnitt »Gemüse« bezeugt die Wichtigkeit stärkehaltiger Gemüsesorten in der Ernährung von Reich und Arm im alten Rom, mit Bemerkungen zu Linsen, Erbsen, Gerste, frischen, getrockneten und dicken Bohnen sowie Kichererbsen. Auch von Augenbohnen ist die Rede, die wahrscheinlich mit griechischen Händlern nach Italien kamen. In einer Abhandlung über Arzneimittel seiner Zeit nahm der toskanische Mediziner M. Pietro Andrea Mattioli 1557 mit der Übersetzung eines alten lateinischen Textes auf Bohnen aus der Alten und der Neuen Welt Bezug. Es gäbe sie aller Orten, weiß, rot, gelb und verschiedenfarbig gefleckt – ein neu nach Italien eingeführtes Gemüse, obschon den Vorfahren bereits wohlbekannt. Laut Mattioli »führt der Verzehr von Bohnen zu Blähungen, hungert den Magen aus, fördert die Produktion männlicher Samenzellen und stärkt den Geschlechtstrieb.«
Der im englischen Exil lebende Venezianer Giacomo Castelvetro versuchte, Bohnengeschichte zu schreiben. Er behauptete, daß die Italienerinnen und insbesondere die Venezianerinnen Spalierbohnen in Blumenkästen vor die Fenster pflanzten, zum einen wegen ihrer hübschen grünen Blätter, ihrem Schatten und zum anderen, um zwischen den Blattranken ungeniert und unbemerkt Blicke auf die Passanten werfen zu können.
Vincenzo Corrado schließlich nahm in seinem Küchenbestseller des 18. Jahrhunderts Bezug auf die Florentiner Vorliebe für Bohnen. Er beschreibt die damals gängigen Farben und Formen und äußert sich positiv über den vielfältigen und abwechslungsreichen Einsatz insbesondere getrockneter weißer Bohnen in der Küche.

Grundrezept für Bohnen

Fast alle Italiener essen Bohnen, aber die Bewohner von Florenz schlecken danach sogar noch die Teller und den Schöpflöfffel aus, spottet man in den umliegenden Städten. Das bevorzugte Küchengerät ist ein Kochtopf aus Terracotta, obwohl Puristen wahrscheinlich darauf bestehen würden, Bohnen in einem Glasballon zubereitet, einem *fiasco,* wie man ihn für Wein verwendet. Der Ballon (ohne Strohmantel!) wird dazu in die Glut eines offenen Feuers gestellt. Ich habe auch schon einen Metalltopf verwendet, nur um zu sehen, ob das auch funktioniert – und siehe da, es ging. Die meisten Florentiner weichen die Bohnen über Nacht ein, aber da ich sie oft fürs Abendessen brauche, weiche ich sie tagsüber oder mit der schnellen Methode (siehe Seite 76) ein. Die eingeweichten Bohnen werden in reichlich Wasser gekocht und mit ein paar Salbeiblättern und ein bis zwei Zehen Knoblauch leicht gewürzt. Manche geben ein Lorbeerblatt dazu. In der Toskana werden Bohnen niemals während des Kochvorgangs gesalzen, da sie sonst angeblich zerfallen. Das geschehe auch beim Umrühren mit einem Metallgegenstand, heißt es. Die meisten toskanischen Rezepte verlangen Cannellino-Bohnen. Persönlich verwende ich lieber die kleineren, dünnhäutigeren Toscanelli. Gute Einkaufsquellen für Bohnen sind meist Bio- oder Naturkostläden, gutsortierte Gemüse- und Lebensmittelgeschäfte oder auch Bauernmärkte.

Hauptgericht für 4–6 Personen:

500 g getrocknete Bohnen
2,5 l Wasser zum Einweichen
2,5 l Wasser zum Kochen
4–5 Salbeiblätter
1 Lorbeerblatt
1–2 ungeschälte Knoblauchzehen
1–2 EL grobes Meersalz
natives Olivenöl extra
frischgemahlener schwarzer Pfeffer

1. Bohnen über Nacht oder tagsüber mindestens 8 Stunden oder mit der schnellen Methode einweichen. Dazu in einem großen Topf mit 2,5 Liter Wasser kräftig aufkochen, vom Herd nehmen und zugedeckt 1 Stunde ziehen lassen.
2. Einweichwasser abgießen und Bohnen abtropfen lassen. Bohnen mit dem Kochwasser in einen 3-Liter-Topf geben, Kräuter und Knoblauch zugeben und aufkochen. Eventuellen Schaum auf der Oberfläche abschöpfen, Deckel aufsetzen und auf kleinster Hitze 45–60 Minuten oder länger köcheln lassen, bis die Bohnen weich sind. Die Kochzeit hängt von der verwendeten Bohnensorte und ihrem Alter ab.
3. Bohnen mindestens 15 Minuten im Kochwasser abkühlen lassen. Danach salzen.
4. Warme Bohnen mit einem großzügigen Schuß Olivenöl und frischgemahlenem Pfeffer servieren.

»Ribollita« – eine aufgewärmte Geschichte

Warum enthält fast jedes italienische Kochbuch ein Rezept für *ribollita*, eine herzhafte Gemüse-Bohnen-Suppe, die mit altbackenem Brot auf die Festigkeit von Haferbrei eingedickt und dann wieder heiß gemacht wird? *Ribollita* ist ein rustikales, deftiges Gericht und steht im Winter auf den Speisekarten fast aller Trattorien. Eine *ribollita* fällt jedesmal anders aus, und jeder Fan behauptet, seine Mutter, Tante oder Großmutter koche die beste. Und alle Expertinnen brennen natürlich nur darauf, ihr Geheimnis preiszugeben.

Tatsache ist, daß keine Köchin und kein Koch sich bewußt vornehmen, eine *ribollita* zu kochen. Die Suppe ist das letzte Stadium eines Kreislaufs, in dem ein paar Wintergemüse für mehrere Mahlzeiten gestreckt werden, um für viele Esser auszureichen. Es ist fast nicht möglich, eine *ribollita* nur für zwei zu kochen. Die Prozedur beginnt damit, daß man einen großen Topf weißer Bohnen kocht. Ein Teil davon kommt mit Olivenöl übergossen als Beilage auf den Tisch (siehe Seite 78). Übrige Bohnen und Brühe, in einem noch größeren Topf zubereitet, dienen als Basis für eine winterliche Bohnen-Gemüse-Suppe. Reste dieser Suppe gibt man lagenweise mit altbackenem Brot in einen Topf und wärmt am nächsten Tag alles wieder auf. Der Eintopf ist durch das gequollene Brot noch mehr geworden und so dick wie Haferbrei. Bis hierhin ist alles noch kein Problem. Dem Ganzen allerdings die gewünschte breiige Konsistenz zu verleihen, ist ohne Hilfsmittel aufwendig. Glücklicherweise gab mir hierfür Fabio Picchi vom *Cibrèo*, der wie eine italienische Großmutter kocht, den Tip, diese Stufe mit dem Pürierstab abzukürzen.

Toskanischer Braunkohl, *cavolo nero*, ist eine wichtige Zutat der *ribollita* (auf Seite 273 erfahren Sie mehr über dieses einheimische Gemüse). Als Ersatz dient Rotkohl oder gut geputzter normaler Grünkohl ohne die dickeren Stengelansätze. Stielmangold ergibt einen weniger deftigen Geschmack. Falls keine dieser Gemüsesorten erhältlich ist, kann für eine kräftigere *ribollita* die doppelte Menge Kohl verwendet werden. Im traditionellen Rezept wird für Geschmack und Deftigkeit der Bohnensuppe ein Schinkenknochen oder gepökeltes Schweinefleisch bzw. Speckschwarte mitgekocht. Bohnensuppe, genauso wie *ribollita,* schmecken aber auch ohne diese Zutat sehr gut.

Bohnensuppe

Minestra di Fagioli

Diese einfache Bohnen- oder Kohlsuppe kombiniert die Wintergemüse der Toskana. Sie dient als klassische Grundlage einer *ribollita*, wofür man allerdings die im Rezept angegebenen Mengen verdoppelt, um sicherzustellen, daß auch genug Suppe dafür überbleibt.

Vorspeise oder kleines Hauptgericht für 4 Personen:

1 grobgehackte kleinere Zwiebel oder Lauchstange
1 grobgehackte Knoblauchzehe
1 grobgehackte Stange Sellerie
1 EL natives Olivenöl extra
125 g in feine Streifen geschnittener toskanischer Braunkohl, Rotkohl, Weißkohl, Grünkohl oder Stielmangold
¼ in feine Streifen geschnittener mittelgroßer Weißkohl
2 längs geviertelte und in 1 cm große Stücke geschnittene Möhren
125 g geschälter und in 1 cm große Stücke geschnittener Winterkürbis
1 geschälte und gewürfelte Kartoffel
je 1 kleiner Zweig frischer Rosmarin und Thymian,
einige frische Salbeiblätter, 1 kleines Lorbeerblatt
750 ml Bohnenkochbrühe oder Wasser
450 ml gekochte weiße Bohnen (ca. 150 g Rohgewicht)

Pro Person:

1 Scheibe (ca. 1,5 cm dick) mit Knoblauch abgeriebenes geröstetes Weißbrot

1. Zwiebeln, Knoblauch, Sellerie und Olivenöl in einen 5-Liter-Topf geben und gut vermengen. Auf kleiner Hitze rund 10 Minuten dünsten, bis die Zwiebeln weich sind. Dabei öfter umrühren.
2. Alles Gemüse (ohne Bohnen), Kräuter, Bohnenbrühe oder Wasser zugeben und aufkochen.
3. Suppe 1 Stunde auf kleiner Flamme köcheln lassen, dabei gelegentlich umrühren.
4. Rosmarin und Lorbeer aus der Suppe nehmen. Mit Salz und Pfeffer würzen. Im Mixer oder mit der Flotten Lotte 600 ml Suppe mit Gemüse und 100 g Bohnen pürieren. Püree mit den restlichen Bohnen wieder in den Topf geben.
5. Je eine Scheibe geröstetes Weißbrot in einen Suppenteller legen und die Suppe daraufschöpfen. Jede Portion mit Olivenöl beträufeln und servieren.

»Ribollita«

Für die letzte Stufe auf dem Weg zu einer echten *ribollita* benötigt man übriggebliebene Bohnensuppe sowie erstklassiges Bauernbrot. In Florenz verwendet man ungesalzenes Weißbrot, und wer das Glück hat, Toskanabrot kaufen zu können, sollte es einer authentischen *ribollita* zuliebe ebenfalls einsetzen. Wer kein Toskana-Weißbrot bekommt, sollte auf jeden Fall ein qualitativ hochwertiges Bäckerbrot wählen, egal ob Weiß- oder Schwarzbrot. Traditionell wird altbackenes Brot verwendet, aber langsam im Ofen getrocknete Scheiben sind auch in Ordnung. *Ribollita* wird immer kurz vor dem Servieren im Teller mit einem Schuß Olivenöl und grobgemahlenem schwarzem Pfeffer gekrönt. Geriebenen Käse gibt man nie darauf. Wahre Fans bestehen darauf, die *ribollita* mit der Gabel anstatt mit dem Löffel zu essen.

Vorspeise oder kleines Hauptgericht für 4 Personen:

6 große Scheiben altbackenes hartes oder frisches Brot, vorzugsweise salzarmes Toskanabrot (jeweils ca. 1 cm dick)
1 l Bohnensuppe
Salz

Pro Person:

1 EL natives Olivenöl extra (oder mehr)
frischgemahlener schwarzer Pfeffer

1. Ofen auf 160 °C vorheizen. Frisches Brot 20–25 Minuten im Ofen rösten, aber nicht braun werden lassen.
2. Bohnensuppe in einem 2-Liter-Topf erhitzen. Mit einem Schaumlöffel 250 ml Bohnen und Gemüse aus der Suppe nehmen und beiseite stellen. Brotscheiben in den Topf geben und untertauchen. Suppe vom Herd nehmen, Deckel aufsetzen und 15–20 Minuten stehenlassen, bis das Brot weich ist.
3. Suppe und Brot mit dem Pürierstab direkt im Topf oder im Mixer pürieren, bis das Brot sich aufgelöst hat, dann zurück in den Topf geben. Die beiseitegestellten Bohnen und das Gemüse in die Suppe schütten und gut erhitzen. Falls die *ribollita* zu dick wird, mit Wasser verdünnen, aber nicht mehr als $^1/_2$ Kelle (60 ml) auf einmal zugeben. Die Suppe sollte ungefähr die Konsistenz von Haferbrei haben. Mit Salz abschmecken.
4. Ribollita in Suppenteller verteilen und mit einem ordentlichen Schuß Olivenöl und frischgemahlenem schwarzen Pfeffer servieren.

Poldos gemischte Gemüsesuppe

Il Biondo, »der Blonde«, war der Inbegriff einer toskanischen Trattoria und versteckte sich in Sassetta, einer Kleinstadt auf einem der vielen Hügel des Landes. Kein Schild verriet von außen die Existenz des kleinen Restaurants. Es gab einen Eßraum mit fünf Tischen, die Wände hingen voller Gemälde, Drucke, Gruppenfotos und Urkunden in Rahmen, in denen auch noch Dutzende von Postkarten Platz fanden. Il Biondos Sohn Poldo, ein glatzköpfiger, stämmiger Mann in den Sechzigern hatte immer etwas zu reden, begrüßte seine Gäste, nannte sie im örtlichen Dialekt *kiddo* und nötigte ihnen etwas zu Essen auf. Eine Speisekarte gab nicht, aber Poldo schlug immer »eine kleine Auswahl« vor, die eigentlich nie variierte. Man begann mit einigen *crostini,* örtlich erzeugtem Schinken und Salami sowie eingelegten Schalotten. Dann ging es weiter mit hausgemachter Pasta mit einer reichhaltigen Fleischsauce und Poldos gemischter Gemüsesuppe. Die Trattoria schloß 1994, doch davor überließ mir Poldo noch das Rezept für seine *cacciucco di legumi*, wörtlich ein »Durcheinander von Gemüse«. Poldo pürierte die gekochte Suppe mit der Flotten Lotte, wodurch sie leichter verdaulich wird. Ich nehme den Pürierstab oder den Mixer, um die richtige Konsistenz zu erzielen. Im *Il Biondo* gab es die Suppe mit breiten, kurzen Streifen frischer Pasta (*maltagliati*). Ich verwende aus Zeitgründen oft fertige kurze Hartweizennudeln in Röhrenform. Noch schneller geht die Zubereitung mit Kichererbsen, Bohnen und Linsen aus der Dose, obwohl frisches Gemüse natürlich besser schmeckt.

Vorspeise für 6–8 Personen:

½ kleingehackte Zwiebel
1 Stange kleingehackter Sellerie
1 mittelgroße kleingehackte Möhre
2 kleingehackte Knoblauchzehen

1 rote Pfefferschote oder getrocknete Chilischote oder -pulver nach Geschmack
1 Zweig Rosmarin
einige frische Salbeiblätter
3 EL natives Olivenöl extra
4 EL (60 ml) Tomatenstückchen (frische Tomaten häuten, entkernen, entsaften und kleinschneiden oder Dosenware)
1 l Wasser
je 400 g gekochte weiße Bohnen und gekochte Kichererbsen oder abgetropfte Dosenware
150 g ungekochte Linsen
Meersalz
150 g Hartweizen-Röhrenpasta oder kurze breite Streifen frischer Pasta aus einem Ei und 125 g Mehl
Olivenöl zum Servieren (nach Wunsch)

1. Zwiebel, Sellerie, Möhre, Knoblauch, Gewürzpaprika oder Chili, Rosmarin, Salbei und Olivenöl in einem 4-Liter-Topf gut vermengen. Auf kleiner Hitze in 10 Minuten weich dünsten.
2. Tomatenstückchen und Wasser einrühren und zum Kochen bringen.
3. Bohnen, Kichererbsen und Linsen zugeben und auf kleiner Flamme 25 Minuten köcheln. Die Linsen sollten noch ziemlich hart sein. Salzen.
4. Während die Suppe kocht, für frische Pasta einen Teig aus Ei und Mehl kneten, ausrollen und *maltagliati* – nicht zu große, unregelmäßig geformte Rauten – ausschneiden. Bei der Verwendung von Röhrennudeln diesen Schritt überspringen.
5. Frische Pasta zur Suppe geben und in 1–2 Minuten *al dente* kochen. Hartweizennudeln brauchen länger, so um die 10 Minuten. Öfters umrühren, damit die Suppe nicht anbrennt. Falls sie zu dick wird, noch ein wenig Wasser zugießen.
6. Nach Wunsch vor dem Servieren noch etwas Olivenöl über die Suppe geben.

Bohnensuppe »Lombarda«

Heißt die *zuppa Lombarda* nach Bernardino Zendrini, einem Lombarden, der die Maremma-Sümpfe der Toskana trockenlegte? Oder ist sie eine örtliche Medizin für Zeiten, in denen der Hunger an fast leeren Vorratsschränken anklopft? Wo immer auch der Ursprung des Gerichts liegt – diese Suppe aus nur einem Gemüse ist fast so karg wie Kohl mit Brot (siehe Seite 276). Die wichtigste Zutat ist Bohnenkochbrühe, was den Einsatz von Dosenbohnen ausschließt. Für die Verwertung übriggebliebener Bohnen und ihres Kochwassers ist das Gericht ideal.

Vorspeise für 4 Personen:

850 ml gekochte Bohnen
(knapp 300 g Rohgewicht)
500 ml Bohnenkochbrühe
Meersalz
frischgemahlener schwarzer Pfeffer
4 große Scheiben toskanisches Landbrot
(je ca. 2 cm dick)
1 ungeschälte Knoblauchzehe
8 EL (120 ml) natives Olivenöl extra

1. Bohnen und Kochwasser auf mittlerer Hitze erwärmen, mit Salz und Pfeffer würzen.
2. Brotscheiben leicht rösten und mit ungeschältem Knoblauch abreiben.
3. Je eine Brotscheibe in einen Suppenteller legen und $^1/_4$ der Bohnen-Gemüsebrühe darübergießen.
4. Olivenöl über die Suppe geben und servieren.

Reichhaltige Dinkel-Bohnensuppe

Dinkel, mit lateinischem Namen *triticum dicoccum* und im Italienischen *farro*, ist ein Verwandter des Weizens, der bereits die römischen Legionen groß und stark machte. Überall dort, wo die Truppen damals kampierten, sind Getreide-Bohnensuppen kulinarische Tradition. Aus der Region um die Stadt Lucca in der Toskana stammt die Suppe aus Dinkel und Borlotto-Bohnen, *gran farro* genannt. Von dort aus eroberte sie den Rest Italiens, was nicht zuletzt einer Rückbesinnung auf die vollwertige bäuerliche Küche zu verdanken ist. Früher war es nicht leicht, Dinkel zu bekommen, ich mußte immer erst nach Lucca fahren, um meine Vorräte aufzufüllen. Heute ist Dinkel in vielen Supermärkten ebenso erhältlich wie in Naturkostläden. Wer keinen Dinkel bekommen kann, ersetzt ihn durch Weichweizenkörner, die es ebenfalls in Naturkostläden gibt. Viele Kochbücher empfehlen, Dinkel über Nacht einzuweichen, was allerdings unnötig ist. Im traditionellen Rezept wird die Suppe mit einem Stück Schinkenschwarte oder Speck und Schwarte gewürzt. In der vegetarischen Version kann man diese Dinge getrost weglassen.

Vorspeise für 6–8 Personen:

3 kleingehackte Knoblauchzehen
1 mittelgroße kleingehackte rote Zwiebel
2 kleingehackte Stangen Sellerie
2 EL natives Olivenöl extra
250 ml Tomatenstückchen (frische Tomaten häuten,
entkernen, entsaften und kleinschneiden
oder Dosenware)
frische Salbeiblätter
1 Zweig Rosmarin
1 Zweig Majoran
1 Prise Piment

Meersalz
frischgemahlener schwarzer Pfeffer
600 g gekochte Borlotto-Bohnen oder eine ähnliche Sorte (ca. 200 g Rohgewicht)
1 l Bohnenkochbrühe oder Wasser oder eine Mischung aus beiden
3–4 geschälte, gewürfelte Kartoffeln
250 g Dinkel (oder Weichweizenkörner)
Olivenöl zum Servieren (nach Wunsch)

1. Knoblauch, Zwiebel, Sellerie und Olivenöl in einem 4-Liter-Topf gut vermengen. Auf mäßiger Hitze 10 Minuten kochen, bis das Gemüse weich ist.
2. Tomaten, Kräuter und Gewürze zugeben, mit Salz und Pfeffer würzen und 10 Minuten kochen.
3. Bis auf 1 Tasse alle Bohnen mit der Flotten Lotte oder im Mixer bzw. mit dem Mixstab pürieren. Bohnenpüree und restliche Bohnen wieder zurück in den Topf schütten.
4. Wasser oder Bohnenkochbrühe und Kartoffeln zugeben und auf mittlerer Hitze zum Kochen bringen.
5. Dinkel zugeben, Hitze reduzieren und 35–45 Minuten unter häufigem Umrühren köcheln lassen, bis der Dinkel weich ist. Falls die Suppe zu dick wird, kochendes Wasser angießen, aber nicht mehr als $1/2$ Kelle (60 ml) auf einmal.
6. Suppe auf Teller verteilen und mit einem Schuß Olivenöl und frischgemahlenem Pfeffer servieren.

»Vögelchen«-Bohnen

Fagioli all'uccelletto

Diese Bohnen heißen in den Trattorien von Florenz *fagioli all'uccelletto,* also »Bohnen in Vögelchengestalt, weil sie auf die gleiche Art wie kleine Vögel, beispielsweise Wachteln, zubereitet werden, nämlich mit Knoblauch, Salbei und einer leichten Tomatensauce geschmort. Dieses Gericht ist ein Klassiker und geht auf Pellegrino Artusi (siehe Seite 209) zurück.

Beilage für 4–6 Personen:

2–3 kleingehackte Knoblauchzehen
3 EL natives Olivenöl extra
6–8 grobgeschnittene frische Salbeiblätter
700 ml gekochte weiße Bohnen (ca. 240 g Rohgewicht)
4 EL (60 ml) Tomatenstückchen (frische Tomaten häuten, entkernen, entsaften und kleinschneiden oder Dosenware)
Meersalz
frischgemahlener schwarzer Pfeffer
250 ml Bohnenkochbrühe oder Wasser
60 ml Wasser (nach Wunsch)

1. Knoblauch und Öl in einer großen beschichten Pfanne vermengen.
2. Auf mäßiger Hitze erwärmen und Salbeiblätter zugeben, wenn der Knoblauch zu brutzeln beginnt.
3. Sobald der Knoblauch Farbe annimmt, Bohnen, Tomaten, Salz, Pfeffer sowie Bohnenkochbrühe oder Wasser zugeben. 15 Minuten köcheln, bis die Sauce leicht dicklich und cremig ist. Falls sie zu dick wird, $^1/_2$ Kelle (60 ml) heißes Wasser zugeben.
4. Vor dem Servieren das restliche Olivenöl unterrühren. Heiß auftragen.

Gebratene Bohnen

Fagioli rifatti

Für dieses Rezept werden Bohnenreste mit Knoblauch, Salbei und Olivenöl zubereitet. Tante Enza kocht sie wie eine tomatenlose Version der »Vögelchen-Bohnen«. Mein Mann Massimo mag jedoch die dicke, sahnige Konsistenz der Sauce nicht, obwohl sie gar keine Sahne enthält. Er bereitet die Bohnen ganz ohne Flüssigkeit zu und brät sie lediglich mit Knoblauch in reichlich Olivenöl, bis sie leicht braun und knusprig sind.

Beilage für 4–6 Personen:

2–3 kleingehackte Knoblauchzehen
3 EL natives Olivenöl extra
5–6 frische Salbeiblätter
700 g gekochte weiße Bohnen
(ca. 240 g Rohgewicht)
Meersalz
frischgemahlener schwarzer Pfeffer

1. Knoblauch und 1 EL Olivenöl in einer großen beschichten Pfanne vermengen. Auf mäßiger Hitze erwärmen und Salbeiblätter zugeben, wenn der Knoblauch zu brutzeln beginnt.
2. Sobald der Knoblauch Farbe annimmt, Bohnen zugeben und mit Salz und Pfeffer würzen.
3. Bohnen auf mäßiger Hitze leicht bräunen, dabei die Pfanne öfters schütteln, damit sie nicht anbacken. Das restliche Olivenöl zugeben und servieren.

Tante Enzas grüne Schmorbohnen

Trotz meiner jahrelangen Bemühungen, perfekt gekochte, knackige grüne Bohnen auf den Tisch zu bringen, liebe ich Tante Enzas viel zu lang gekochte, weiche, fast cremige grüne Schmorbohnen. Sie haben den wunderbaren Geschmack grüner Bohnen, sind aber von der Konsistenz her meilenweit vom »knackigen Biß« entfernt.

Tante Enza gart die Bohnen in einer mit Zwiebel und Knoblauch gewürzten Tomatensauce, weist aber darauf hin, daß das Gericht auch mit Bohnenresten gelingt. Was den Einsatz von Olivenöl anbelangt, hat Tante Enza eher die toskanisch-großzügige Hand. Ich habe ihre Ölmenge verringert, mein Mann Massimo gibt bei Tisch immer noch einen Extraschuß dazu.

Beilage für 4–6 Personen:

1 kleingehackte kleine Zwiebel
1 kleingehackte Knoblauchzehe
4 EL (60 ml) natives Olivenöl extra
400 ml Tomatenstückchen (frische Tomaten häuten, entkernen, entsaften und kleinschneiden oder Dosenware)
500 g küchenfertige grüne Bohnen
frischgemahlener schwarzer Pfeffer oder frische Pfefferschote oder getrocknete Chilischote oder -pulver nach Geschmack
grobes Meersalz
4 EL (60 ml) kochendes Wasser
2 EL kleingehacktes Basilikum

1. Zwiebel und Knoblauch mit 2 EL Olivenöl in einem schweren 3-Liter-Topf vermengen.
2. Auf kleiner Hitze erwärmen und 10 Minuten kochen, bis die Zwiebeln weich sind.
3. Tomaten, grüne Bohnen und Pfeffer zugeben und salzen. Zum Kochen bringen und einen festschließenden Deckel aufsetzen. Die Kochzeit variiert je nach Qualität und Frische der Bohnen, die zum Schluß weich und zart sein sollten. Nach 10 Minuten überprüfen, ob noch ausreichend Flüssigkeit im Topf ist, gegebenenfalls noch $^1/_2$ Kelle (60 ml) kochendes Wasser zugeben. Falls die Bohnen zu sehr Wasser ziehen, Deckel abnehmen und die Sauce auf starker Hitze einkochen lassen.
4. Basilikum zugeben und 2–3 Minuten mitkochen. Topf vom Herd nehmen und das restliche Olivenöl unter die Bohnen rühren.

Brokkoli, Blumenkohl und Stengelkohl

Broccolo, Cavolfiore e Broccoletti

Brokkoli, Blumenkohl und Stengelkohl in ihren vielen Farben und Formen wirken, typisch italienisch, wie die modische Attraktion auf den Wintermärkten des Landes. Es gibt sie mit weißen, grüngelben, violetten und dunkelgrünen Köpfen und Stielen, Sträuße dichter Blätter mit oder ohne Blüten. In Italien sind alle Mitglieder der Brassica-Familie für weit mehr als ihr gutes Aussehen beliebt. Sie sind sozusagen das Herz der italienischen Winterküche.

Blumenkohl gibt es je nach Region weiß, violett oder grün. *Romanesco* sieht aus wie die »Punkversion« von Bumenkohl. Er bildet spitze, gelbgrüne Röschen, die ein konisch geformtes, merkwürdig anmutendes Gemüse ergeben. Er hat mehr Geschmack als Blumenkohl, ist jedoch milder als Brokkoli. Die meisten italienischen Brokkolisorten unterscheiden sich nicht von den im Ausland erhältlichen. Sie kommen meist mit Blattwerk auf den Markt, manchmal ist der Stiel etwas dünner als gewohnt.

Das Gemüse mit der Bezeichnung *broccoletti* oder *cima di rapa* ist in Deutschland als Stengelkohl oder ebenfalls als *Cima di Rapa* (Mehrzahl: *Cime di Rape*) bekannt. Es sieht aus wie ein Strauß Rübenkraut, der versucht, ein ausgewachsener Brokkoli zu werden. Stengelkohl hat dünne Stielchen und kleine Blütenstände. Früh geerntete, zarte Pflänzchen ohne Stiele, Blütenstände oder Röschen kennt man in Italien als *rapini.* Vom Stengelkohl werden Blätter und Röschen verwendet. Gekocht schmecken sie leicht bitter und pfeffrig, intensiver als

Brokkoli, der ursprünglich wahrscheinlich eine Zuchtform des Stengelkohls ist.

Brokkoli, Blumenkohl und Stengelkohl gehören zur Familie der *Cruciferae*. Aus der prähistorischen Wildform des Mittelmeerraums entwickelten sich die verschiedenen Kohlarten (*Brassica*), die man nach der jeweiligen Form ihrer Köpfe, ihrer übergroßen Blütenstände, Stiele, Triebknospen, Wurzeln und Blätter in verschiedene Gattungen einteilt. Medizinische Rezepturen und pharmazeutische Anwendungen gab es schon bei den alten Römern, und sie tauchen auch in sehr vielen italienischen Kochbüchern sowie medizinischen Texten auf.

Brokkoli und Stengelkohl haben wenig Kalorien, viel Vitamin A und C, Calcium, Kalium, Phosphor und Zink. Blumenkohl enthält Vitamin A und Mineralstoffe. Jean Carper schreibt in *Jungbrunnen Nahrung*, daß sowohl Blumenkohl wie auch Brokkoli reich an antikarzinogenen Stoffen sind, also vorbeugend gegen Krebs wirken können.

Da es beim Brokkoli ebenso wie beim Blumenkohl auf die übergroßen, ungeöffneten Blütenstände ankommt, ist beim Kauf darauf zu achten, daß die Röschen fest geschlossen und kompakt sind. Brokkoli sollte an keiner Stelle gelblich, Blumenkohlköpfe sollten makellos sein. Falls Blätter an der Pflanze sind, sollten sie auf jeden Fall mitgekocht werden, allerdings ohne ihren zähen Mittelstrunk. Stengelkohl sollte dünnstielig sein, die knackigen grünen Blätter ohne Gelbfärbung.

Ich bin der Meinung, daß Brokkoli, Romanesco, Blumenkohl und Stengelkohl in den nachfolgenden Rezepten beliebig ausgetauscht werden können, wobei die meisten Italiener diese Denkweise sicherlich skandalös finden. Als Ersatz für Romanesco schlage ich eine Mischung aus Brokkoli und Blumenkohl oder nur Stengelkohl vor.

Kohlgeschichte

Der römische Feinschmecker und Millionär Apicius, berühmt für seine Bankette im 1. Jahrhundert nach Christus, bei denen er seine Gäste mit Köstlichkeiten wie Flamingozungen und Kamelfersen verwöhnte, hatte auch ein kulinarisches Herz für Gemüse der *Brassica*-Familie. Eine Sammlung seiner Rezepte *De Re Coquinaria* aus dem 4. Jahrhundert enthält dazu sechs Gerichte. Er bereitet gekochten Blumenkohl, Brokkoli und Stengelkohl mit Öl und verschiedenen Beigaben wie Gewürzmischungen, altem Wein, gekochtem Traubenmost, frischen Kräutern, Oliven, Pinienkernen und Rosinen zu.

Gemüsebotschafter Castelvetro schrieb 1614 in seiner Abhandlung (siehe Seite 200) ein Loblied auf den Blumenkohl. Er fand, daß dem herbstlichen Blumenkohl in puncto Schönheit und Nützlichkeit ein Ehrenplatz unter den Kohlsorten gebührt. Für das Frühjahr empfahl er die zarten Seitentriebe, die Kohl- und Blumenkohlstrünke im Garten mit Beginn der warmen Jahreszeit bilden. Am besten schmeckten sie seiner Meinung nach gekocht, kalt serviert mit Öl, Salz und Pfeffer.

Vincenzo Corrado beschrieb im 18. Jahrhundert die Zubereitung von Brokkoli und Blumenkohl. Man solle beides schnell erhitzen und nur wenig kochen, damit die grüne Farbe und der hervorragende Geschmack nicht verloren gingen. Beim Brokkoli sollten die Blätter vor dem Kochen entfernt und die holzige äußerste Schicht der Strünke abgeschält werden.

Pastasauce mit Brokkoli oder Stengelkohl

Diese Sauce besteht aus gekochtem Brokkoli, der abgetropft und mit Knoblauch und Chili in der Pfanne gedünstet, dann mit kurzer Pasta serviert wird. Wer die Zeit dazu hat, kann die Brokkolistiele pürieren. Das gibt der Sauce eine elegantere Struktur, bei der sich die Röschen noch besser mit dem milden Stengelpüree verbinden.

Vorspeise für 4–6 Personen:

500 g Brokkoli oder Stengelkohl
5 l Wasser (für Gemüse und Pasta) und 500–750 ml kaltes Wasser
2–3 EL grobes Meersalz
4 EL (60 ml) natives Olivenöl extra
2 geschälte, kleingehackte Knoblauchzehen
1 kleingehackte scharfe rote Pfefferschote oder getrocknete Chilischote oder -pulver nach Geschmack
400–450 g Penne oder andere kurze Pasta

1. Brokkoliröschen vom Stengel schneiden und in mundgerechte Stücke zerteilen. Ein ca. 1 cm großes Stück vom unteren Strunkende abschneiden und die dunkle, zähe Haut von den Stengeln schälen. Stengel in 2,5 cm große Stücke schneiden. Stengelkohl vorsichtig in warmem Wasser säubern, abtropfen lassen und harte Strünke abbrechen.
2. Wasser in einem großen Pastatopf zum Kochen bringen. Salzen und Brokkolistengel (oder Stengelkohl) zugeben und in 5 Minuten weich kochen. Gemüse mit einem Schaumlöffel aus dem Wasser heben, mit kaltem Wasser abschrecken und abtropfen lassen. Stengelkohl dabei leicht ausdrücken, damit er nicht zuviel Wasser zurückbehält.

Brokkoliröschen 3–4 Minuten kochen, mit einem Schaumlöffel aus dem Wasser nehmen, mit kaltem Wasser abschrecken und abtropfen lassen. Kochwasser für die Pasta zur Seite stellen.

3. Stengelkohl in mundgerechte Stücke schneiden. Nach Belieben Brokkolistengel bzw. $^1/_3$ des Stengelkohls im Mixer pürieren.
4. 2 EL Olivenöl in einem 3-Liter-Topf erhitzen, Knoblauch und Chili zugeben und auf mäßiger Hitze dünsten, bis der Knoblauch Farbe annimmt.
5. Brokkoli- oder Stengelkohlpüree sowie die Brokkoliröschen zum Knoblauch geben, leicht salzen und 2 Minuten köcheln, dabei gut verrühren.
6. Das restliche kalte Wasser zum Gemüsekochwasser geben und zum Kochen bringen. Wasser salzen und Pasta in das sprudelnde Wasser einlegen.
7. Die Pasta nach rund dreiviertel der empfohlenen Kochzeit abgießen – sie muß noch gut *al dente* sein –, dabei rund 500 ml Kochwasser auffangen.
8. Abgetropfte Pasta und 250 ml Kochwasser zum Brokkoli geben und Pasta fertig kochen. Falls die Sauce zu trocken wird, restliches Kochwasser zugeben, aber nicht mehr als $^1/_2$ Kelle (60 ml) auf einmal. Sofort servieren.

Paolas Pasta-Romanesco-Suppe

Die Winzerin Paola di Mauro ist eine der besten Köchinnen, die ich in der Gegend um Rom kenne. Sie verwendet bestes Olivenöl von ihren eigenen Bäumen, kocht mit Produkten aus dem eigenen Garten und zaubert ohne viel Aufwand in letzter Minute einfache Hausmannskost. Die wichtigste Zutat in ihrer Pastasuppe ist *Romanesco*. Er sieht aus wie Blumenkohl von einem anderen Planeten, mit seinen spitzen grüngelben Röschen, die einen konisch geformten Kopf bilden. Romanesco hat mehr Gechmack als Blumenkohl, ist aber milder als Brokkoli. Früher bekam man ihn lediglich auf den Gemüsemärkten Roms und Süditaliens, heute scheint er bereits weiter nach Norden vorgedrungen zu sein, so daß man ihn auch in Florenz und außerhalb Italiens relativ häufig bekommt. Wer keinen findet, verwendet Stengelkohl, Brokkoli oder eine Kombination aus Blumenkohl und Brokkoli.

Das Ursprungsrezept dieser Suppe, die zu meinen Lieblingsgerichten zählt, enthält Rochen, einen weißen, festfleischigen Meeresfisch. In der vegetarischen Version läßt Paola den Fisch weg, nach Wunsch gibt man dann zum Essen noch etwas geriebenen Käse in die Suppe.

Vorspeise für 4 Personen:

500 g Romanesco, Stengelkohl oder eine Kombination aus Brokkoli und Blumenkohl
2,5 l Wasser
1–2 EL Meersalz
½ kleingehackte Zwiebel
1 Stange Sellerie
2 durchgepreßte Knoblauchzehen
2 EL kleingehackte Blattpetersilie (Stengel für die Brühe aufheben)
2 EL natives Olivenöl extra

2 EL (30 ml) Tomatenstückchen (frische Tomaten häuten, entkernen, entsaften und kleinschneiden oder Dosenware)
frischgemahlener schwarzer Pfeffer
100 g Spaghetti, in 5-cm-Stücke zerbrochen
geriebener Parmesan nach Wunsch

1. Romanesco oder Brokkoli säubern und in kleine Röschen zerteilen. Mittelstrunk bzw. Brokkolistiele beiseitelegen. Das Wasser in einem großen Topf zum Kochen bringen. Salz und Romanescoröschen zugeben und 3–4 Minuten kochen. Röschen mit einem Schaumlöffel aus dem Wasser nehmen, mit kaltem Wasser abschrecken und abtropfen lassen. Kochwasser aufheben.
2. Für die Brühe Zwiebel, Sellerie, 1 Knoblauchzehe, Petersilienstengel und Kohlstrunk bzw. -stengel in 2,5 l Wasser rund 15–20 Minuten köcheln lassen.
3. Petersilie und restlichen Knoblauch in Olivenöl dünsten. Tomate und 1 l Gemüsebrühe zugeben und 10 Minuten köcheln lassen, damit sich die Aromen gut verbinden. Mit Salz abschmecken und mit Pfeffer würzen.
4. Nudeln in die Brühe geben und auf mäßiger Hitze kochen. Nach rund 8 Minuten, wenn die Spaghetti fast *al dente* sind, Romanesco-Röschen zugeben und die Pasta fertig kochen. Suppe auf Teller verteilen, mit der restlichen kleingehackten Petersilie bestreuen und servieren.
5. Da die Suppe keinen Fisch enthält, schadet es nicht, sie mit etwas geriebenem Parmesan zu bestreuen, wenngleich das nicht der traditionellen Zubereitung entspricht.

Brokkoli oder Stengelkohl mit Knoblauch-Chilipfeffer

Brokkoli und Stengelkohl vertragen die dominanten Aromen von Knoblauch und scharfer Pfefferschote oder Chili sehr gut. Die Kombination ergibt eine Gemüsebeilage von prickelnder Schärfe. Dieses klassische Gericht findet man in ganz Italien. Es ist eine ideale Verwertung für Brokkoli- oder Stengelkohlreste beziehungsweise ein prima Grund dafür, diese Gemüsesorten wieder einmal auf den Tisch zu bringen. Einen feineren Geschmack erhält man, wenn man den Knoblauch nach dem Andünsten aus der Sauce nimmt. Knoblauchfans, die es noch intensiver mögen, verwenden durchgepreßten oder feingeschnittenen Knoblauch.

Beilage für 4 Personen:

750 g Brokkoli oder Stengelkohl
5 l Wasser
2–3 EL grobes Meersalz und etwas feines Meersalz
4 EL (60 ml) natives Olivenöl extra
2–3 ganze oder durchgepreßte Knoblauchzehen
frische rote Pfefferschote oder getrocknete Chilischote oder -pulver nach Geschmack.

1. Brokkoli säubern, Röschen von den Stengeln schneiden und in mundgerechte Stücke zerkleinern. Große Stengel längs teilen und ebenfalls in Stücke schneiden. Stengelkohl vorsichtig in warmem Wasser säubern, abtropfen lassen und harte Strünke abbrechen.
2. Wasser in einem großen Topf zum Kochen bringen, salzen und Brokkolistengel oder ganzen Stengelkohl zugeben. In 5 Minuten weich kochen. Gemüse mit einem Schaumlöffel aus dem Wasser heben, mit kaltem Wasser abschrecken und abtropfen lassen. Brokkoliröschen 3–4 Minuten kochen, mit einem Schaumlöffel aus dem Wasser nehmen,

mit kaltem Wasser abschrecken und abtropfen lassen. 125 ml Kochwasser zurückbehalten.
3. 2 EL Olivenöl in einer großen beschichteten Pfanne erhitzen, Knoblauch und Chili- oder Pfefferschote darin leicht anbräunen.
4. Brokkolistengel in die Pfanne geben, einige Minuten sehr weich kochen und pürieren. Brokkoliröschen oder Stengelkohl sowie die Hälfte des Kochwassers zugeben und auf starker Hitze kochen, bis das Wasser verdampft ist.
5. Pfanne vom Herd nehmen, restliches Olivenöl unterrühren und servieren.

Annas sizilianische Blumenkohl-Pasta

Dieses ungewöhnliche Gericht, eine Kombination aus Pinienkernen, Rosinen, Blumenkohl und Pasta, aß ich zum ersten Mal bei Anna Tasca Lanza, die die *Regaleali*-Kochschule in Sizilien führt, ein Kochbuch über die sizilianische Küche geschrieben hat und eine erstklassige Köchin ist. Die beste Version der Blumenkohl-Pasta bereitete der Koch ihres Vaters, Mario Lo Menzo, für uns zu, einer der letzten Köche, die gemäß der sizilianischen aristokratischen Tradition *monzu'* genannt werden. *Monzu'* ist eine Verkürzung des französischen *monsieur* und gilt in den Küchen frankophiler Adeliger als Respektsbezeichnung. Mario verwendet eine Prise Safran, ein Aroma, das aus der arabischen Küche auf die Tafeln adeliger Sizilianer kam. Manchmal bekommt man das Gericht auch mit in Olivenöl gerösteten Brotkrümeln oder mit geriebenem Pecorino bestreut. Sizilianischer Blumenkohl ist grün und hat mehr Aroma als weißer. Man kann ihn für dieses Gericht jedoch genausogut durch normalen Blumenkohl, Stengelkohl oder eine Kombination aus Blumenkohl und Brokkoli ersetzen. Die im Originalrezept verwendeten Sardellenfilets werden in der vegetarischen Version einfach weggelassen.

Beilage für 4–6 Personen:

5 l Wasser
500–750 g Blumen- oder Stengelkohl
2–3 EL grobes Meersalz
1 rote Zwiebel
4 EL (60 ml) natives Olivenöl extra
1 Prise gemahlener Safran oder Safranfäden
4 EL (60 ml) Tomatenstückchen (frische Tomaten häuten, entkernen, entsaften und kleinschneiden oder Dosenware)
3 EL Pinienkerne
3 EL Rosinen
frischgemahlener schwarzer Pfeffer
400–450 g Spaghetti oder Perciatelli (lange Röhrennudeln)
40 g ungewürzte, in 1 EL nativem Olivenöl extra leicht gebräunte Brotkrümel oder 30 g geriebener Pecorino

1. Wasser in einem großen Topf zum Kochen bringen.
2. Blumenkohlröschen vom Strunk schneiden, dicke Stengel ebenfalls abschneiden. Mit dem Salz ins Wasser geben und in 5 Minuten weich kochen. Gemüse mit einem Schaumlöffel aus dem Wasser nehmen, mit kaltem Wasser abschrecken, abtropfen lassen und beiseite stellen. Kochwasser aufheben.
3. In einer großen beschichteten Pfanne Zwiebeln auf mäßiger Hitze im Olivenöl goldbraun dünsten.
4. Safran in 500 ml heißem Blumenkohl-Kochwasser auflösen.
5. Safranwasser und Tomate zur Zwiebel in die Pfanne geben, 2–3 Minuten köcheln lassen.
6. Blumenkohl, Pinienkerne und Rosinen zugeben, mit Salz und Pfeffer würzen. Sauce auf kleiner Flamme warm stellen.

7. Blumenkohlwasser wieder zum Kochen bringen und gegebenenfalls noch Wasser zugeben. Pasta einlegen.
8. Die Nudeln nach rund dreiviertel der empfohlenen Kochzeit abgießen – sie müssen noch gut *al dente* sein –, dabei rund 250 ml Kochwasser auffangen. Pasta zur Blumenkohlsauce geben.
9. Pasta und Blumenkohl in der Pfanne fertigkochen. Falls die Sauce zu trocken wird, mit dem übrigen Kochwasser verdünnen, dabei aber nicht mehr als ½ Kelle (60 ml) auf einmal zugeben.
10. Mit Brotkrümeln oder Pecorino bestreuen und servieren.

Marias Blumenkohl aus dem Ofen

In der richtigen Annahme, mich würde der speziell in ihrer Heimatregion angebaute Blumenkohl interessieren, brachte mir meine Haushälterin Maria di Fazio anläßlich eines Familienbesuchs eine Kostprobe aus Apulien, der Ferse des italienischen Stiefels, mit. Dann zeigte sie mir, wie man ihren überbackenen Blumenkohl zubereitet. Marias Rezept ist auf jeden Fall eine Bereicherung, selbst wenn man den von ihr verwendeten, gefährlich aussehenden violetten Blumenkohl, der sich nach dem Kochen grün verfärbt, nicht bekommt.

Beilage für 4–6 Personen:

5 l Wasser
1 kg Blumenkohl
2–3 EL grobes Meersalz
1 kleingehackte Knoblauchzehe
2 EL kleingehackte Petersilie
3 EL natives Olivenöl extra
frischgemahlener schwarzer Pfeffer
90 g geriebener Pecorino

1. Ofen auf 190 °C vorheizen. Eine Auflaufform mit niedrigem Rand leicht einölen.
2. Wasser in einem großen Topf zum Kochen bringen.
3. Blumenkohlröschen vom Strunk trennen, dicke Stengel ebenfalls abschneiden. Mit dem Salz ins kochende Wasser geben und in 5 Minuten *al dente* kochen. Mit einem Schaumlöffel aus dem Wasser heben, mit kaltem Wasser abschrecken, abtropfen lassen und beiseite stellen.
4. In einer Pfanne auf kleiner Flamme Knoblauch und Petersilie in Olivenöl dünsten, bis der Knoblauch Farbe annimmt.
5. Blumenkohlröschen in die vorbereitete Back- oder Auflaufform geben, mit Knoblauch und Öl beträufeln, salzen, pfeffern und mit geriebenem Käse bestreuen. 15–20 Minuten überbacken, bis der Käse eine braune Kruste bildet. Sofort servieren.

Fabios Blumenkohl-»Sformato«

Sformato, wörtlich etwa »aus der Form Gestürztes«, ist eine Florentiner Gemüsespezialität. Für gewöhnlich verwendet man dafür Reste von gekochtem Gemüse, das man mit Käse und einer leichten Béchamelsauce vermengt, in einer Kastenform oder in Pastetenförmchen bäckt und zum Servieren stürzt. *Sformato* funktioniert mit beinahe allen Wintergemüsen, mir schmeckt allerdings Blumenkohl am besten. *Sformato* ist ideal für mehrere Personen, und Fabio Picchi hat es im *Cibrèo* ständig auf der Karte. In seiner Version verwendet er statt der klassischen Béchamelsauce Ricotta.

Vorspeise oder Beilage für 4 Personen:

2,5 l Wasser
150 g Blumenkohl
1–2 EL feines Meersalz

250 g Ricotta
1 großes Ei
2 EL geriebener Parmesan
1 EL natives Olivenöl extra
geriebene Muskatnuß
1 geschälte Knoblauchzehe
1 EL kleingehackte Blattpetersilie
reichlich frischgemahlener schwarzer Pfeffer

1. Ofen auf 190 °C vorheizen. Eine kleine Auflaufform oder 4 Souffléförmchen leicht einölen.
2. Wasser in einem großen Topf zum Kochen bringen.
3. Blumenkohlröschen vom Strunk trennen, größere Stengel ebenfalls abschneiden. Mit Salz in das kochende Wasser geben und rund 6–8 Minuten sehr weich kochen, so daß sie keinen Biß mehr haben. Mit einem Schaumlöffel aus dem Wasser nehmen, mit kaltem Wasser abschrecken und abtropfen lassen.
4. Blumenkohl im Mixer pürieren. Ricotta, Eier, Käse, Olivenöl, geriebene Muskatnuß, Knoblauch und Petersilie zugeben und alles zu einer homogenen Masse pürieren. Mit Salz und Pfeffer würzen.
5. Blumenkohl-Ricottamasse in die vorbereiteten Förmchen füllen.
6. Die Fettpfanne des Backofens oder eine Bratreine mit heißem Wasser füllen und die Förmchen hineinstellen, so daß sie bis zur Hälfte im Wasser stehen. Die Sformati 15–20 Minuten backen, bis die Masse gestockt ist. Aus dem Ofen nehmen, mindestens 15 Minuten abkühlen lassen, aus den Förmchen stürzen oder in Scheiben schneiden und warm servieren.

Torquatos Blumenkohl in Tomatensauce

Torquato, mein Lieblingsbauer auf dem Santo Spirito Markt in Florenz, gab mir dieses wunderbare Rezept, in dem Blumenkohl in einer mit Fenchel und Knoblauch gewürzten Tomatensauce badet. Zu schwierig sind seine Rezepte nie, denn Torquato muß sie zum Besten geben können, während er das Gemüse für seine Kunden aussucht, wiegt, den Preis festlegt (Taschenrechner, Elektronikwaagen oder Preisschildchen gibt es bei ihm nicht) und für sie einpackt. Torquatos Rezept erinnert an das klassisch-florentinische »ertrunkene Schweinefleisch«, obwohl es weder Fleisch noch Wein enthält. Der Blumenkohl wird langsam geschmort, bis er cremig-weich zerfällt. *Al-dente*-Blumenkohl ist hier fehl am Platz!

Beilage für 4–6 Personen:

5 l Wasser
750 g–1 kg Blumenkohl
2–3 EL grobes Meersalz
3 EL natives Olivenöl extra
2 durchgepreßte Knoblauchzehen
125 ml Tomatenstückchen (frische Tomaten häuten, entkernen, entsaften und kleinschneiden oder Dosenware)
$^1/_2$ TL Fenchelsamen
frischgemahlener schwarzer Pfeffer

1. Wasser in einem großen Topf zum Kochen bringen.
2. Blumenkohlröschen vom Strunk trennen, größere Stengel ebenfalls abschneiden. Mit Salz in das kochende Wasser geben und rund 5 Minuten *al dente* kochen, so daß sie noch Biß haben. Mit einem Schaumlöffel aus dem Wasser nehmen, mit kaltem Wasser abschrecken und abtropfen lassen. Kochwasser aufheben.
3. Olivenöl und Knoblauch in einer großen beschichteten Pfanne erhitzen.

4. Wenn der Knoblauch anfängt zu bräunen, Tomatenstückchen und Fenchelsamen zugeben und auf mäßiger Hitze 2–3 Minuten köcheln.
5. Blumenkohl und 250 ml heißes Kochwasser in die Sauce geben. 10–15 Minuten köcheln lassen, bis der Blumenkohl sehr weich und die Flüssigkeit eingekocht ist. Falls die Sauce zu trocken wird, noch mehr Kochwasser zugeben. Mit Salz und frischgemahlenem schwarzen Pfeffer würzen.

Blumenkohl-»Frittata«

Frittata mit Blumenkohl ist eines meiner Lieblingsgerichte, und für gewöhnlich verwende ich dafür Reste. Das folgende, sehr gute Rezept stammt aus Jeanne Carola Francesconis wunderbarem Kochbuch über die regionale Küche Neapels. *Frittata*-Köche können unter verschiedenen Zubereitungsmethoden wählen: Traditionell ist diejenige, bei der man eine Seite gart, die *frittata* auf einen Teller stürzt und sie zurück in die Pfanne gleiten läßt, um die andere Seite zu garen. Andere Köche braten nur die Unterseite, setzen einen Deckel auf, so daß auch die Oberfläche stockt und servieren die *frittata* mit der braunen Seite nach oben. Könner wenden sie durch einen eleganten Schwung mit der Pfanne in der Luft. Eine beschichtete Pfanne ist in jedem Fall zu empfehlen.

Vorspeise für 6, Hauptgericht für 4 Personen:

750 g Blumenkohl
4 EL natives Olivenöl extra
1 kleingehackte kleine Zwiebel
Meersalz
frischgemahlener schwarzer Pfeffer
30 g geriebener Pecorino
4 Eier
2 EL kleingehackte Blattpetersilie

1. Blumenkohlröschen vom Strunk und den dicken Stengeln abschneiden.
2. Zwiebel mit 2 EL Öl in einer großen beschichteten Pfanne auf kleiner Flamme goldbraun dünsten.
3. Blumenkohlröschen zugeben, salzen, pfeffern und den Deckel auf die Pfanne setzen. Blumenkohl 10–15 Minuten garen, bis er weich ist. In eine Schüssel geben.
4. Blumenkohl mit geriebenem Käse, Eiern und Petersilie verrühren.
5. Das restliche Olivenöl in derselben Pfanne erhitzen und die Eier-Gemüsemischung hineingießen. Auf kleiner Hitze garen, bis die Eimasse auf der Unterseite gestockt, oben aber gerade noch flüssig ist.
6. *Frittata* nach einer der eingangs beschriebenen Methoden fertiggaren.
7. Auf eine Servierplatte gleiten lassen und heiß oder lauwarm servieren. Reste schmecken gut als Brotbelag.

Fenchel

Finocchio

Fenchel, im italienischen *finocchio,* ist im Mittelmeerraum zuhause. Seine weißen Knollen, seine Samen, bei denen es sich eigentlich um Früchte handelt und sein fedriges Grün haben einen leichten Anisgeschmack. Laut einer medizinischen Abhandlung aus dem 16. Jahrhundert hat *finocchio* – wörtlich »gutes Auge« – seinen Namen durch seine angeblich sehkraftstärkenden Eigenschaften erhalten. *Finocchio* heißt in der italienischen Umgangssprache auch »homosexuell«. Warum, konnte mir allerdings niemand sagen. Fenchel ist ein natürlicher Geschmacksverbesserer. Fast alles, was man danach ißt, schmeckt besser. *Infinocchiare*, wörtlich ungefähr »verfencheln«, ist aus diesem Grunde das italienische Verb für »täuschen«. Es leitet sich ab von einer hinterlistigen Verkaufstechnik toskanischer Bauern. Nicht selten pflegten sie potentiellen Kunden vor einer Weinprobe eine Scheibe Brot mit *finocchiona,* einer mit Fenchelsamen gewürzten Salami zu reichen, die die Schwachstellen des Weins übertünchte.

Der Gemüsefenchel, *Foeniculum vulgare*, ist ein Mitglied der *Umbelliferae*- oder Möhren-Familie. Seine weißen Blätter sind an der Basis fleischig verdickt und bilden eine Knolle, die nach oben in einen grünen, fedrigen Schopf ausläuft. Wilder Fenchel, *Foeniculum officinale*, produziert nur eine sehr kleine Knolle. Er hat eine lange Geschichte in der Pflanzenheilkunde, und man verwendet von ihm Samen, Blüten und Kraut.

Gemüsefenchel hat wenig Kalorien und enthält einiges an Kalium, etwas Calcium und die Vitamine C und E. Man sagt ihm antibiotische und antibakterielle Eigenschaften nach. Frate Indovino, ein sagenumrankter italienischer Franziskanermönch, der in seinem Almanach alle möglichen Tips zum Gartenbau, Weinmachen, Kochen und den Gesundheitsvorteilen der verschiedenen Gemüsesorten sammelte, behauptete, daß Fenchel gut für die Sehkraft sei, verdauungsfördernd und harntreibend wirke und Husten sowie Asthma lindere. Auch würde ein Beutelchen mit Fenchelsamen, auf die Schläfen eines Kindes aufgelegt, dessen Schlaf vertiefen.

Im Mittelalter galt Fenchel als Symbol für Schmerzen und Falschheit und wurde daher Gästen nie angeboten. Man nimmt an, daß Katharina de' Medici anläßlich ihrer Hochzeit mit dem künftigen König Henri II. den Fenchel nach Frankreich brachte. Man kennt ihn dort unter der Bezeichnung *fenouil de Florence*. Sicher ist, daß Katharina mit großem Gepäck reiste und unter anderem Köche, Patissiers, Olivenöl, Bohnen, 100 Koffer und ihre Schmuckkassetten mitbrachte, allerdings konnte ich in Berichten über ihre Reise keinen Hinweis auf Fenchel im Gepäck finden.

In Italien ißt man Gemüsefenchel heute roh im Salat und im *pinzimonio*, wo er in angemachtes Olivenöl eingedippt wird (siehe Seite 112). Teilweise kocht man ihn auch, um ihn dann zu schmoren oder mit Sauce oder geriebenem Parmesan zu überbacken. Frischer Gemüsefenchel schmeckt am besten in der Zeit vom Herbst bis ins Frühjahr. Seine Knollen sollten fest und weiß sein und keine braunen Flecken oder Fehlstellen haben. Das Kraut sollte leuchtend grün sein. Für die Verwendung werden die zähen äußeren Schuppenblätter entfernt und der Wurzelansatz abgeschnitten. Dann schneidet man die Knolle längs in Viertel oder Achtel. Viele sizilianische Rezepte verlangen wilden Fenchel, den man aber durch die Zuchtsorten und ihr Kraut ersetzen kann. In Teilen der Toskana sammelt man die Blüten des wilden Fenchels und zerkrümelt sie nach dem Trocknen zu Fenchelpollen – ein wunderbares Gewürz. Wenn die Blüten nicht geerntet werden, formen sich daraus die Samenkapseln, botanisch gesehen eigentlich die Früchte der Pflanze. Fenchelpollen und -samen würzen in der italienischen Küche auch oft Fleisch- oder Fischgerichte. Mein Mann ebenso wie mein Sohn essen gerne rohen Fenchel, mögen ihn gekocht allerdings nicht so sehr. Ich bin geneigt, ihre Meinung zu teilen, deswegen liegt in diesem Kapitel der Schwerpunkt auch auf Rezepten für rohen Gemüsefenchel.

Fenchelgeschichte

Ein bekannter Mediziner aus Padua, Michele Savonarola, schrieb im 15. Jahrhundert einen Führer über »alle Sachen, die man essen kann«. Er wies Lebensmitteln darin die Attribute heiß, kalt, trocken oder naß zu und folgt damit einer Lehre des 11. Jahrhunderts aus Salerno, die darauf abzielte, die Natur des Menschen mit der seines Essens in Balance zu bringen und die heimkehrenden Kreuzfahrer heilen sollte. Im Rahmen dieser Kategorisierung teilte Savonarola Fenchelknollen als zweitgradig »heiß und trocken« ein, wilden Fenchel als »noch heißer« und sehkraftstärkend. Costanzo Felici schrieb im 16. Jahrhundert in einem Brief an seinen Brieffreund Ulisse Aldrovandi, daß Fenchel wegen der Süße seiner Blüten, Samen und Blätter geschätzt werde. Fenchelknollen sollten seiner Meinung nach roh verzehrt oder für die Ganzjahresküche in gesalzenem Essig eingelegt werden. Das zarte Kraut sei gut in Salaten oder Suppen. Exilvenezianer Castelvetro ergänzte das Wissen über Gemüsefenchel um die Geschichte zu dem von seinen Landsleuten praktizierten Täuschungsmanöver, bei dem listige venezianische Weinhändler vertrauensvollen Kunden ein »geschmackschönendes« Stück Fenchel zum Wein anboten, angeblich um ihnen die Leiden zu ersparen, die man erfährt, wenn man Wein auf nüchternen Magen trinkt.

Fenchel-»Pinzimonio«

Restaurants in ganz Italien servieren im Winter als Vorspeise *pinzimonio*, ein Stilleben von rohem Gemüse mit Stangensellerie, Rettichen, Schalotten, Endiviensalat, Artischocken, Möhren und Fenchel. Dazu gibt es für jeden Gast zum Eindippen ein Schüsselchen Olivenöl, das er nach Geschmack mit Salz und Pfeffer würzt. Zuhause ersetzt man die Vielfalt oft durch eine einzige Gemüsesorte. Mein Sohn Max weigerte sich jahrelang, Gemüse auch nur anzurühren, wenn es nicht unter einem Berg Pasta oder in Suppe versteckt war. Eine der wenigen Ausnahmen, die er machte, war *pinzimonio* mit rohem Gemüsefenchel. Diese toskanische Art, mit rohem Gemüse umzugehen macht Spaß, allein schon aufgrund des damit verbundenen Rituals des Eindippens und des lauten Geräusches beim Kauen. Wer es ganz echt haben möchte, braucht auch kein Schüsselchen für das Öl: Man hebt den Teller mit einer Gabel, Zinken nach unten, auf der dem Esser gegenüberliegenden Seite ein wenig an und gießt das Öl auf die ihm zugewandte Seite des Tellers. Salz und Pfeffer dazu – fertig ist der Dip.

Vorspeise für 4 Personen:

2–4 Gemüsefenchelknollen
2–3 EL natives Olivenöl extra pro Person
feines Meersalz
frischgemahlener schwarzer Pfeffer

1. Fenchelstiele über der Knolle abschneiden. Eventuell beschädigte oder zähe Außenblätter entfernen. Auch den Wurzelansatz des Fenchels dünn abschneiden. Knolle längs halbieren und jede Hälfte noch einmal dritteln oder vierteln.
2. Fenchel auf einer Platte anrichten. Für jede Person Olivenöl in ein Förmchen oder Schüsselchen gießen. Nach Geschmack das Öl mit Salz und Pfeffer würzen. Den Fenchel darin eintauchen und essen.

Sizilianische Pasta

Die Sardinen für diese vegetarische Version eines klassischen Pastagerichts, bei dem sich die traditionell-sizilianischen Aromen von Pinienkernen, Rosinen, Gewürzen und wildem Fenchel vereinen, schwimmen noch im Meer, nicht in der Sauce. Falls man keinen wilden Fenchel bekommt, dient das Kraut von Gemüsefenchel als Ersatz. Marchesa Anna Tasca Lanza, die kulinarische Fachfrau Siziliens, war entsetzt von meinem Vorschlag, eventuell sogar Gemüsefenchelknollen zu verwenden. Ich halte dies jedoch für keine schlechte Lösung, wenn man gar keinen anderen Fenchel findet. Allerdings ändern sich ohne den herben Geschmack von wildem Fenchel und das Dunkelgrün seines Krauts Konsistenz wie auch Farbe des Gerichts. In der Originalform werden als Teigware *perciatelli,* lange Röhrennudeln, verwendet, die sich allerdings so schlecht wie ein Gartenschlauch um die Gabel wickeln lassen. Ich ersetze sie durch Spaghetti.

Vorspeise für 4–6 Personen:

5–6 l Wasser (für die Pasta)
2–3 EL grobes Meersalz
250 g wildes Fenchelkraut ohne zähe Stiele
(siehe auch die Einführung zu diesem Kapitel)
1 große kleingehackte Zwiebel
3 EL natives Olivenöl extra
375 ml Tomatenstückchen (frische Tomaten häuten,
entkernen, entsaften und kleinschneiden
oder Dosenware)
3 EL Pinienkerne
3 EL Rosinen
frischgeriebene Muskatnuß
frischgemahlener schwarzer Pfeffer
1 Prise Safranpulver oder einige Safranfäden
400–450 g Perciatelli oder Spaghetti

1. Wasser zum Kochen bringen, salzen und Fenchel in 6–8 Minuten darin weich kochen. Mit einem Schaumlöffel aus dem Wasser heben, mit kaltem Wasser abschrecken, abtropfen lassen und grobhacken. Kochwasser aufheben.
2. Zwiebel mit Olivenöl in einer großen beschichteten Pfanne vermengen, Zwiebel auf kleiner Flamme weich dünsten.
3. Tomaten, Pinienkerne, Rosinen, Muskat und Fenchel mit in die Pfanne geben und nach Geschmack mit Salz und Pfeffer würzen. Köcheln, bis die Sauce eindickt.
4. Safran in 2 EL Kochwasser auflösen.
5. Fenchel-Kochwasser für die Pasta wieder zum Kochen bringen. Nudeln in das sprudelnde Wasser einlegen und nach rund dreiviertel der empfohlenen Kochzeit abgießen – sie müssen noch gut *al dente* sein – dabei rund 500 ml Kochwasser auffangen.
6. Nudeln und ein Viertel des Kochwassers zur Sauce geben und auf größter Hitze 3–5 Minuten kochen, bis die Pasta fertig ist und die Sauce sich gut damit verbunden hat. Falls die Sauce zu sehr einkocht, von dem restlichen Kochwasser – nicht mehr als $^1/_2$ Kelle (60 ml) auf einmal – zugeben.

Anmerkung: Falls kein wilder Fenchel oder kein Gemüsefenchelkraut erhältlich ist, die entsprechende Menge Fenchelknolle in feine Streifen schneiden und wie im Rezept beschrieben verwenden. Aber auf keinen Fall einer sizilianischen Marchesa servieren!

Fenchel-Zitronen-Salat

In Sizilien wird Gemüsefenchel sehr geschätzt, und auch wilden Fenchel findet man als würzende Zutat vieler Gerichte. In diesem einfachen Salat ist roher Gemüsefenchel mit frischer Zitrone und einem Dressing aus Olivenöl, Salz und Pfeffer kombiniert. Die dafür verwendeten milden Zitronen findet man auf italienischen Märkten im Herbst, wo sie für das jüdische Laubhüttenfest Sukkot angeboten werden. Man schält die gelbe Schale ab, so daß nur das eßbare Weiße und die Frucht überbleiben. Falls keine entsprechenden Zitronen erhältlich sind, dienen Orangen (keine Blutorangen) als Ersatz.

Beilage für 3–4 Personen:

1 große milde Zitrone oder Orange
2 geviertelte, in dünne Streifen geschnittene Gemüsefenchelknollen
2–3 EL natives Olivenöl extra
Meersalz
frischgemahlener schwarzer Pfeffer

1. Die Zitrone bis auf das Weiße abschälen. Vierteln und jedes Viertel in dünne Scheiben schneiden. Bei Verwendung von herkömmlichen Zitronen und Orangen lieber die pelzige weiße Haut völlig entfernen, da sie sehr bitter schmecken kann.
2. Fenchel- und Zitronenscheiben mit dem Olivenöl vermischen und nach Geschmack mit Pfeffer und Salz würzen.

Getrocknete Feigen mit Fenchelsamen aus Carmignano

Picci di Carmignano

Picci sind eine nicht leicht zu findende Spezialität aus der Gegend um Carmignano westlich von Florenz. Nicht zu verwechseln mit *pici*, einer Sorte handgefertigter Pasta der Südtoskana! *Picci* sind halbierte Trockenfeigen, zwischen deren Hälften man einige Fenchelsamen und jeweils eine Walnußhälfte setzt. Die so behandelten Feigen werden mit je einem Lorbeerblatt als »Trennblatt« aufbewahrt. Man serviert sie im Winter als Teil des Obstgangs, um den von Äpfeln und Orangen gelangweilten Gaumen einen Hauch von Sonne zu schenken. *Picci* sollten mindestens eine oder zwei Wochen vor der Verwendung zubereitet werden und halten, luftdicht aufbewahrt, mehrere Monate. Trockenfeigen bester Qualität liefern für dieses wirklich sehr einfache Rezept das beste Ergebnis – eines der wenigen Desserts, das ich überhaupt serviere.

Nachspeise oder Snack für 4–6 Personen:

18 Trockenfeigen
1 EL Fenchelsamen
18 Walnußhälften
18 Lorbeerblätter

1. Trockenfeigen längs halbieren, dabei aber nicht ganz auseinanderschneiden, so daß sie unten noch zusammenhängen.
2. Feigen aufklappen, einige Fenchelsamen und eine Walnußhälfte in die Mitte legen und wieder fest zusammendrücken.
3. Feigen in einen luftdichten Behälter setzen, dabei jeweils 1 Lorbeerblatt zwischen 2 Feigen stecken.

Kapern

Capperi

Früher konnte ich mich nie recht für Kapern begeistern. Ich kannte sie als kleine olivgrüne Kügelchen, die nicht sehr appetitlich aussahen, in minderwertigen Essig eingelegt waren und nach nicht viel schmeckten, kurz: eine musige Verzierung, die man ohne große Konsequenzen aus jedem Gericht einfach weglassen konnte. Als ich allerdings nach Sizilien kam und dort die weltbesten, in Meersalz eingelegten Kapern probierte, änderte ich unwiderruflich meine Meinung. Ich entdeckte, daß Kapern einen großartigen, blumigen Eigengeschmack haben, der so intensiv ist, daß man ihn sogar durch eine Plastikverpackung hindurch riecht. Die sizilianischen Kapern kommen von zwei winzigen Inseln und werden nur in kleinsten Mengen produziert. Weltweit teilen sie sich die Supermarktregale mit Tonnen oft minderwertiger, geschmackloser und in Essig eingelegter Knospen, die dem Ruf der Kapern nichts Gutes tun.

Der mehrjährige Kapernstrauch, *Capparis spinosa inermis* aus der Familie der *Capparidaceae,* ist die typischste Mittelmeerpflanze überhaupt. Er wächst wild an den unzugänglichsten Plätzen – in Mauern, eingeklemmt zwischen Felsen, auf Ruinen, entlang der Küste, in lehmig-kalkhaltigem Boden. Kapernsträucher sind robuste Pflanzen, resistent gegen Krankheiten und Ungeziefer und werden oft biologisch angebaut. Sie bilden eine Basis aus Unterholz, aus der sich bis zu einem Meter lange Schößlinge in die Höhe recken. Der Kapernstrauch hat runde, glänzende Blätter und bildet Blüten, eigentlich die Fruchtstöcke der Pflanze, auf Stielen, die man *Gynophoren* nennt. Viele Arten haben Dornen, daher der Zusatz *spinosa* bei der lateinischen Bezeichnung. Geerntet werden die fest geschlossenen, noch weit vor der Blüte stehenden Knospen der Pflanze. Erst durch das Einlegen in Salz werden sie zu eßbaren Kapern. Nichtgeerntete Knospen werden größer, weicher und öffnen sich zu extravaganten zweigeschlechtlichen Blüten mit vier weißen Blütenblättern und Dutzenden langer Samenstände mit einer lila Spitze. Ausgereift formen sich aus den Blüten zarte grüne Früchte in der Form von Oliven, die im reifen Zustand lila werden. Größere Knospen sind nicht so beliebt, da sie schon näher am Aufblühen und daher nicht mehr so kompakt sind. Was allerdings nicht heißt, daß die kleinen Knospen unbedingt besser sind. Größere und damit auch preiswertere Kapern verwendet man gerne, wenn man kleingeschnittene Knospen benötigt oder Kapernpaste herstellen will.

Vom Kapernstrauch sind sowohl die Knospen wie auch die Früchte und zarten jungen Triebe eßbar. Das allerdings erst nach dem Einlegen in Salz, was ihnen die Bitterkeit nimmt. Die Sträucher werden von Hand geerntet und dafür von Mai bis August alle paar Tage auf neue, kleine Knospen untersucht – eine arbeitsaufwendige, teure Angelegenheit. Besonders fleißige Pflücker ernten bis zu zwanzig Kilogramm pro Tag, die meisten jedoch arbeiten nur nebenberuflich als Pflücker und bringen weniger als fünf Kilogramm nach Hause. Nach der Ernte werden die Kapern mit grobem Meersalz vermengt. Kapernflüssigkeit und Salz ergeben eine Lake, die man zehn Tage lang täglich umrührt. Nach diesen zehn Tagen wird die Lake abgegossen und die Kapern werden erneut für denselben Zeitraum in Salz eingelegt. Danach werden sie nach Größen sortiert und auf Fässer verteilt, in denen sie vor dem endgültigen Abpacken zwei Monate reifen. Kapern sind weder in meinen internationalen Büchern über Ernährung erwähnt, noch konnte ich in der Literatur offizieller landwirtschaftlicher Stellen hinreichende Informationen dazu entdecken. In einem italienischen Werk über Kapernproduktion fand ich zwar keine Angaben über den Nährwert von Kapern, konnte aber immerhin entnehmen, daß sie die Vitamine A, B1, B2 und C sowie eine Menge Mineralstoffe enthalten. In Kapern steckt ein bitteres, anregendes Glukosid, das *Capparinetin*. Es wirkt angeblich stärkend, harntreibend und antiarthritisch. Man sagt Kapern auch nach, daß sie aphrodisisch sind – wahrscheinlich aufgrund der harntreibenden Eigenschaften – und als Antioxidans und kreislaufstärkendes Mittel wirken könnten. Ein italienischer pharmazeutischer Text berichtet, daß Kapern auch eine große Menge des gelben Farbstoffs *Quercitin* enthalten sowie Pektine. Quercitin unterstützt die Aufnahme von Vitamin C, Pektine haben schützende und feuchtigkeitsspendende Eigenschaften.

Kapernsträucher sind Wildpflanzen und werden als solche im ganzen Mittelmeerraum geerntet. Kommerziell baut man sie zudem ausschließlich in Italien, Spanien, der Türkei und in Marokko an. Die einzelnen Züchtungen unterscheiden sich in Farbe, Konsistenz, Geschmack, Größe und Form. Die besten kommen von der *nocellara* der Insel Pantelleria und der Insel Salina. Liegt es an der Vulkanerde oder der salzigen Meerluft, daß die Kapern dieser Gegenden so erstklassig sind? Auch in Frankreich wachsen Kapernsträucher wild, allerdings werden sie dort weder gezüchtet noch kommerziell angebaut. Zuchtformen erzeugen bessere Kapern als Wildpflanzen, da sie durch eine größere Anzahl an Kelchblättern und Staubgefäßen mehr Geschmack bringen.

Kapern kommen nach Größen sortiert in den Handel. Die Bandbreite reicht von den kleinsten mit sieben Millimetern Durchmesser bis zu sehr großen Knospen mit 14 Millimetern. Die französischen ganz kleinen, teuren *Non-pareil*-Kapern (sieben Millimeter und kleiner) kommen aus Nordafrika. Sie werden billig importiert und in Frankreich in Essig abgepackt, was ihrem Geschmack und ihrer Konsistenz leider nicht sehr gut tut. Von den sizilianischen Kapernproduzenten, die eine sehr hohe Selbstachtung haben, würden nur wenige das Einlegen in Essig in Erwägung ziehen. Meersalz ist für sie die einzig akzeptable Lösung. Salzlake, mit der spanische Produzenten gerne arbeiten, rangiert weit entfernt an zweiter Stelle.

Wilde Kapern sind schon in der Bibel erwähnt und waren auch griechischen und römischen Ärzten bekannt. Plinius hielt sie für gefährlich. Der römische Agrarexperte Columella beschreibt im Detail die Anbaumethoden im ersten Jahrhundert nach Christus, der reiche Feinschmecker Apicius erwähnt Kapern in seinem Kochbuch allerdings nicht. Im großen und ganzen rangierten Kapern als Heilpflanzen mit unbedeutender kulinarischer Verwendbarkeit, weswegen sie in den meisten gastronomischen Texten der Zeit auch kaum erwähnt werden.

Die moderne italienische Küche verwendet Kapern oft zusammen mit Oregano. Man würzt mit ihnen Gerichte mit frischem Fisch, Sardellen und eingelegtem Thunfisch. Sizilianer bereiten daraus Kapernpaste mit Chilischoten oder sonnengetrockneten Tomaten zu. Diese Paste darf in meinem Vorratsschrank nie fehlen. Verdünnt mit Olivenöl ergibt sie eine wunderbare Pastasauce oder die perfekte Begleitung zu Gegrilltem.

Eingesalzene Kapern sollten vor der Verwendung abgespült werden. Sind sie dann immer noch zu salzig, kann man sie eine Viertelstunde in Wasser legen. Längeres Wässern entfernt zwar noch mehr Salz, allerdings werden die Kapern dadurch leicht matschig. Kapern, die eingetrocknet ausehen, hilft man ebenfalls durch gründliches Wässern wieder auf die Beine. Generell gilt, daß in Salz konservierte Kapern jahrelang haltbar sind.

Kaperngeschichte

Kapern »regen den Körper an und machen durstig« hieß es bereits im 16. Jahrhundert in der kommentierten Übersetzung aus dem Lateinischen von M. Pietro Andrea Mattioli, einem Mediziner aus Siena. Daneben seien sie auch hilfreich bei Ischiasleiden und Zahnschmerzen und leiteten Schleim aus dem Kopf ab. Kapernstrauch, Knospen und Früchte, in Salzlake oder starken Essig eingelegt, waren wohlbekannt in ganz Italien und der Toskana, wobei sie mehr als Heil- denn als Lebensmittel eingesetzt wurden. Eingelegt, so schreibt Mattioli, hätten sie wenig Nährwert, würden aber den Appetit anregen und Leber- und Milzblockaden lösen. Man sollte sie vor anderen Speisen, mit Öl und Essig angerichtet, verzehren. Unter Bezug auf alle möglichen römischen Vorgänger, beschäftigte sich der italienische Schriftsteller Bartolomeo Sacchi im 15. Jahrhundert mit der Kaper. Er hielt ägyptische und apulische Knospen für die besten. Neben positiven Effekten für Milz und Leber schrieb er ihnen auch vorbeugende Wirkung gegen Lähmungen sowie harntreibende und aphrodisische Eigenschaften zu. Auch gegen Wurmbefall und gegen Vergiftungen seien Kapern wirksam, meinte Sacchi. Ein Florentiner Edelmann und Kenner höfischer Eß- und Trinksitten, Domenico Romoli mit dem Beinamen *Panunto* (italienisch: »öliges Brot«, ein toskanischer Dialektausdruck für geröstetes Brot mit Olivenöl), verfaßte im 16. Jahrhundert eine Art kulinarischen »Knigge« für die Adelsschicht. Im Kräuter- und Gemüse-Kapitel beschäftigte er sich auch mit Kapern. Zu Recht behauptete Romoli, daß gezüchtete Varianten besser schmeckten als die Wildform. Auch wußte er, daß mit Salz konservierte Kapern vor dem Gebrauch sorgfältig gewässert werden sollten. Er schlug vor, sie in Kombination mit Petersilie, zarten Salatkräutern und angemacht mit Öl, Essig und Zucker zu verzehren, um sich ihre appetitanregenden, aphrodisischen, antidepressiven und harntreibenden Eigenschaften zunutze zu machen. Von Romoli gibt es auch Ratschläge bezüglich der medizinischen Eigenschaften von Kapernwurzeln, Kapernsaft, Kaperntee und Kapernöl. Als kulinarischer Anhänger von Kapern erwies sich im 18. Jahrhundert schließlich Kochbuchautor Vincenzo Corrado. Er beschreibt sie als »großartiges Würzmittel nicht nur für Salate und Wurstplatten, sondern für alle kalten Speisen, Saucen, in Fleischragù und für Füllungen mit oder ohne Fleisch.«

Rolandos fritierte Kapern

Hilfe! Ein nichttraditionelles Rezept, das noch nie in einer italienischen Küche zubereitet wurde, hat sich in dieses Buch eingeschlichen! Fritierte Kapern sind eine Kreation des Italo-Argentiniers Rolando Beramendi, Gründer eines Importunternehmens für italienische Feinkost. Rolando ist ein fantastischer Hobbykoch und serviert seine fritierten Kapern als Snack zu einem Glas Wein oder auf gekochtem Fisch. Wer nichts gegen Fritieren hat, findet sicherlich Gefallen an diesen knusprig-salzigen Häppchen.

Snack für 4 Personen:

100 g in Salz konservierte Kapern
750 ml natives Olivenöl extra
zum Fritieren

1. Salz von den Kapern spülen und die Knospen mit Küchenkrepp trockentupfen.
2. Öl in der Friteuse auf 180 °C erhitzen.
3. Kapern einige Minuten fritieren, bis sie sich aufblähen. Vorsicht vor Ölspritzern!
4. Kapern auf Küchenkrepp abtropfen lassen und sofort servieren.

Kapernpaste »Cileno«

Jeder Bewohner der Insel Pantelleria hat normalerweise einen Spitznamen. Antonio Belvisis, der 20 Jahre seines Lebens in Chile verbracht hatte, wird *Il Cileno* genannt. Er und seine Frau Silvia benutzen ihr vollgestelltes Wohnzimmer als Verkaufsraum für wilden Oregano, mit Salz konservierte Kapern, Kapernpaste, *zibibbo* (sonnengetrocknete Rosinen) und *Moscato di Pantelleria,* den traubigen Dessertwein der Insel. Das italienische Hygieneamt mit seinen strengen Vorschriften für Lebensmittelherstellung in gekachelten, separaten Küchen und extra Umkleideräumen für die Arbeiter, hatte bislang noch keine Wirkung auf *Il Cileno*, der seine Kapernpaste unter den unhygienischsten Bedingungen herstellt, die ich je gesehen habe. Er verkauft sie in Marmeladengläsern ohne Etikett oder löffelt sie in Plastikbeutel, aus einer Schüssel, die zum Schutz vor Insekten mit einem dreckigen Küchentuch abgedeckt ist. *Il Cileno* ignoriert auch alle Steuervorschriften, die das Ausstellen von Quittungen verlangen, allerdings scheint die Militärpolizei das nicht recht zu kümmern. Als ich da war, saßen ihre Vertreter gerade zur Weinprobe und bei Canapées mit Kapernpaste im Verkaufsraum zusammen. *Il Cileno* mag es scharf, weswegen er seiner Kapernpaste Chili zugibt, was sie erheblich aufpeppt. Von meiner Woche auf Pantelleria brachte ich eine Menge Kapernprodukte nach Hause – Il Cilenos Kapernpaste war das Beste. Man verwendet sie als Brotaufstrich, verdünnt mit Olivenöl zu Gegrilltem oder als pfeffrige Zutat in einer Tomatensauce.

Für ca. 150 g Würzsauce:

100 g möglichst in Salz konservierte Kapern
750 ml Wasser (nach Wunsch,
zum Wässern der Kapern)
1 frische rote Chilischote oder Chilipulver nach Geschmack
4 EL (60 ml) natives Olivenöl extra

1. In Salz konservierte Kapern 30 Minuten ins Wasser legen, abtropfen lassen und mit Küchenkrepp trockentupfen. In Salzlake eingelegte Kapern abspülen und ebenfalls trockentupfen.
2. Kapern mit Chili und Olivenöl im Mixer zu einer feinen Paste pürieren. In ein Schraubglas füllen und mit einer dünnen Schicht Olivenöl begießen. Im Kühlschrank ewig haltbar!

Kapernpaste mit sonnengetrockneten Tomaten

Genießer mit einem zarten Gaumen werden diese mildere Kapernpaste der scharfen Variante im vorherigen Rezept vorziehen. Das Rezept dafür bekam ich anläßlich eines Kräutersammelausflugs auf Pantelleria von der sizilianischen Marchesa und Gastronomin Anna Tasca Lanza.

Für ca. 250 g Würzsauce:

100 g möglichst in Salz konservierte Kapern
750 ml Wasser (bei Bedarf, zum Wässern der Kapern)
50 g sonnengetrocknete Tomaten
(aus dem Glas, in Olivenöl eingelegt)
4 EL (60 ml) natives Olivenöl extra
(oder das Öl aus dem Glas)
2 TL getrockneter sizilianischer Oregano

1. Mit Salz konservierte Kapern 30 Minuten ins Wasser legen, abtropfen lassen und mit Küchenkrepp trockentupfen. In Salzlake eingelegte Kapern abspülen und ebenfalls trockentupfen.
2. Kapern mit sonnengetrockneten Tomaten, Olivenöl und Oregano im Mixer zu einer feinen Paste pürieren. In ein Schraubglas füllen und mit einer dünnen Schicht Olivenöl begießen. Im Kühlschrank ewig haltbar!

Kapern-Kartoffelsalat aus Pantelleria

Insalata Pantesca

Auf der Insel Pantelleria Rezepten aufzuspüren, ist nicht einfach. Fast jeder hat eine andere Version desselben Gerichts zu bieten und mit *insalata pantesca*, dem Kartoffelsalat der Insel, ist es nicht anders.
Man bereitet ihn mit grünen, schwarzen oder ganz ohne Oliven zu, mit Thunfisch oder ohne. Obwohl die meisten Inselköche Scheiben bevorzugen, schneide ich Tomaten und Kartoffeln für den Salat gerne in Stücke. Und obwohl man ihn normalerweise erst in letzter Minute anrichtet, bereite ich ihn mindestens 30 Minuten vor dem Servieren zu, damit das Gemüse in der Marinade aus erstklassigem Olivenöl, Weinessig und Oregano durchziehen kann. Man sollte für diesen Salat nur besten, möglichst frisch abgefüllten getrockneten Oregano oder frisches Kraut verwenden.

Beilage für 4 Personen:

500 g Kartoffeln
1 EL Meersalz
500 g Tomaten
1 große rote Zwiebel
2–3 EL Kapern
50 g schwarze oder grüne Oliven
(nach Wunsch)
1 EL Weinessig
4 EL (60 ml) natives Olivenöl extra
1 TL getrockneter Oregano
(am besten sizilianischer oder frischer)
frischgemahlener schwarzer Pfeffer

1. Kartoffeln in einem großen Topf mit reichlich Wasser und Salz in ca. 20–30 Minuten weich kochen. (Garprobe mit einem Stäbchen oder Zahnstocher machen). Abgießen, noch warm schälen und abkühlen lassen.
2. Tomaten halbieren und über einem Sieb in einer Schüssel Saft und Kerne ausdrücken. Saft anderweitig verwenden. Tomaten in Stücke schneiden.
3. Zwiebel halbieren und in Scheiben schneiden.
4. Kartoffeln ebenfalls in Scheiben schneiden oder grob würfeln.
5. Kapern spülen, um überflüssiges Salz abzuwaschen. Alle Zutaten für den Salat mit Kapern, Essig, Olivenöl und Oregano vermengen, mit Salz und Pfeffer würzen und servieren.

Pasta mit »Pizzaiola«- oder »Ghiotta«-Sauce

Diese Tomatensauce, aufgepeppt mit Kapern, Knoblauch und Oregano ist typisch für Süditalien. *Pizzaiola* heißt sie, wenn man Rindfleisch in ihr gart, *ghiotta*, wenn man ihr Fisch zugibt und in der Sauce fertigkocht. Vegetarier verwenden die Sauce wie eine normale Tomatensauce zu Pasta.

Hauptgericht für 4–6 Personen:

2 EL natives Olivenöl extra
1–2 Knoblauchzehen
500 ml Tomatenstückchen (frische Tomaten häuten, entkernen, entsaften und kleinschneiden oder Dosenware)
3–4 EL abgespülte Kapern

1 TL getrockneter Oregano (am besten sizilianischer oder frisches Kraut)
grobes Meersalz
frischgemahlener schwarzer Pfeffer
400–450 g Spaghetti
5–6 l Wasser (für die Pasta)
1 EL Meersalz

1. Olivenöl in einer großen beschichteten Pfanne erhitzen und den Knoblauch auf mäßiger Hitze anbräunen. Tomatenstückchen, Kapern und Oregano zugeben und mit Salz und Pfeffer würzen. Sauce 5 Minuten lang köcheln lassen.
2. Nudelwasser zum Kochen bringen. Wasser salzen und Spaghetti in das sprudelnde Wasser einlegen.
3. Die Pasta nach rund dreiviertel der empfohlenen Kochzeit abgießen – sie muß noch gut *al dente* sein –, dabei rund 500 ml Kochwasser auffangen.
4. Pasta zur Tomaten-Kapernsauce geben und darin fertigkochen. Falls die Sauce zu sehr einkocht, langsam restliches Nudelwasser zugießen.
5. Spaghetti auf Suppenteller verteilen und servieren.

Anmerkung: Wer das Gericht mit Fleisch oder Fisch zubereiten möchte, kocht keine Pasta, sondern brät im ersten Arbeitsgang Fleisch, Geflügel oder Fisch von allen Seiten in 1 EL Olivenöl an, nimmt es dann aus der Pfanne und stellt es beiseite. Dann die *pizzaiola* oder *ghiotta* wie beschrieben zubereiten, Fleisch oder Fisch hineinlegen und je nach Dicke fertiggaren.

Kartoffeln

Patate

Nicht immer war man in Italien so begeistert von der Kartoffel, diesem zunächst fremdartigen Gewächs mit Ursprung in Mittel- und Südamerika. Zusammen mit Tomaten und Tabak war es als weiteres Mitglied der gefährlichen, oft giftigen Nachtschattengewächse aus der Neuen Welt über das Meer gekommen. Der anfängliche Widerstand gegen dieses einfache, unterirdisch wachsende Gemüse ist verständlich: Die Kartoffel besticht zwar durch hübsche Blüten, ihre Blätter und überirdischen Früchte sind aber giftig – nur die unterirdisch verborgene fleischige Verdickung, gemeinhin als »Knolle« bekannt, ist eßbar. Die unförmige, unauffällige braunschalige Kartoffel ist nicht so attraktiv wie auffälligere Mitglieder derselben Familie wie beispielsweise der rote Gemüsepaprika oder die lilafarbene Aubergine. So schneidet sie allein vom Äußeren her nicht besonders gut ab. Ihr Vorteil: Kartoffeln waren schon immer einfach anzubauen und wuchsen sogar in höheren Lagen. Sie lassen sich gut über den Winter lagern, sind billig und machen satt. Schlußendlich hatte das häßliche Entlein dann doch ganz Italien einschließlich der Inseln auf seiner Seite.

Bereits im 16. Jahrhundert brachten die spanischen Eroberer die Kartoffel nach Europa. Zwischen 1566 und 1572 erhielt Papst Pius V. einige Exemplare, die wegen ihrer hübschen Blüten zunächst als Zierpflanzen genutzt wurden. Der Karmelitermönch Nicolo' Doria brachte die Kartoffel barfüßig von Spanien nach Italien und pflanzte sie 1585 in einem Klostergarten in Genua an – aber nicht nur wegen ihrer Blüten. Er schrieb, daß Kartoffeln eßbar sind »... wie Trüffel oder Pilze in Scheiben geschnitten, gebraten und mehliert... «. Doch trotz seines Enthusiasmus vergingen noch fast zwei Jahrhunderte, bis die Kartoffel sich im 18. Jahrhundert als Gemüse durchsetzen konnte.

Weder Frucht noch Wurzel, ist die Kartoffel das verdickte Ende einer unterirdischen Sprosse. Sie speichert Energie in der Form von Stärke und unterstützt damit das Wachstum der sogenannten »Augen«, aus denen sich neue Triebe bilden. Kartoffeln werden nach verschiedenen Kriterien klassifiziert: je nach dem Zeitpunkt der Ernte als sehr früh, früh, mittelfrüh und mittelspät bis sehr spät. Je nach Kocheigenschaften unterteilt man Sorten mit weniger Stärke in »festkochend«, mit mittlerem Stärkeanteil in »vorwiegend festkochend« und meist später reifende Sorten mit höherem Stärkeanteil in »mehligkochend«. Je nach Sorte ist das Fruchtfleisch dazu eher gelb oder weiß gefärbt, die Schalenfarbe variiert von weißlich, hellgelb oder ockergelb über hellrot bis zu violett. Frühkartoffeln sind vor der vollständigen Reife geerntete, dünnschalige Kartoffeln aller Sorten. Je nach verwendeter Kartoffelsorte, fallen auch die Rezepte unterschiedlich aus.

Kartoffeln enthalten vergleichsweise wenig Kalorien und sind reich an Kalium und Vitamin C. Die in ihnen enthaltenen Proteasehemmer schützen vor Viruserkrankungen, der Neurotransmitter Serotonin wirkt beruhigend. Grün verfärbte Kartoffeln oder Knollen mit Trieben können unter der Schale giftige Alkaloide enthalten und sollten aus diesem Grund nicht mehr verzehrt werden. Einige der von Frate Indovino empfohlenen Heimkuren mit Kartoffeln erwähnen rohe Kartoffelscheiben, die man bei Verbrennungen, Abschürfungen, Frostbeulen und Quetschungen auf die Haut legt und einen Sirup aus roher Kartoffel, Möhrensaft, Honig und Zitrone bei Magengeschwüren, Gallensteinen, Hämorrhoiden und Diabetes.

In Italien ißt man Kartoffeln gebraten, gebacken, geschmort und gekocht, mit Olivenöl zubereitet oder damit übergossen. Die gekochte Version ist besonders beliebt bei all denjenigen, die unter Erkrankungen der Verdauungsorgane leiden und deswegen dazu verurteilt sind, sich *bianco,* das heißt, vor allem von gedämpften, ungewürzten Speisen zu ernähren. Gekochte stärkehaltige Kartoffeln werden vielerorts zu *gnocchi* geformt, die je nach Kunstfertigkeit des Kochs federleicht oder bleischwer geraten. In Mugello, einer Stadt außerhalb von Florenz, füllt man Ravioli mit einer Mischung aus Kartoffelpüree, das mit Fleischsauce angereichert wurde – zu kompliziert, als daß man daran denken würde, das Gericht nachzukochen. Ich ziehe all die Gerichte vor, die den erdigen, stärkehaltigen Geschmack der Kartoffel hervorheben und mit nur wenig anderen einfachen Zutaten auskommen. Eine perfekte Kombination sind Kartoffeln zu erstklassigem, fruchtigem nativen Olivenöl extra, das weniger süß und fettig schmeckt als Butter.

Italiens einheimische Sorten werden zunehmend von amerikanischen und niederländischen Züchtungen mit höheren Erträgen verdrängt. Mein Gemüsehändler Torquato Innocenti kauft seine Saatkartoffeln bei einem landwirtschaftlichen Konsortium, das die örtlichen Bauern versorgt. Rund um seine schmackhaften Knollen hat er immer Ratschläge parat, einschließlich dem, nie ohne Kartoffel ins Auto zu steigen. »Halbieren Sie die Kartoffel und reiben Sie mit der Schnittfläche die Windschutzscheibe ein«, empfiehlt er. »Dann perlt das Wasser geradewegs von der Oberfläche ab«. Autofahrer aufgepaßt!

Kartoffelgeschichte

Trotz all der Hinweise, daß Kartoffeln seit dem 16. Jahrhundert in Europa heimisch sind, konnte ich keine historischen, italienischen Kartoffelrezepte ausfindig machen. Warum? Ein Werk über Nutz- und Heilpflanzen aus den 50er Jahren dieses Jahrhunderts liefert einen Erklärungsversuch: Kartoffeln waren lange Zeit als die niederste aller Gemüsepflanzen angesehen und standen unter dem Verdacht, Lepra zu verursachen. Damit schieden sie für die Hofküche der Zeit wohl aus.

Claudias Kartoffelplätzchen

Subrich di patate

Claudia Verro, die zusammen mit ihrem Ehemann Tonino Patronin und Küchenchefin des *La Contea* im Städtchen Neive ist, serviert die Art von Hausmannskost, die es nur ganz selten im Restaurant gibt. Im Herbst zieht der verführerische Zauber der weißen Trüffel Gourmets in diese Ecke des Piemont und lenkt damit die meisten Gaumen gründlich von den trüffellosen Gerichten der drei anderen Jahreszeiten ab.
Ein Beispiel für diese kulinarische Mißachtung sind Claudias *subrich*: fünfmarkstückgroße Kartoffelplätzchen, golden durch Eigelb, mit hübschen grünen Tupfern frischer Kräuter und mit geriebenem Parmesan gewürzt, in erstklassigem Olivenöl leicht gebräunt. *Subrich* sind eine wunderbare Vorspeise zu einem Glas Sekt, aber vom gastronomischen Standard natürlich nicht vergleichbar mit weißen Trüffeln. Für trüffellose Köche ist das Rezept jedoch ein schöner Ersatz.

Vorspeise für 4 Personen:

500 g vorwiegend festkochende oder
mehligkochende Kartoffeln
2 Eigelb
2 EL geriebener Parmesan
feines Meersalz
frischgemahlener schwarzer Pfeffer
geriebene Muskatnuß
2 EL frische Kräuter: Petersilie, Rosmarin,
Thymian, Salbei
2 feingehackte frische Lorbeerblätter
1 durchgepreßte Knoblauchzehe
natives Olivenöl extra zum Braten

1. Kartoffeln sorgfältig säubern. In einen Topf geben und soviel kaltes, gesalzenes Wasser zugießen, daß sie bedeckt sind. Zum Kochen bringen und in 30–35 Minuten weich kochen. Zur Garprobe mit einem Zahnstocher anstechen.
2. Kartoffeln schälen und durch die Flotte Lotte passieren oder mit der feinen Reibe der Küchenmaschine raffeln.
3. Kartoffeln mit Eigelb, Parmesan, Muskat, Kräutern und Knoblauch vermengen und mit Salz und Pfeffer abschmecken. Das Kartoffelpüree zu walnußgroßen Bällchen formen und flachdrücken.
4. 2 EL Olivenöl in einer großen beschichteten Pfanne erhitzen. Die Plätzchen auf mäßiger Hitze in wenigen Minuten auf beiden Seiten leicht bräunen. Aus der Pfanne heben und auf Küchenkrepp abtropfen lassen. Falls nötig, neues Öl in die Pfanne geben und die restlichen Kartoffelplätzchen backen. Sofort servieren oder im Ofen warm halten.

Römische Kartoffel-»Frittata«

Nach einigen Monaten in der Küche seines römischen Restaurants sandte mich Silvano Paris zu einem Freund nach Trastevere, damit ich in dessen Restaurant auch andere Dinge kennenlernte. Das hier servierte Essen war anders, italienischer und weniger regional orientiert. Auf der Karte standen Gerichte wie *insalata russa* aus frischen Kartoffeln, Möhren, Tiefkühlerbsen, hausgemachter Mayonnaise und Crème Caramel. Am meisten beeindruckte mich der rustikale Vorspeisenwagen, in dessen Mitte eine goldbraune, große Kartoffel-*frittata* thronte, umgeben von Platten süßsauer eingelegter Perlzwiebeln, fritierter Auberginenscheiben, mariniertem Paprika, Zucchini und frischen Sardellen in Olivenöl.

Vorspeise für 4–6 Personen:

1 kg vorwiegend festkochende oder mehligkochende Kartoffeln
4 EL (60 ml) natives Olivenöl extra
2 in Scheiben geschnittene mittelgroße Zwiebeln
2 in Scheiben geschnittene Knoblauchzehen
Meersalz
frischgemahlener schwarzer Pfeffer

1. Kartoffeln sorgfältig säubern. In einen Topf geben und soviel kaltes, gesalzenes Wasser zugießen, daß sie bedeckt sind. Zum Kochen bringen und in 30–35 Minuten weich kochen. Zur Garprobe mit einem Zahnstocher anstechen. Kartoffeln abgießen und abkühlen lassen.
2. Zwiebeln, Knoblauch und Olivenöl in einer großen beschichteten Pfanne auf mäßiger Hitze in rund 10 Minuten weich dünsten.
3. Während die Zwiebeln dünsten, die Kartoffeln schälen. Zu den Zwiebeln in die Pfanne geben, mit einer Holz- oder Kunststoffgabel zerdrücken und gut mit den Zwiebeln vermengen. Alternativ die Kartoffeln mit der mittleren Reibe der Küchenmaschine raffeln und dann mit den Zwiebeln vermengen. Mit Salz und Pfeffer würzen.
4. Kartoffeln und Zwiebeln vorsichtig mit einer Palette oder einem Pfannenwender zu einem gleichmäßigen Pfannkuchen formen. Auf mäßiger Hitze 10–15 Minuten garen, bis die Unterseite der *frittata* eine feste Kruste gebildet hat.
5. Einen Teller auf die *frittata* legen und die Pfanne umdrehen, so daß der Pfannkuchen auf dem Teller liegt. *Frittata* wieder in die Pfanne gleiten lassen und die andere Seite 10 Minuten braten. *Frittata* auf eine runde Platte heben und heiß oder lauwarm servieren.

Toskanische Ofenkartoffeln

Mein Mann Massimo konnte sich schon immer für neue Gerichte begeistern, allerdings mit gewissen Einschränkungen. Für die berühmten amerikanischen »Baked Potatoes«, die ich ihm eines Tages servieren wollte, original mit selbstgemachtem Sauerrahm, erfand er sehr schnell seine eigene italienische Version. Seine Lösung: Statt des Sauerrahms und des traditionellen Schnittlauchs übergoß er seinen »Football«, wie er die riesige Kartoffel auf seinem Teller nannte, mit Olivenöl. Und wie immer hatte sein italienischer Feinschmeckerinstinkt recht. Geschmacklich war seine »Baked Potato« der Originalversion haushoch überlegen.

Beilage für 4 Personen:

4 große festkochende Kartoffeln à ca. 250 g
8 EL natives Olivenöl extra
feines Meersalz
frischgemahlener schwarzer Pfeffer

1. Ofen oder Grill des Ofens auf 200 °C vorheizen.
2. Kartoffeln sehr gründlich reinigen und mit Küchenkrepp trockenreiben. Mit etwas Olivenöl beträufeln und das Öl mit dem Pinsel gleichmäßig verteilen.
3. Kartoffeln im Ofen gut 1 Stunde backen, bis sie weich sind. Zur Garprobe mit einem Zahnstocher einstechen.
4. Kartoffeln auf Teller verteilen und mit einer Gabel aufreißen. In die entstandene Öffnung Olivenöl gießen, mit Salz und Pfeffer würzen.

Nanos gekochte Kartoffeln mit Balsamessig

Kann es sein, daß dies das einzige Rezept aus der Emilia Romagna ohne ein Gramm Fett ist? Nur durch Zufall habe ich es in einem meiner Lieblingsrestaurants in Modena entdeckt, bei Nano Morandi, den Patron der *Hosteria Giusti.* Das Restaurant liegt neben Nanos 390 Jahre alter *salumeria*, in der Rauchfleisch und Käse verkauft werden.

Allerbeste Produkte der Region sind hier zu bekommen, einschließlich *prosciutto*, Salami, Parmesan und nicht zuletzt uralter Balsamessig. Die Pasta, die in der kleinen Hosteria mit nur vier Tischen serviert wird, ist handgemacht, und viele Gerichte kommen mit einer dicken Schicht geriebenem Parmesan auf den Tisch. Cholesterin ist hier König. »Unser bestes Gemüsegericht sind gekochte Kartoffeln mit meinem ältesten *aceto balsamico*,« berichtete Nano auf meine Frage nach regionalen Gemüsespezialitäten. Nanos persönlicher Vorrat an Balsamessig ist über 20 Jahre alt und hat nur noch wenig Ähnlichkeit mit dem Essig, den man üblicherweise kauft.

Leider ist der meiste handelsübliche Balsamessig nichts mehr als ein Versuch der Industrie, aus dem guten Namen dieses einzigartigen Produkts und dem Mythos um seine Herstellung Profit zu schlagen. Traditionell hergestellter Balsamessig ist wertvoll, teuer und wird nur tropfenweise verwendet. Er wird in Speichern hergestellt, auf fünf verschiedenen Hölzern gereift und über Jahre hinaus immer wieder kondensiert und neu vergoren. Gekochte Kartoffeln gelten als perfekte Ergänzung zur komplexen Aromavielfalt alten Balsamessigs. Wer nicht das Glück hat, eine Flasche echten Balsamessigs aus Modena im Regal zu haben, kann sich nach dem folgenden Rezept einen Ersatz zubereiten. Doch wer echten Balsamessig gefunden hat, sollte ihn auch verwenden!

Beilage für 4–6 Personen:

1 kg vorwiegend festkochende oder mehligkochende Kartoffeln
Meersalz
2 TL alter Balsamessig aus Modena
oder 4 EL (60 ml) +
1 TL handelsüblicher Balsamessig
frischgemahlener schwarzer Pfeffer

1. Kartoffeln gründlich säubern. In einen Topf geben und mit Wasser aufgießen, so daß sie bedeckt sind. Wasser zum Kochen bringen, nach Geschmack salzen und die Kartoffeln in 20–30 Minuten je nach Größe weich kochen. Abgießen und schälen, wenn sie kalt genug sind.
2. Bei der Verwendung von handelsüblichem Essig 4 EL in 5–6 Minuten auf großer Hitze auf die Hälfte einkochen, so daß sich ein dünnflüssiger Sirup ergibt. Den zurückbehaltenen Teelöffel Essig unterrühren und die Flüssigkeit kalt stellen.
3. Gekochte Kartoffeln in Scheiben schneiden. Reduzierten oder den alten Balsamessig darüberträufeln, pfeffern und salzen.

Tante Enzas Röstkartoffeln

Enza, die Tante meines Mannes, ist eine wunderbare Köchin. Sie kocht traditionelle Gerichte der Toskana und bringt hin und wieder eine Neuigkeit auf den Tisch, die sie den Küchentips ihres katholischen Jahreskalenders entnimmt. Erstklassiges Olivenöl verwendet sie für alles, einschließlich zum Fritieren. Der Tisch biegt sich bei ihr unter der Last all der klassisch-toskanischen Gemüsegerichte, und sie entschuldigt sich gleichzeitig dafür, daß nichts zu essen im Haus sei. Ob sie wohl noch eine Schüssel Salat fertigmachen sollte? Ihre

Festmahle enden immer mit ihrem *tiramisu,* das mit einem *auguri* – »Beste Wünsche« – in Schokoladenbuchstaben verziert ist. Ihr allerbestes Gericht sind immer wieder ihre Röstkartoffeln aus dem Ofen: mit Rosmarin gewürzt, mit Meersalz bestreut und mit Olivenöl übergossen. Tante Enza empfiehlt, die überschüssige Stärke von den Kartoffeln abzuwaschen, indem man sie fünf Minuten in kaltes Wasser legt und dann mit einem Küchentuch oder Küchenkrepp trockentupft, so daß sie nicht an der Auflaufform oder Pfanne ankleben. Ich verwende gleichzeitig eine beschichtete Röstpfanne und wende die Kartoffeln während des Backens nicht – das funktioniert wunderbar.

Beilage für 4–6 Personen:

1,25 kg festkochende Kartoffeln
4 EL (60 ml) natives Olivenöl extra
2 TL feines Meersalz
frischgemahlener schwarzer Pfeffer
2 EL frischer Rosmarin

1. Ofen auf 200 °C vorheizen.
2. Kartoffeln schälen, längs in Viertel und dann in 1 cm breite Stücke schneiden. Kartoffelstücke fünf Minuten in eine Schüssel mit kaltem Wasser legen, um überschüssige Stärke zu entfernen.
3. Kartoffeln abgießen und mit Küchenkrepp trockentupfen. Nebeneinander in einer großen beschichteten Auflaufform oder der Fettpfanne des Backofens auslegen, mit Olivenöl beträufeln und mit Salz, Pfeffer und gehacktem Rosmarin bestreuen.
4. Kartoffeln in rund 1 Stunde gut bräunen, und nach 30 Minuten einmal wenden. Manche Kartoffeln brauchen rund 15 Minuten länger, bis sie gar sind. Sofort servieren.

Cesares toskanische Pommes frites

Dieses bäuerliche Kartoffelgericht gab es im Restaurant des hervorragenden toskanischen Kochs Cesare Casella in den Hügeln vor Lucca, das vor kurzem seine Pforten schloß. Seine Version der »Pommes frites« sind etwas länger als gewohnt und in bestem Olivenöl mit frischem Rosmarin, Salbei, Thymian, ganzen Knoblauchzehen und scharfen Pfefferschoten, *peperoncini*, fritiert. Eine kleine Warnung: Billig ist dieses Gericht sogar in Italien nicht und noch teurer ist es im Ausland. Deswegen verlangt Cesare in seinen neuen Restaurants *Coco Pazzo* und *Il Toscanaccio* in New York auch eine horrende Summe dafür. Für Freunde fritierten Gemüses ist das vollmundige, fruchtige Olivenöl, das hier anstelle von neutralem, geschmacklosem und mit Lösungsmitteln hergestelltem Pflanzenöl verwendet wird, die Ausgabe wert. Wenn man das Öl nach dem Fritieren absiebt, kann man es auch zwei- bis dreimal verwenden, was die Kosten etwas senkt. Traditionell fritiert man in der Toskana in einer schwarzen Eisenpfanne mit hochgezogenem Rand (keine Gußeisenpfanne). Ein ganz normaler Fritiertopf oder eine Friteuse funktionieren aber auch.

Vorspeise für 2–4 Personen:

750 g geschälte und in Stäbchen geschnittene
vorwiegend festkochende Kartoffeln
2 Zweige Rosmarin
3–4 Zweige Salbei
2 Zweige Thymian
1 l natives Olivenöl extra
4 Knoblauchzehen
2 kleine Pfefferschoten (peperoncini*)*
feines Meersalz

1. Kartoffeln für mindestens fünf Minuten in warmes Wasser legen. Abgießen und mit Küchenkrepp trockentupfen.

2. Kräuter abspülen und trocknen.
3. Öl in einer Friteuse oder einem Fritiertopf auf 170 °C erhitzen. Vorsichtig die Kartoffeln einlegen, aber nicht zu viele auf einmal. Fritieren, bis sie leicht Farbe angenommen haben. Kräuter, Knoblauch und *peperoncini* zugeben und einige Minuten mitfritieren, bis die Kartoffeln gebräunt sind.
4. Kartoffeln und Kräuter aus dem Öl heben und auf Küchenkrepp abtropfen lassen. Salzen und sofort servieren.

Torquatos Schmorkartoffeln

Patate in umido

Ich liebe Torquatos *patate in umido*, aus Zutaten, die fast jeder in der Speisekammer hat. Kartoffeln werden dafür mit Wasser, Zwiebeln oder Lauch, Knoblauch und Kräutern geschmort und mit wenig Pfefferschote abgeschmeckt. Fabio Picchi aus dem *Cibrèo* in Florenz verwendet statt Wasser Brühe, die er immer in der Küche hat, ich jedoch nie.

Beilage für 4–6 Personen:

1–2 durchgepreßte Knoblauchzehen
1 kleine rote Pfefferschote (peperoncino) *oder getrocknetes Chilipulver nach Geschmack*
2 EL kleingehackte Petersilie
2 TL kleingehackte frische Kräuter: Rosmarin, Salbei, Majoran
3–4 EL natives Olivenöl extra
1 kg geschälte und in 2 cm große Würfel geschnittene vorwiegend festkochende Kartoffeln
125 ml Tomatenstückchen (frische Tomaten häuten, entkernen, entsaften und kleinschneiden oder Dosenware)
500 ml kochendes Wasser oder hausgemachte Brühe
grobes Meersalz

1. Knoblauch, gehackte Pfefferschote und Kräuter mit dem Olivenöl in eine große beschichtete Pfanne geben und gut vermengen. Auf mäßiger Hitze unter häufigem Rühren dünsten, bis der Knoblauch leicht Farbe annimmt.
2. Kartoffeln, Tomaten, Wasser oder Brühe zugeben und 20–30 Minuten köcheln lassen, bis die Kartoffeln weich sind und die Sauce eine cremige Konsistenz hat. Heiß servieren.

Fabios falscher russischer Kartoffelsalat

Die italienische Vorliebe für eine Vorspeise mit dem Namen »Russischer Salat«, aus Kartoffelwürfeln, Möhren, Erbsen und Unmengen Mayonnaise habe ich nie recht verstanden. Ich fand immer, daß Fabio Picchis dunkelrot gefärbte Gemüse-*composta*, ein Salat aus gewürfelter roter Bete, neuen Kartoffeln, Möhren und grünen Bohnen, mit einem einfachen Dressing aus Olivenöl, weitaus russischer aussieht als die blasse Mayonnaisenversion. Die roten Bete bäckt man entweder im Ofen oder kocht sie 12–15 Minuten im Dampfkochtopf.

Beilage für 4–6 Personen:

4 geschälte, in 1 cm große Würfel geschnittene vorwiegend festkochende Kartoffeln
2 l Wasser
feines Meersalz
150 g in 1 cm große Würfel geschnittene Möhren
150 g in 1 cm lange Stücke geschnittene grüne Bohnen
150 g gekochte, geschälte und in Würfel geschnittene rote Bete (weichgekocht oder im Ofen gebacken)
4 EL (60 ml) natives Olivenöl extra
1 TL kleingehackte Blattpetersilie
frischgemahlener schwarzer Pfeffer

1. Kartoffeln in einem kleinen Topf mit Wasser bedecken, salzen und in 15–20 Minuten weich kochen. Mit dem Schaumlöffel aus dem Wasser heben und abtropfen lassen.
2. 2 l Wasser zum Kochen bringen und salzen. Möhren zugeben und weich kochen. Mit einem Schaumlöffel aus dem Wasser heben und abtropfen lassen.
3. Grüne Bohnen im kochenden Wasser in 3–6 Minuten weich kochen, ebenfalls mit dem Schaumlöffel aus dem Wasser heben, mit kaltem Wasser abschrecken und abtropfen lassen.
4. Gekochtes Gemüse und Kartoffeln mit Olivenöl, Kräutern, Salz und Pfeffer nach Geschmack vermengen und vor dem Servieren mindestens eine Stunde durchziehen lassen.

Sizilianischer Kartoffelsalat

In Sizilien gibt es mit das beste Gemüse der Welt. Man kauft es auf geschäftigen Freiluftmärkten, findet es aber nicht oft auf den Speisekarten der Restaurants, da Gemüse vielen als zu gewöhnlich erscheint. Zuhause essen die Sizilianer hingegen eine Menge Gemüse, und ich hatte das Glück, an einer ganzen Reihe sizilianischer Küchentische Platz nehmen zu dürfen. Bei einem ländlichen Mittagessen bei Marchesa Anna Tasca Lanza verliebte ich mich in den folgenden Kartoffelsalat mit seinen würzigen sizilianischen Kapern. Nach einem Vormittag am Meer war unser leichtes Mittagsmenü schnell zusammengestellt: frischgebackenes goldgelbes Hartweizenbrot, in bestes Olivenöl eingetaucht und mit Oregano bestreut, Kartoffelsalat, reife, in Scheiben geschnittene Tomaten, Pecorino-Käse und als Nachtisch saftige geschälte Birnen und Feigen. Seither ist der Salat ohne Mayonnaise einer meiner Favoriten. In Sizilien verwendet man dafür getrockneten milden Oregano aus den Bergen, als Ersatz empfehle ich möglichst frischgetrocknetes Kraut.

Beilage für 4–6 Personen:

1 kg festkochende Kartoffeln
feines Meersalz
2–3 EL Kapern, möglichst in Salz eingelegt
500 ml Wasser
1 in dünne Scheiben geschnittene große rote Zwiebel
2 TL getrockneter Oregano
4 EL (60 ml) natives Olivenöl extra
2 TL Essig
frischgemahlener schwarzer Pfeffer

1. Kartoffeln gründlich reinigen und mit soviel kaltem Wasser in einen Topf geben, daß sie gerade bedeckt sind. Wasser salzen, zum Kochen bringen und die Kartoffeln in 30–35 Minuten weich kochen, so daß man sie leicht mit dem Messer anstechen kann. Abgießen und abkühlen lassen.
2. Während die Kartoffeln kochen, die Kapern abspülen und 15 Minuten in kaltes Wasser einlegen. Abgießen.
3. Kartoffeln schälen und in 1 cm dicke Scheiben schneiden. Kapern, Kartoffeln und alle restlichen Zutaten vorsichtig miteinander vermengen. Den Kartoffelsalat mindestens 30 Minuten, besser noch einen ganzen Tag, durchziehen lassen.

Knoblauch

Aglio

Knoblauch spielt eine der Hauptrollen in der italienischen Küche. Seit der Jungsteinzeit ist er ein Klassiker des Mittelmeerraums, obwohl sein Ursprung wahrscheinlich in Asien war. Angebaut wurde Knoblauch bereits von den alten Ägyptern, Griechen und Römern, die ihn für anregend, magisch und antiseptisch hielten. Der Ausdruck *ubi Roma ibi allium* – »Wo Rom ist, da ist auch Knoblauch«, bezeugt, daß die Römer Knoblauch in alle Teile ihres Reichs exportierten. Gladiatoren, Soldaten, Arbeiter und Galeerenruderer aßen Knoblauch wegen seiner stärkenden, abwehrbildenden und mutverleihenden Eigenschaften. Was allerdings auch seinen Ruf als Nahrungsmittel des niedrigen Volkes begründete.

Knoblauch, *Allium sativum* mit botanischem Namen und *aglio* auf italienisch, ist eine stark riechende Knolle der Liliengewächse und wird in Italien im Winter angebaut. *Chi vuole un bel'agliaio lo semina a gennaio* heißt ein italienischer Reim, nach dem man die schönsten Beete erhält, wenn man Knoblauch im Januar setzt. Dazu werden einzelne Zehen in die Erde gesteckt, die wiederum Knollen mit 6–14 Zehen produzieren. Diese werden im Sommer geerntet und für den Ganzjahresvorrat getrocknet. Zarten, unreifen Knoblauch, bei dem sich noch keine Schale gebildet hat, zieht man im Frühjahr als pikante Würze für viele Gerichte aus der Erde.

Der unverwechselbare Knoblauchgeruch rührt von der in ihm enthaltenen kristallinen Aminosäure Alliin her, die von Enzymen in Allicin umgewandelt wird. Die Volksheilkunde schreibt dem Knoblauch abschwellende und antibiotische

Eigenschaften zu und setzt ihn gegen Parasitenbefall im Körper ein. Diese Heilwirkung wird auch durch die moderne Wissenschaft bestätigt. Große Mengen Knoblauchs können blutdrucksenkend wirken und, mit ähnlichen Eigenschaften wie Aspirin, Blutgerinnungen verhindern. Der italienische Autor Giovanni Ballarini schreibt in seinem Werk über die Risiken und Vorteile von Lebensmitteln, daß roher Knoblauch den Anteil von Low Density-Cholesterin (LDL) im Blut senken und den von High Density-Cholesterin (HDL) erhöhen könne. Allerdings ist es wohl außer für wirklich überzeugte Knoblauchfans eine ziemlich unrealistische Vorstellung, täglich ein halbes Pfund Knoblauch zu essen. Franziskanermönch Frate Indovino behauptete in seinem Almanach, daß Knoblauch die Verdauung anregt, Atmung und Blutkreislauf unterstützt und früher als »Allheilmittel der Armen« gehandelt wurde. Indovino beschrieb auch den »Vier-Diebe-Essig« mit Knoblauch, Kräutern und Gewürzen. Er war von vier Gefangenen erfunden worden, die Pestopfer begraben mußten. Daraufhin behaupteten die Diebe, ihre Immunität sei ihrem besonderen Essig zuzuschreiben und machten ihre Geschäfte fortan in der Hausheilkunde.

In Italien sind weiß- und rosaschalige Knoblauchsorten üblich, wobei die weißen überall angebaut werden, die rötlichen nur im Süden (z.B. in der Gegend um Aquila). Als Hauptkomponente oder zarter Beigeschmack würzt der Knoblauch in ganz Italien eine Vielzahl von Gerichten.

Torquato Innocenti vom Santo Spirito Markt ist mein wichtigster Knoblauchlieferant. Er hält nicht viel von Abwechslung, so daß die meisten seiner Rezepte mit einem »Schuß Olivenöl« und »ein wenig Knoblauch« beginnen. In seiner Garage hängt Knoblauch gebündelt und von seiner Frau Lina zu Zöpfen geflochten von der Decke. Geerntet wird bei Torquato am Abend des 24. Juni, der »Nacht des Knoblauchs« wie er es nennt, und gleichzeitig der Namenstag von San Giovanni, dem Schutzheiligen von Florenz. Torquatos Sohn Valerio empfiehlt, Knoblauch unter einem Wasserglas zu zerpressen und die Zehe 10 Sekunden unter kaltem Wasser zu spülen, damit er besser verdaulich wird. Beim Kauf sollten große, feste Knollen mit fester, unverletzer Schale bevorzugt werden. Alter Knoblauch treibt eine grüne Sprosse, in Italien *anima*, Seele, genannt, die man eigentlich nicht mitessen sollte. Nach neueren Erkenntnissen soll aber just dieser Keim Enzyme enthalten, die zur besseren Verträglichkeit von Knoblauch beitragen. Probieren Sie es doch einfach aus!

Gelblichen, ausgetrockneten Knoblauch wirft man weg. Knoblauch sollte an einem kühlen, trockenen Ort, aber nie im Kühlschrank aufbewahrt werden. Auf Knoblauchzubereitungen, wie durchgepreßte Zehen, Knoblauchpulver oder mit Knoblauch gewürzte Öle, sollte man besser ganz verzichten, da sie nie an den Geschmack von frischen Knollen hinreichen.

Wie intensiv Knoblauch in einem Gericht auftreten soll, läßt sich steuern, indem man beispielsweise ganze Zehen anstelle von kleingehackten, in Scheibchen geschnittenen oder durchgepreßten Zehen verwendet. Eine Knoblauchpresse sollte man nur verwenden, wenn in ihr nicht das meiste hängenbleibt. Knoblauch gart man, bis er leicht Farbe annimmt. Auf keinen Fall sollte er braun werden – das macht ihn bitter.

Knoblauchgeschichte

Über die Heilwirkung von Knoblauch ist in früheren Zeiten viel geschrieben worden. Der Italiener Bartolomeo Sacchi, ein Klassizist, der sich von Epikur inspirieren ließ, schrieb im 15. Jahrhundert unter dem Pseudonym Platina über die Fähigkeit von Knoblauch »gefährliche Krankheiten zu bekämpfen und Schlangen sowie andere giftige Kleintiere fernzuhalten«. Etwas hochnäsig stellte Platina auch fest, daß Knoblauch, wenn er auch in vielen Gerichten auftauchte, sehr selten von Stadtbewohnern, doch oft von Bauern verwendet würde. In seinem Bestseller über »alles, was man essen kann«, reiht der berühmte Naturwissenschaftler Michele Savonarola Knoblauch zusammen mit Lauch und Zwiebeln in sein Kapitel zu »Zitrusfrüchten« ein. Er wußte, daß Knoblauch die Sicht trübt, Kopfschmerzen verursacht und von Bauern anstelle von Ingwer eingesetzt wird. Von ihm stammt auch ein frühes Rezept für die milde Knoblauchsauce *agliata* (siehe Seite 150).

Weitere Wissenschaftler beschreiben Ende des 16. Jahrhunderts die Heilwirkung von Knoblauch. So empfielt der Bologneser Mediziner Baldassare Pisanelli Knoblauch als Heilmittel gegen Vergiftungen, Frigidität, für eine klare Stimme, um den Körper von Würmern zu befreien sowie um Koitus und Blasentätigkeit anzuregen. Für alte Leute im Winter sei Knoblauch gut, für Schwangere schlecht. Kulinarisch äußerten sich im 17. Jahrhundert Francesco Gaudenzio und Vincenzo Corrado zu Knoblauch. Gaudenzio meinte, daß die Knolle universell, jedoch sparsam eingesetzt werden könne, Corrado bezeichnete ihn sogar enthusiastisch als unabdingbar in der Küche. Er teilte seinen Lesern mit, daß die Franzosen Knoblauch im Frühjahr mit Butter verzehren, die Italiener dagegen die ganze Knolle rösten und mit Öl, Salz und Pfeffer servieren.

»Fettunta« – Knoblauchbrot

Dies ist zweifellos mein ungeschlagenes Lieblingsrezept. Es ist schnell, einfach, und man braucht keine spezielle Ausrüstung oder große Küchenfertigkeit dazu. *Fettunta* ist cholesterinfrei und kann durch verschiedenste Beläge oder Aufstriche jahreszeitlich angepaßt werden. Meine Gäste scheint es immer zu beeindrucken.

Was man dazu braucht, sind lediglich Brot, eine ungeschälte Knoblauchzehe, natives Olivenöl extra, Salz und Pfeffer. *Fettunta*, ein Zusammenschluß der Wörter *fetta*, Scheibe und *unta,* ölig, ist eine Spezialität der Olivenölmüller. Sie bereiten *fettunta* während ihrer Arbeit in den kalten, feuchten Mühlen mit öliger Luft auf ihren Heiz- oder Küchenöfen zu. Sie rösten Brot, reiben es mit Knoblauch ein, tauchen es in frischgepreßtes, leuchtend grünes, pfeffriges Olivenöl und streuen Pfeffer und Salz darüber. So entsteht ein fleisch- und proteinloses, unaufwendiges Gericht, das selbst dem verwöhntesten Gaumen schmeckt und den ganzen Umstand umgeht, den man sonst mit Knoblauchbrot hat: Zehen schälen und kleinhacken, die Brote mit Öl bestreichen. Traditionell wird *fettunta* über Holzfeuer zubereitet – mit einem Kohlen- oder Gasgrill oder dem Toaster geht es aber auch. Pfadfinder spießen das Brot auf einen Stecken und rösten es am Lagerfeuer.

In den Olivenölmühlen wird gar nicht oder schwach gesalzenes toskanisches Landbrot in rund zwei Zentimeter dicken Scheiben gegessen. Aber man fährt auch mit jedem anderen, mit Wasser und ohne Butter zubereiteten Landbrot gut. Ein Freund von mir bevorzugt sogar Roggenbrot, und auch gegen einen Tag altes Brot ist nichts einzuwenden. Wahrscheinlich ist es zu knapp, nur eine Scheibe pro Person zu rechnen – meist ist es erst der Anfang.

Wichtig ist auf jeden Fall erstklassiges Olivenöl, ansonsten erhält man nur ein schmieriges Brot anstelle der echten *fettunta*.

Besonders gut ist ganz frischgepreßtes Öl, *olio nuovo*, das es in Italien von Ende November bis Januar gibt. Es ist leicht erkennbar an seinem leuchtenden Grün und etwas trüb wegen seines hohen Chlorophyllgehalts. Weitere wichtige Informationen rund um das Thema »natives Olivenöl extra« können ab Seite 17 nachgelesen werden.

Vorspeise für 4 Personen:

4 große Scheiben toskanisches Landbrot
(jeweils etwa 2 cm dick)
1 ungeschälte Knoblauchzehe
8 EL (120 ml) natives Olivenöl extra (oder mehr)
feines Meersalz
frischgemahlener schwarzer Pfeffer

1. Brotscheiben auf beiden Seiten unter dem Grill, auf offenem Feuer oder im Toaster leicht bräunen.
2. Oberflächen mit der Knoblauchzehe abreiben. Die Zehe reibt sich automatisch in die harten Scheiben ein und die Schale zerfällt. Je fester man die Zehe aufdrückt, desto mehr Knoblauch bleibt am Brot haften.
3. Auf jede Scheibe mindestens 2 EL Olivenöl träufeln (für jeden echten Toskaner ist das viel zuwenig), mit Salz und Pfeffer bestreuen und sofort servieren.

Fabios Walnuß-Pecorino-Knoblauch-Salat

Fabio Picchi, der zusammen mit seiner Frau Benedetta Vitale das Florentiner *Cibrèo* führt und dort als Chefkoch in der Küche steht, ist einer meiner Lieblingsköche, was die italienische Hausmannskost angeht. Knoblauch hat bei ihm einen Ehrenplatz: täglich verbraucht er ungefähr 50 Knollen. Vampire nähern sich dem *Cibrèo* nie, alle anderen Gäste sind allerdings ganz verrückt nach dem dort servierten Essen. Fabios Gaumen liebt das Pikante, so daß er in vielen Gerichten zusätzlich *Peperoncini,* kleine rote und sehr scharfe Pfefferschoten, verwendet. Seinen Salat aus Walnüssen und Pecorino, gewürzt mit Knoblauch, Kräutern, Olivenöl und Weinessig, serviert er im Winter oft in einem kleinen Schüsselchen vor dem Essen, zusammen mit den üblichen kleinen Vorspeisen der Jahreszeit.

Vorspeise für 4 Personen:

100 g geschälte Walnüsse
100 g in Würfel geschnittener Pecorino
1 durchgepreßte Knoblauchzehe
1 EL feingehackte Petersilie
½ TL getrockneter Majoran
½ TL getrockneter Oregano (falls kein qualitativ hochwertiger getrockneter Oregano zur Hand ist, lieber frischen verwenden)
1 TL Weißweinessig
1 TL trockener Weißwein
3–4 EL natives Olivenöl extra
½–1 frische rote scharfe Pfefferschote (peperoncino) *oder getrocknetes Chilipulver nach Geschmack*
Meersalz
frischgemahlener schwarzer Pfeffer

1. Alle Zutaten in einer Keramik- oder Glasschüssel vermengen und bis zu einem Tag, mindestens aber 30 Minuten durchziehen lassen.

Knoblauchsauce

Agliata

In seinem Buch über die Früchte, Kräuter und Gemüsesorten Italiens schrieb der in England lebende Giacomo Castelvetro bereits 1614 über Knoblauch. Randbemerkungen zu schlechtem Atem oder einen Hinweis darauf, daß Knoblauch der Bauernküche entsprungen ist, findet man hier allerdings nicht. Wahrscheinlich wollte er seine englische Leserschaft nicht verschrecken. Die Knolle taucht in allen vier der jahreszeitlich abgestimmten Kapitel seines liebevoll geschriebenen und immer noch aktuellen Buches auf. Für seine Version der *agliata*, einer klassischen Knoblauchsauce, vermengt er Walnüsse, Knoblauch und schwarzen Pfeffer zusammen mit eingeweichtem altbackenen Brot zu einer Paste und verdünnt sie mit Brühe auf die richtige Konsistenz als Sauce zu Pasta und Pilzen, aber auch zu Fleisch- und Geflügelgerichten – ein typisch mittelalterliches Rezept.
In der moderneren toskanischen Version fehlen die Walnüsse, und die Brühe wird durch Olivenöl ersetzt. Meine Variante kombiniert beide Rezepte und enthält sowohl Walnüsse wie auch Olivenöl. Die so entstandene Paste wird mit ein wenig Gemüsebrühe auf die gewünschte Konsistenz gebracht.

Für ca. 350 ml Würzsauce:

1–2 Scheiben altbackenes Brot
250 ml Wasser
2 EL Weinessig
4 geschälte Knoblauchzehen
5 geschälte Walnüsse (nach Wunsch)
8 EL (120 ml) natives Olivenöl extra
2–4 EL Gemüsebrühe
feines Meersalz
frischgemahlener schwarzer Pfeffer

1. Brot mit Wasser und Essig einweichen, bis es sich leicht zerdrücken läßt.
2. Brot ausdrücken und etwa 1 Tasse abmessen.
3. Brot mit Knoblauch, Nüssen und Olivenöl vermengen. Mit Brühe bis auf die Konsistenz von Crème fraîche verdünnen. Mit Salz und Pfeffer nach Geschmack würzen. Als Sauce für Pasta oder Pilze verwenden.

Torquatos kalte Pasta mit Knoblauchsauce

Die Sommer in Florenz sind so heiß und schwül, daß man nicht einmal daran denken würde, einen Teller heißer Pasta zu essen. Die geniale Köchin Gräfin Lisa Contini des Wein- und Olivenölguts *Tenuta di Capezzana* serviert ihren Gästen im Sommer ganz untraditionelle kalte Pasta, allerdings mit einer traditionellen Sauce – ein Beispiel, dem ich oft folge. Als Torquato mir einmal von einer »Kalten Knoblauchpasta« erzählte, setzte ich seine vagen Anweisungen daheim sofort in ein Gericht um. Als ich am nächsten Tag das Ergebnis mit ihm besprach, mußte ich feststellen, daß er eigentlich von einer kalten Knoblauchsauce, nicht von kalter Pasta gesprochen hatte. Darüber hat sich bei mir zuhause allerdings niemand beschwert.

Vorspeise für 4–6 Personen:

5–6 l Wasser (für die Pasta)
2–3 EL feines Meersalz
400–450 g Spaghetti
2–4 in Scheibchen geschnittene Knoblauchzehen
3–4 EL natives Olivenöl extra (oder mehr)
2 EL kleingehackte Blattpetersilie
frischgemahlener schwarzer Pfeffer

1. Nudelwasser zum Kochen bringen. Wasser salzen und Pasta in das sprudelnde Wasser einlegen.
2. Während die Nudeln kochen, Knoblauch mit 1 EL Olivenöl in einer Pfanne dünsten, bis er leicht Farbe annimmt. Petersilie zufügen, vom Herd nehmen und mit Salz und Pfeffer würzen.
3. Die Pasta nach rund dreiviertel der empfohlenen Kochzeit abgießen – sie muß noch gut *al dente* sein –, dabei rund $^1/_2$ Kelle (60 ml) Kochwasser auffangen.
4. Spaghetti in einem Sieb unter fließendem kaltem Wasser abkühlen, in eine Schüssel geben und mit dem restlichen Olivenöl sowie der Knoblauch-Petersilienmischung und 2 EL Kochwasser vermengen.
5. Vor dem Servieren im Kühlschrank nochmals bis zu 2 Stunden kühlen.

Paprikaschoten mild und scharf

Peperoni e Peperoncini

In der Zeit vor 1980, in der es rund um die Gemüseküche meist noch ziemlich schlecht bestellt war, aß man hauptsächlich grünen Paprika, roh oder mit Reis-Fleisch-Füllung. Viele dachten damals, daß »grün« sich auf die Farbe bezog, und erst, als auch rote und gelbe Sorten auf den Markt kamen, konnte man feststellen, daß es sich dabei um die unreif geerntete Frucht handelte. Auf den Sommermärkten Italiens präsentierten sich seit jeher riesige Stapel von vollreifen süßen Gemüsepaprika. Jede Sorte hat ihren individuellen Geschmack, der vom unterentwickelten Aroma der grünen Früchte Lichtjahre entfernt ist. Und hier gibt es auch den knallroten, mondsichelförmigen scharfen Gewürzpaprika, meist als Pfefferschote im Handel. Man kauft ihn im Spätsommer und Herbst frisch, auf Schnüre zum Trocknen aufgezogen, wodurch er das ganze Jahr verwendbar bleibt.
Der Paprika gehört zur großen Familie der nicht immer ungefährlichen, aber aufregenden Nachtschattengewächse, *Solanaceae* und hier zur Gattung *Capsicum*. Ursprünglich ist er, wie so viele andere Vertreter dieser Familie, ein Import aus der Neuen Welt. Am zweiten Januar 1493 beschrieb Kolumbus in seinem Tagebuch die vielen Größen, Formen und Farben »... ihres Pfeffers, von besserer Qualität als der gewohnte Pfeffer und er kommt in jedem Gericht vor, da man ihn für gesundheitsfördernd hält ...« 50 Karavellen pro Jahr, so berichtete der Eroberer, könnte man in Neuspanien verladen. Zu Kolumbus Pech fühlte sich die Pflanze im Mittelmeerklima sehr wohl, so daß sich der Import aus der Neuen Welt bald erübrigte. Paprika, damals ausschließlich der scharfe Gewürzpaprika, wurde als heimische Alternative zum teuren, importierten schwarzen Pfeffer angebaut. Die Hofköche der Zeit straf-

ten ihn als billige heimische Ersatzpflanze in ihren Kochbüchern mit Mißachtung, während ihn die Mediziner als wirkungsvolles Arzneimittel schätzten.

Gemüse- wie Gewürzpaprika (Pfefferschoten) bestehen hauptsächlich aus Wasser und sind daher kalorienarm. Sie enthalten viel Vitamin A, C und Folsäure und haben einen hohen Ballaststoffanteil. Die Volksheilkunde weiß, daß Gewürzpaprika bzw. Pfefferschoten verdauungsfördernd sind und in äußerlicher Anwendung Muskelschmerzen lindern. Sie wirken schmerzlindernd, antibiotisch, gerinnungshemmend und sind ein Antioxidationsmittel. Das in Paprika enthaltene Alkaloid Capsaicin ist für die Schärfe der Früchte verantwortlich und regt im Gehirn die Bildung des »Antischmerz- und Glückshormons« Endorphin an. Gewürzpaprika kann Diäten unterstützen, da er den Stoffwechsel anregt und damit die Kalorienverbrennung erhöht. Frate Indovino, der sagenumrankte italienische Franziskanermönch, beschrieb in seinem mit Volksweisheiten, Rezepten, Haus-Heilmitteln und Gartentips angefüllten Almanach die entwässernde, antirheumatische und schmerzlindernde Wirkung der Paprikafrüchte. Gewürzpaprika wandte er in Hauskuren auf verschiedenste Art und Weise an: in Tee- und Aufgußform gegen Durchfall, Husten, Arthritis und Seekrankheit, als Tinktur gegen Muskelschmerzen und -schwellungen, als Pomade gegen Frostbeulen, Rheuma und Nervenschmerzen. Vor allem, so der Frater, sei Paprika wirksam gegen Hämorrhoiden, in verschiedenen Zubereitungen sowohl innerlich wie auch äußerlich verabreicht.

In den historischen Kochbüchern Italiens, die die Küche der Reichen dokumentieren, dominiert bis ins späte 17. Jahrhundert der schwarze Pfeffer. Man hatte keinen Grund, diesen teuren und damit prestigesteigernden Import durch die billigere Ware aus der Neuen Welt zu ersetzen. Erst danach wandelte sich die literarische Meinung über den Paprika zum Besseren. Paprikaschoten werden in fast ganz Italien angebaut. In abgelegenen Gebieten sind es örtliche Varianten, die regional, aber nicht landesweit erhältlich sind. Eine beliebte italienische Zubereitung ist es, Paprika zu rösten, zu schälen und dann mit Olivenöl zu übergießen oder mit Knoblauch, Zwiebel und Tomate zu dünsten. Ganze Früchte legt man im Nordpiemont mit Traubenmaische ein und serviert sie zu *bagna cauda.* In Sizilien gart man Paprikaschoten mit einer Brot-, Pinienkern- und Rosinenfüllung im Ofen, in Neapel werden sie mit Pastafüllung serviert. In der südlichen Region der Basilicata trocknet man Gemüsepaprika wie Tomaten in der Sonne und verwendet sie während des Winters in Öl knusprig gebraten oder in Wasser eingeweicht und unter Rührei gemengt. *Friarelli* heißt milder grüner Gemüsepaprika zum Einlegen in der Gegend um Neapel. In anderen Gebieten spricht man von »grünen Zigaretten«.

Alle Sorten des scharfen roten Gewürzpaprikas heißen *peperoncino* – Pfefferschoten. Italiens schärfster ist der *diavolillo*, der »kleine Teufel«. Klein, knallrot und sehr scharf ist er ein Liebling Süditaliens. Man peppt mit ihm viele einfache Gerichte auf, und manch einer trägt ihn auch gegen den bösen Blick …

Paprikageschichte

Die erste schriftliche Erwähnung in Italien findet der scharfe Gewürzpaprika im 16. Jahrhundert. Der toskanische Mediziner M. Pietro Andrea Mattioli kommentierte seine Übersetzung des klassischen Arzneimitteltextes des griechischen Arztes Dioscorides mit einer Beschreibung des »Spanischen Pfeffers«: »Lange Früchte, wie kleine Hörner, die anfangs grün und im reifen Stadium rot sind und aussehen, als seien sie aus Korallen geschnitzt. Jeder kleine Bissen röstet unerbittlich Zunge und Gaumen!« Vincenzo Corrado war im 18. Jahrhundert der erste Kochbuchautor, der dem Gemüsepaprika, er nannte ihn *peparoli,* Beachtung schenkte. In der Einführung zu dem entsprechenden Kapitel schreibt er, daß er eine »gewöhnliche, ländliche Speise ist, die aber von vielen gerne gegessen wird … grün, gebraten und mit Salz bestreut oder über Holzkohle gegrillt und mit Salz und Öl serviert.«

Süßsaurer grüner Paprika und rote Zwiebeln

Enzo, der ehemalige Oberkellner meines Florentiner Lieblingsrestaurants *Cibrèo*, bereicherte dessen Küche um eine Reihe südlicher Gerichte. Eines der besten ist das folgende Rezept. Mit vier bis fünf weiteren, bei Zimmertemperatur servierten Salaten, steht es auf der Sommerkarte des Restaurants – ein ideales Gericht, wenn es zu heiß ist, über Kochen oder Essen überhaupt nachzudenken. Das Originalrezept schreibt rund sieben Zentimeter lange grüne Einmachpaprika vor. Alternativ können auch in Streifen geschnittene normale grüne Früchte verwendet werden. Sie sollten allerdings geschält werden, da sie eine zähere Schale haben.

Vorspeise für 4–6 Personen:

750 g grüner Einmachpaprika oder
grüne normale Früchte
3 EL natives Olivenöl extra
8 EL (120 ml) Wasser
1 TL grobes Meersalz
1 EL Zucker
3 EL Rotweinessig
1 in dünne Scheiben geschnittene, mittelgroße
rote Zwiebel

1. Stielansätze der Paprikaschoten ausschneiden. Bei der Verwendung normaler grüner Früchte, diese mit einem Gemüseschäler mit beweglicher Klinge schälen, entkernen und das Fruchtfleisch in Streifen schneiden. Leichter schälen sich im Ofen gegarte Paprikaschoten, bei denen die Haut schon vorher zumindest teilweise abplatzt.
2. Paprika mit 1 EL Olivenöl in eine große beschichtete Pfanne geben und gut mit dem Öl vermengen. Auf mäßiger Hitze 5 Minuten leicht bräunen, dabei öfters wenden.
3. Wasser, Salz, Zucker und Essig zufügen, aufkochen und den Pfanneninhalt in eine Schüssel umfüllen. Zwiebelscheiben zum warmen Paprika geben, restliches Olivenöl darüberträufeln und alles gut vermengen. Abkühlen lassen und bei Zimmertemperatur servieren.

Fabios Suppe mit gelbem Gemüsepaprika

Zuppa di peperoni gialli

Fabio Picchi, Patron und Küchenchef des Florentiner *Cibrèo*, kocht wie eine toskanische Großmutter. In seinem Restaurant gab es noch nie Pasta – nicht typisch genug für die Toskana –, und auf dem Herd in der kleinen Küche, von der aus er sowohl sein Gourmetrestaurant wie auch die preisgünstigere Trattoria bediente, gab es nie genug Platz. Inzwischen hat er die Küche vergrößert, Pasta sucht man auf der Speisekarte aber immer noch vergebens. Die Vorspeisen sind Suppen der Jahreszeit. Immer dabei, selbst wenn der gelbe Gemüsepaprika in der Toskana gerade nicht Saison hat, ist Fabios »Aushängeschild«, eine Suppe aus gelbem Gemüsepaprika und Kartoffelpüree, garniert mit Parmesan und einem Schuß Olivenöl in der Form eines »C«. Fabio bereitet die Suppe mit Brühe zu. Ich verwende Wasser und vermisse den Fleischgeschmack überhaupt nicht.

Vorspeise für 4–6 Personen:

1 mittelgroße kleingehackte Zwiebel
1 kleingehackte Stange Sellerie
1 kleingehackte Möhre
2 kleingehackte Knoblauchzehen
2 EL natives Olivenöl extra + zusätzliches Öl zur Garnierung
750 g entkernter, in Stücke geschnittener gelber Gemüsepaprika
4 geschälte, kleingeschnittene Kartoffeln
750 ml kochendes Wasser
1 EL Meersalz
1 kleine rote Pfefferschote oder 1 Prise getrocknetes Chilipulver
2 EL geriebener Parmesan

1. Zwiebel, Sellerie, Möhre, Knoblauch und Olivenöl in einem 4-Liter-Topf mit schwerem Boden vermengen und auf kleiner Hitze in rund 10 Minuten weich dünsten.
2. Paprika, Kartoffeln, Brühe oder Wasser und Pfefferschote zugeben. 15–20 Minuten köcheln, bis die Kartoffeln weich sind. Die Suppe im Mixer oder mit dem Pürierstab cremig pürieren und wieder in den Topf geben. Warm halten.
3. Suppe auf Teller verteilen und mit geriebenem Parmesan bestreuen. Olivenöl in Form eines »C« darüberträufeln und servieren.

Massimos »Peperonata« mit Paprika und Kartoffeln

Wie man eine *peperonata* aus geschmortem Gemüsepaprika, Zwiebeln und Tomaten zubereitet, lernte ich vor über 25 Jahren im römischen Restaurant *Silvano Paris*. Ich schälte dort

Knoblauch, nahm frische Sardellen aus, rollte Cannelloni und beobachtete aufmerksam alle Vorgänge in der Küche. Mit meinen Notizen ging ich nach Hause und probierte die neuen Rezepte an Massimo, meinem ultratoskanischen Ehemann aus. »Wo sind die Kartoffeln« fragte er, als ich ihm die klassisch-römische *peperonata*-Version vorsetzte. »In der Toskana gehören Kartoffelstücke in die *peperonata* – das ist viel besser«, beharrte er. Und hatte recht!

Beilage für 4 Personen:

1 große feingehackte rote Zwiebel
2 feingehackte Knoblauchzehen
3 EL natives Olivenöl extra
4 entkernte und in Streifen geschnittene rote oder gelbe Paprikaschoten
125 ml Tomatenstückchen (frische Tomaten enthäuten, entkernen, Saft ausdrücken und kleinschneiden oder Dosenstückchen ohne Saft)
2 geschälte und in 2 cm Würfel geschnittene mittelgroße Kartoffeln
grobes Meersalz
frischgemahlener schwarzer Pfeffer
4 EL (60 ml) kochendes Wasser (nach Wunsch)

1. Zwiebel, Knoblauch und Olivenöl in einem 4-Liter-Topf mit schwerem Boden vermengen. Auf kleiner Flamme in rund 10 Minuten weich dünsten.
2. Alle weiteren Zutaten außer dem Wasser zugeben und rund 20 Minuten köcheln lassen, bis die Kartoffeln gar sind. Die Gemüseflüssigkeit des Paprika sollte zum Garen der Kartoffeln ausreichen. Falls die Mischung zu sehr einkocht, kochendes Wasser angießen. Heiß oder bei Zimmertemperatur servieren.

Paprikamark

Concentrato di peperoni

Auf der Suche nach der Geschichte von konzentriertem Tomatenmark in Neapel, fand ich einen Hinweis auf Paprikamark, das wahrscheinlich eine noch längere Tradition hat. Jeanne Carola Francesconi schreibt in ihrem Werk über die neapolitanische Küche (*La Cucina Napoletana*), daß Paprikamark allgemein für Saucen und in der neapolitanischen Küche verwendet wurde, bevor sich im 18. Jahrhundert die Tomate ausbreitete. Paprikamark wird nach derselben Technik wie Tomatenmark aus reifem rotem oder gelbem Gemüsepaprika hergestellt: die Früchte werden gekocht, durch ein feines Sieb passiert und dann an der Sonne getrocknet. Obwohl keiner meiner Freunde aus Neapel je von Paprikapaste gehört hatte, beschloß ich, die Zubereitung auszuprobieren und war begeistert von dem Ergebnis. Paprikamark schmeckt gut auf *Fettunta*-Knoblauchbrot (siehe Seite 147), verdünnt mit Olivenöl zu Pasta oder als Würzsauce zu Gegrilltem. Wer diese verlorengegangene Küchentradition aus Neapel wiederbeleben möchte, kann das Mark zu einer sehr dicken Paste länger einkochen, dann in Schraubgläser abfüllen und mit einer Schicht Olivenöl haltbar machen. Mir persönlich ist das etwas dünnflüssigere Mark lieber, das bei dem folgenden Rezept entsteht. Wer es gerne scharf hat, kann Pfefferschote zugeben.

Für rund 250 ml Würzpaste:

1,5 kg entkernte und in große Stücke geschnittene reife rote und/oder gelbe Paprikaschoten
250 ml kochendes Wasser
1 Pfefferschote (nach Wunsch)
½ TL Meersalz
natives Olivenöl extra

1. Paprikaschoten und nach Geschmack die feingehackte Pfefferschote mit dem kochenden Wasser in einen 4-Liter-Topf geben und den Deckel aufsetzen. Auf kleiner Hitze 15–20 Minuten köcheln lassen, bis der Paprika so weich ist, daß man ihn leicht mit einem Messer durchstechen kann.
2. Ofen auf 65 °C vorheizen.
3. Paprika abgießen, abtropfen lassen und durch die Flotte Lotte passieren, so daß ein cremiges Püree ohne Schalen entsteht. Salzen.
4. Paprikapüree in eine ca. 25x35 cm große Auflaufform umfüllen und im Ofen 5–6 Stunden trocknen, bis es die Konsistenz von Tomatenmark hat. Abkühlen lassen und in ein Schraubglas umfüllen. Eine Schicht Olivenöl daraufgießen, gut verschließen und im Kühlschrank aufbewahren.

Vincenzos Sommergemüse-»Ciambotta«

Vor 25 Jahren machten mich meine Freunde Vincenzo Masucci und Florentine Nilo Checchi mit dem preisgünstigen Essen der römischen Osterien bekannt. Sie behaupteten, das sei billiger, als eine eigene Küche anzuschaffen. Vincenzo und Nilo gingen jeden Tag zum Essen aus und ließen sich sogar den Kaffee aus der benachbarten Bar nach oben schicken, in ihre zweistöckige Penthouse-Wohnung mit Lift, einem Marmorbad von der Größe einer Suite, Sauna, Dachterrasse mit Blick über den Campidoglio im Herzen Roms und ohne Küche. Rom entwickelte sich jedoch weiter, wie das schon seit Jahrhunderten der Fall ist, und viele unserer Stamm-Osterien haben zugemacht oder sich in billige China-Restaurants verwandelt, weswegen Vincenzo und Florentine mittlerweile eine gut ausgerüstete Küche einbauen ließen, die man durch eine marokkanische Tempeltür betritt. Florentine serviert hier toskanische Kleinigkeiten und Schlemmereien. Vincenzo kocht, was ihm gerade einfällt und bedient sich dabei oft aus dem Erinnerungsschatz der Gerichte, die ihm seine Mutter kochte, welche aus einem Bergdorf außerhalb Paestums kam. »*Ciambotta* gab es im Sommer zweimal die Woche », erzählte er mir, während er den gemischten Gemüseeintopf aus reifen Paprikaschoten, Aubergine, Tomate und Kartoffel zubereitete. »Meine Mutter sagte immer, es sei Padre Pios Lieblingsgericht gewesen«. Wahrscheinlich war es eher ihr Lieblingsgericht, weil die Zubereitung so einfach ist.

Beilage oder kleines Hauptgericht für 4 Personen:

2 kleingehackte Zwiebeln
2 kleingehackte Knoblauchzehen
1 EL kleingehackte Blattpetersilie
4 EL natives Olivenöl extra
1 in 2 cm große Würfel geschnittene mittelgroße Aubergine
2 in Streifen geschnittene reife Paprikaschoten
2 geschälte und in 2 cm große Würfel geschnittene mittelgroße Kartoffeln
2 entkernte, entsaftete und grobgehackte Tomaten (Saft auffangen)
2 EL gespülte Kapern
Meersalz
frischgemahlener schwarzer Pfeffer
1 EL kleingehacktes frisches Basilikum

1. Zwiebel, Knoblauch, Petersilie und Olivenöl in einem großen Topf mit schwerem Boden vermengen. Auf mäßiger Hitze die Zwiebeln in ein paar Minuten weich dünsten, aber nicht bräunen.
2. Aubergine, Paprika, Kartoffeln, Tomaten und Tomatensaft, Kapern, Salz und Pfeffer zugeben und auf kleiner Hitze unter gelegentlichem Umrühren 40 Minuten mit Deckel köcheln lassen, bis die Kartoffeln gar sind und das Gemüse zu einer dicken Sauce verkocht ist. Den Deckel abnehmen und überschüssige Flüssigkeit gegebenenfalls verdampfen lassen.
3. Basilikum zugeben und etwas abgekühlt zimmerwarm servieren.

Pilze

Funghi

Die Italiener sind Pilzliebhaber, um nicht zu sagen pilzverrückte Feinschmecker, die ganz wild auf alle Arten von *funghi* und daraus zubereitete Gerichte sind. Sie leben dabei in einer Welt weit jenseits gezüchteter Dosenchampignons. Diese waren in den meisten europäischen Ländern die einzige Wahl, bevor sich braune Egerlinge, größere Portobello-Champignons, Shiitake, Austernpilze und, seit neuerem, vermehrt auch Steinpilze und andere Wildpilze auf Speisekarten und Feinschmeckermärkten ausbreiteten. Im Herbst verfällt ganz Italien ins Pilzfieber. Man verzehrt Dutzende verschiedener Arten, die man entweder selber gesammelt oder am Straßenrand gekauft hat. Viele Restaurants in den Haupt-Pilzregionen werden saisonmäßig zu beliebten Ausflugszielen. Auf den Speisekarten finden sich in jedem Gang Pilzgerichte, angefangen von rohen Pilzsalaten, über gedünstete Pilze auf *crostini,* bis hin zu Pilzen mit Polenta, im Risotto, als Pasta-Sauce oder Füllung, gegrillt, in der Pfanne geröstet, fritiert und als Beilage zu Fleisch- und Geflügelgerichten. Durch den zunehmenden kommerziellen Ausbau der Pilzzucht und die entsprechende Auswahl an frischen und getrockneten Pilzen haben jetzt auch Pilzliebhaber außerhalb Italiens die Möglichkeit, ihrer kulinarischen Leidenschaft nach Lust und Laune zu frönen.

Die meisten Pilze sind *Saprophyten* oder Fäulnisbewohner, das heißt Pflanzen, die kein Chlorophyll produzieren und demnach keine Photosynthese durchführen können. *Saprophyten* ernähren sich von totem organischem Material, wohingegen Pilze, die man Parasiten nennt, auf lebende Organismen angewiesen sind. Es gibt mikroskopisch kleine Pilze, die zum

Beispiel beim Weinmachen Zucker in Alkohol verwandeln, die Milch zum Joghurt konvertieren, das Treibmittel beim Brotbacken darstellen und Penicillin produzieren. Eine dritte wichtige Gruppe sind die sogenannten *Symbionten*, die mit anderen Lebewesen wie zum Beispiel höher entwickelten Pflanzen wie Baumwurzeln eine Lebensgemeinschaft eingehen – sie entnehmen Zucker und Stärke von ihren Partnern und geben dafür Mineralstoffe ab.

Die von uns geernteten Speisepilze sind lediglich die oberirdischen Fruchtkörper des Pilzes, der aus dem unter der Erde befindlichen Myzel besteht, einem aus feinen, verästelten Fäden bestehenden Geflecht, das sich durch Keimung der Pilzsporen bildet. Wenn die Wetterbedingungen stimmen, das heißt, wenn es feucht und kühl ist, wächst der Fruchtkörper oder Speisepilz aus dem Geflecht.

Zwei der wichtigsten Speisepilzklassen sind *Ascomyceten*, Schlauchpilze, und *Basidiomyceten*, Ständerpilze. *Ascomyceten* wie Morcheln und Trüffeln entwickeln ihre Sporen intern und werfen sie aus, wenn sie reif sind. *Basidiomyceten* haben einen Stiel und einen runden Hut. Zwei Pilzfamilien der *Basidiomyceten* sind Blätterpilze mit Lamellen auf der Unterseite wie der gemeine Kulturchampignon, der Pfifferling oder der Austernpilz und die Röhrlinge mit einem Schwamm auf der Unterseite wie der Steinpilz. Beide vermehren sich durch das Ausstreuen von Sporen von der Lamellen- oder Schwammporenoberfläche, die durch Keimen ein neues Myzel bilden, aus dem wieder neue Fruchtkörper wachsen. Eine häufige Methode, die Pilzart zu bestimmen, ist für Sammler der Sporentest. Dazu läßt man die Pilze auf einem Stück Zeitung liegen und untersucht dann die Sporen, die von den Lamellen oder Schwammporen abfallen. Jeder Sammler weiß auch, daß größte Vorsicht beim Ernten der Pilze angesagt ist, damit das Myzel nicht beschädigt wird, sondern weiterwachsen kann und neue Fruchtkörper produziert.

Pilze enthalten einen nicht unerheblichen Anteil Protein. Ihr Ruf als »vegetarisches Fleisch« ist allerdings nicht ganz begründet, da das in ihnen enthaltene Eiweiß von der menschlichen Verdauung nur schwer aufgenommen werden kann. Sie bestehen zu 80 Prozent aus Wasser und sind daher kalorienarm. Pilze enthalten kein Fett, kein Cholesterin, wenig Vitamin A, B, C und D und die Mineralstoffe Calcium, Phosphor, Kalium, Natrium und Magnesium. Wildpilze sind im allgemeinen nährstoffreicher als Kultursorten. Aufgrund ihrer besonderen Zellstruktur lassen sich Pilze, in größeren Mengen genossen, nur schwer verdauen. Sie enthalten einen hohen Anteil an Glutaminsäure und damit einen eingebauten Aromaverstärker. Glutaminsäure ist derselbe Stoff, der auch in Natriumglutamat wirkt. Er kann Kopfschmerzen und die Benommenheit hervorrufen, unter denen manch ein Pilzesser leidet.

Im Herbst sind die Italiener, mit Körben und kleinen Messern bewaffnet, in Wäldern und Feldern auf der Suche nach Pilzen unterwegs, die in den Hügeln und Bergausläufern fast jeder Region zu finden sind. Pilzgründe sind überall streng gehütete Geheimnisse. Falsch sind oft die traditionellen Überlieferungen bezüglich der Giftigkeit mancher Pilzsorten, und so sind schon ganze Familien durch heimische Pilzbankette dahingerafft worden. Laut einem weitverbreiteten Volksglauben erkennt man beispielsweise giftige Pilze daran, daß sich mitgekochter Knoblauch schwarz verfärbt. In jedem Dorf, jedem Städtchen und in jeder Großstadt Italiens gibt es einen öffentlichen Sachverständigen (oder bisweilen auch ein ganzes Amt), der gesammelte Pilze auf ihre Eßbarkeit hin untersucht. Viel zuviele meinen jedoch immer noch unvorsichtigerweise, es besser zu wissen. In Trient, der norditalienischen Stadt mit langer Pilztradition, ist ein Verkehrspolizist der Pilzexperte. Einzelhandelsgeschäfte, die Pilze verkaufen, weisen sich immer durch ein Zertifikat des Gesundheitsamtes als autorisiert aus.

Wildpilze im Überfluß gibt es in Italien im Herbst, als kleinen Ausgleich für das Ende des Sommers. Aber auch im Frühling kann man fündig werden. Sie werden frisch, getrocknet, vorgekocht und in Öl oder Essig eingelegt angeboten und sind seit neuerem auch gefroren erhältlich. Zuchtpilze wie weiße Kulturchampignons oder die dunkle Variante, der braune Egerling, werden das ganze Jahr über angeboten. Eine neue Sorte, die nun auch in Italien gezüchtet wird, sind Portobellos – eine Art Riesen-Egerlinge.

Sehr frische Pilze sollten fest und trocken sein, ohne Anzeichen von Runzeln. Frische Blätterpilze haben festgeschlossene Lamellen, die blasser in der Farbe sind als die von älteren, weicheren Pilzen. Bei frischen Röhrenpilzen ist die Unterseite weich und blaß. Innerhalb weniger Tage wird sie dunkler und schwammiger. Nicht mehr ganz taufrische Pilze sollte man eher meiden. Bei Steinpilzen kann die untere Schwammseite entfernt werden, wenn sie bereits zu weich erscheint. Generell gilt, daß größer nicht unbedingt besser heißt, und viele Pilzexperten sind sogar der Meinung, daß kleinere Exemplare mehr Geschmack haben.

Idealerweise reinigt man Pilze mit einer Pilzbürste, um Schmutz vom Stiel und der Hutoberfläche zu entfernen und mit einem Messer, um das Stielende abzuschneiden und gröbere Verunreinigungen abzukratzen. Pilze sollten niemals in einer geschlossenen Plastiktüte aufbewahrt werden, da sie dadurch schwitzen und matschig werden. Besser ist es, sie in Küchenkrepp einzuschlagen und dann in einer Papiertüte im Kühlschrank oder einem kühlen Vorratsraum zu lagern. Dadurch bleiben sie einen oder zwei Tage lang einigermaßen frisch. Pilzsammler verwenden »auf der Jagd« lieber einen Korb als einen Beutel, da durch ihn die Luft besser zirkulieren kann. Besonders schmutzige Pilze kann man waschen, allerdings sollten sie hinterher gründlich mit Küchenkrepp trockengetupft werden.

Steinpilze, *porcini* mit italienischem und *Boletus edulis* mit lateinischem Namen sind die in Italien (und von mir) am liebsten gegessenen Pilze, mit einem Geschmack nach Wald und Erde. Man ißt sie frisch, kann sie aber auch sehr gut einfrieren oder trocknen, wodurch sie ganzjährig für Eintöpfe und Risotti zur Verfügung stehen. Da frische Steinpilze teuer sind und man die besonders guten auch nur schwer findet, verwende ich, wenn ich mir den Luxus leiste, Stiele und Hüte in verschiedenen Gerichten. Mit vielen Stielen und ein bis zwei Hüten – für das Auge –, bereite ich Suppen und Risotti zu. Die großen Hüte verwende ich separat und brate oder grille sie im ganzen. Außerhalb der Wildpilzsaison verstärke ich den Geschmack von Zuchtsorten gerne mit einigen getrockneten Steinpilzen und dem Saft, der sich beim Einweichen ergibt. Falls mir sehr frische Pilze in die Hände fallen, esse ich sie auch gerne roh, papierdünn aufgeschnitten. Dafür kommen allerdings wirklich nur sehr frische Pilze in Frage.

Getrocknete Steinpilze verwendet man in Italien für Saucen, Risotti und Schmorgerichte. Sie verleihen ein konzentriertes Pilzaroma, das man unmöglich mit frischen Pilzen hervorzaubern kann. Die besten *porcini* kommen allerdings frisch zubereitet auf den Tisch, und nur die zweit- (oder dritt-)klassigen Qualitäten, oft Importe aus Osteuropa, werden in Italien zu Trockenware verarbeitet und verpackt. Sehr gute Trockensteinpilze sind in durchsichtigen Plastikbeuteln erhältlich, als Mischung aus cremefarbenen Stielen und braungeränderten Hüten. Dunkle Trockenpilze oder runzlige Pilzteile und Brösel sollte man nicht mehr verwenden. Trockenpilze weicht man für die Verarbeitung 30 Minuten oder länger in lauwarmem Wasser ein. Danach läßt man sie abtropfen, drückt sie aus, entfernt gegebenenfalls Schmutz oder Sand und trocknet sie mit Küchenkrepp ab. Das Einweichwasser mit seinem starken Pilzgeschmack kann weiterverwendet werden, muß dazu aber sorgfältig abgesiebt werden, um eventuelle Schmutzpartikel zurückzuhalten. Trockenpilze minderer Qualität sind möglicherweise sehr schmutzig, so daß ihr Einweichwasser entsprechend muffig und unangenehm riecht.

In der Toskana ist das übliche Pilzgewürz *nepitella*, eine wilde Minze, die fast in ganz Italien wächst. Laut Professor Tesi der Universität von Florenz handelt es sich bei der *nepitella* wahrscheinlich um *Nepeta nepetella* der Gattung *Calamintha*. Eine Alternative dazu ist die Mischung aus Oregano und Minze, die ich auch in den folgenden toskanischen Pilzrezepten aufführe. Die Rezepte dieses Kapitels gelingen mit Wild- oder Zuchtpilzen, allerdings sollte man immer auf besonders frische Ware achten.

Pilzgeschichte

Das siebte Buch der Sammlung von Apicius klassisch-römischen Rezepten zählt Pilze zum »Essen für Könige« – Seite an Seite mit Leckereien wie Schinken, Leber, hausgemachten Desserts und Trüffeln. Apicius empfahl, Pilze in Wasser zu kochen und mit gekochtem Traubenmost, Essig, Öl und Pfeffer oder mit Kräutern und der Würzsauce *garum* zu servieren. Ein Jahrtausend später erhält die italienische Leserschaft von einem zeitgenössischen Schriftsteller, der als »Anonymer Venezianer« im Dialekt der Region schrieb, Hinweise für die Zubereitung einer »Pilztarte«. Gemischte Pilze wurden dafür mit Schweineschmalz, Käse und Eiern vermischt und in einer Pastetenhülle gebacken. Bartolomeo Sacchi kopierte unter dem Schriftstellerpseudonym Platina im 15. Jahrhundert die Rezepte eines Kochs des Patriarchen von Aquilea, der eine Generation vor ihm gelebt hatte. Er spricht darin einen Warnhinweis zur Giftigkeit mancher Pilzsorten aus und empfielt gekochte, gesalzene Pilze in Öl zu braten und mit einer *agliata* (siehe Seite 150) zu servieren. Gegrillte Pilzhüte gab es bei ihm mit Pfeffer und Zimt gewürzt. Natürlich hatte auch der Protestant Giacomo Castelvetro im englischen Exil seine Meinung zu Pilzen. Anfang des 17. Jahrhunderts stellte er fest, daß es in seiner neuen Heimat fast so viele Pilze gab wie in Italien, daß allerdings nur wenige ihrer kundig waren. Wer sich bei Pilzen in der von ihm empfohlenen Zubereitung nicht alle Finger abschlecke – gekocht und in reichlich Öl oder Butter gebraten, mit Knoblauch, Salz, Pfeffer und nicht wenig süßen Kräutern gewürzt und mit bitterem Orangensaft oder wenig Essig besprenkelt –, der, so schrieb Castelvetro, verstünde seiner Meinung nach nichts von echter Völlerei.

Getrüffelte Pilze

Funghi trifolati

»Getrüffelte« Pilze, *funghi trifolati*, ist lediglich eine hübsche Bezeichnung für Pilze mit Olivenöl, Knoblauch und Petersilie. Es ist das einfachste Pilzrezept und schmeckt am besten mit frischen Steinpilzen oder anderen Wildpilzen, die gegenüber Zuchtpilzen ein Maximum an Geschmack besitzen. Wenn man gezüchtete Pilze wie weiße oder braune Champignons verwendet, wird die Sache interessanter durch die Beigabe einiger eingeweichter Steinpilze und ihrer abgesiebten Einweichflüssigkeit. Getrüffelte Pilze serviert man als Vorspeise, Beilage oder zu Grillgerichten.

Vorspeise, Beilage oder pikante Würze für 4–6 Personen:

15 g getrocknete Steinpilze (nach Wunsch)
250 ml heißes Wasser
750 g frische Pilze (weiße oder braune Champignons)
4 EL natives Olivenöl extra
2–3 kleingehackte Knoblauchzehen
1 EL kleingehackte Petersilie
Meersalz
frischgemahlener schwarzer Pfeffer

1. Trockenpilze in dem Wasser 30 Minuten einweichen. Abgießen, dabei die Einweichflüssigkeit auffangen. Eingeweichte Pilze gründlich unter Wasser spülen, um eventuelle Erdreste zu entfernen. Pilze kleinschneiden.
2. Frische Pilze putzen und die Stiele von den Hüten abdrehen. Pilze und Stiele in dünne Scheibchen schneiden.
3. 2 EL Olivenöl und den Knoblauch in einer großen beschichteten Pfanne auf mäßiger Hitze dünsten, bis der Knoblauch Farbe annimmt.
4. Die Hälfte der Pilzhüte und -stiele zum Knoblauch in die Pfanne geben und dünsten, bis sie Flüssigkeit gezogen haben. Wieder aus der Pfanne nehmen.
5. Die restlichen frischen Pilze im übrigen Olivenöl ebenfalls dünsten, bis sie Flüssigkeit gezogen haben. Die erste Hälfte Pilze sowie Steinpilze, Petersilie und die Hälfte des durchgesiebten Einweichwassers dazugeben. Mit Salz und Pfeffer würzen und die Flüssigkeit einige Minuten auf großer Hitze und unter häufigem Rühren oder Schütteln der Pfanne einkochen lassen. Pilze heiß oder bei Zimmertemperatur servieren. Nicht im Kühlschrank aufbewahren.

Cesares Pilz-»Crostini«

Cesare Casella kochte früher in der Trattoria *Vipore* seiner Familie. Das *Vipore* liegt unter Olivenbäumen auf einem Hügel außerhalb der Stadt Lucca. Seine Küche war die der Toskana und basierte auf den Produkten der Region, aromatischem Olivenöl und den Kräutern seines großen Küchengartens. Während der Pilzsaison brachte Cesare anstelle der Speisekarte immer einen Korb frischgepflückter Wildpilze an den Tisch, an deren Stielen noch die feuchte Erde klebte, womit er jeden Pilzfreund zu einem ganzen Pilzmenü begeistern konnte. Crostini waren immer der Anfang seines Pilzmarathons. Ihnen folgte für gewöhnlich ein Salat aus dünngehobelten rohen Steinpilzen oder Kaiserlingen (siehe Seite 174), frische Pasta mit Steinpilzsauce und gegrillte oder fritierte Pilze. Mein Mann Massimo pflegte diese Mahlzeiten mit einem Nickerchen unter dem Feigenbaum im Garten zu beschließen, während Cesare und ich uns in der späten Nachmittagssonne unterhielten. Letztes Jahr schloß das *Vipore* und Cesare kocht heute in den New Yorker Restaurants *Coco Pazzo* und *Il Toscanaccio*. Sicherlich bekommt er dort auch im Herbst und Frühjahr wunderbare Wildpilze, selbst wenn es keinen Feigenbaum für ein Verdauungsschläfchen gibt.

Cesare macht seine Pilz-*crostini* mit fritierter Polenta, was mir allerdings zu mühsam ist. Ich brate sie in einer leichtgeölten beschichteten Pfanne. Die *Nepitella*-Minze ersetze ich auch hier durch eine Mischung aus Oregano und Minze. Wer keine Zeit oder Lust hat, die Polenta zu machen, ersetzt sie durch geröstete Brotscheiben.

Vorspeise für 4–6 Personen:

800 ml Wasser + 250 ml heißes Wasser
125 g Maisgrieß (Polenta)
1 TL grobes Salz und weiteres Meersalz
250 g Stiele und kleine Hüte frischer Wildpilze
oder dieselbe Menge Zuchtchampignons
und 15 g getrocknete Steinpilze
2 EL natives Olivenöl extra und zusätzliches Öl
zum Fritieren oder Braten der Polenta
1 kleingehackte Knoblauchzehe
1/2 TL kleingehackter frischer Oregano
1/2 TL kleingehackte frische Minze
1 TL kleingehackte Petersilie
frischgemahlener schwarzer Pfeffer

1. Die Polenta eine Weile vorher zubereiten, da sie für die Crostini abkühlen muß. Dazu die 800 ml Wasser in einem 2-Liter-Topf oder dem Innenteil einer Bain-Marie zum Kochen bringen. Maisgrieß und 1 TL Salz in das Wasser einrieseln lassen, dabei mit dem Schneebesen umrühren, um Klumpen zu vermeiden. Den Topf in einen größeren Topf mit kochendem Wasser oder in den Außentopf der Bain-Marie stellen und auf kleiner Hitze rund 1 Stunde kochen, bis die Polenta durchgekocht ist und leicht glänzt. Mit dem Schneebesen gut durchrühren und in eine Auflaufform (ca. 20 x 10 x 6 cm) streichen.
2. Frische Pilze putzen und die Stiele von den Hüten drehen.
3. Trockenpilze im Wasser 30 Minuten einweichen. Abgießen, dabei die Einweichflüssigkeit aufheben. Eingeweichte Pilze gründlich unter Wasser spülen, um evtl. Erdreste zu entfernen. Pilze feinhacken.
4. Frische Pilze und Stiele ebenfalls feinhacken.
5. Olivenöl und Knoblauch in einer großen beschichteten Pfanne auf mäßiger Hitze erwärmen und den Knoblauch dünsten, bis er anfängt, Farbe anzunehmen.
6. Frische Pilze zum Knoblauch geben und schmoren, bis sie Flüssigkeit ziehen. Eingeweichte Steinpilze, Oregano, Minze, Petersilie und die Hälfte der durchgesiebten Einweichflüssigkeit zugeben. Mit Salz und Pfeffer würzen und die Flüssigkeit auf starker Hitze in rund 5 Minuten unter häufigem Rühren oder Schütteln der Pfanne einkochen lassen. Die entstandene Pilzpaste beiseite stellen.
7. Die abgekühlte Polenta in 1 cm dicke Rechtecke schneiden.
8. Eine große beschichtete Pfanne leicht ölen und stark erhitzen. Die Polenta-Rechtecke darin auf beiden Seiten braun und knusprig braten. Alternativ die Rechtecke in heißem Öl fritieren. Auf jedes Polentarechteck einen Teelöffel der Pilzpaste setzen und die *crostini* servieren.

»Crostini« mit rohen Pilzen und Taleggio

Inspiriert haben mich zu dieser Vorspeise ein hervorragender ganzer Taleggio-Käse aus der Lombardei, sehr weich und cremig aber dennoch herzhaft, den ein Freund zum Mittagessen mitbrachte, und ein Rest Steinpilzstiele, den ich aufbrauchen mußte. Das Rezept ist nicht unbedingt traditionell, schmeckt aber hervorragend. Selbst eine pilzmüde Familie, die sich an den Rezepten für dieses Kapitel schon abgegessen hatte, ließ sich in Begeisterung versetzen. Anstelle von Taleggio können auch Stracchino oder Brie oder andere nicht zu kräftige Weichkäse-Sorten verwendet werden.

Vorspeise für 4 Personen:

4 Scheiben Toskana-Landbrot (jeweils ca. 2 cm dick)
150 g Taleggio ohne Rinde
150 g gesäuberte frische Steinpilzstiele oder die Hüte von Zuchtchampignons
3 EL natives Olivenöl extra
feines Meersalz
frischgemahlener schwarzer Pfeffer

1. Den Grill des Backrohrs vorheizen.
2. Brotscheiben auf beiden Seiten leicht toasten oder im Backofen grillen.
3. Auf jede Brotscheibe je ein Viertel des Taleggio setzen und die Scheiben auf ein Backblech legen.
4. Das Blech mit 15 cm Abstand unter den Grill schieben und die Brotscheiben backen, bis der Käse anfängt zu schmelzen. Scheiben auf einem Servierteller anrichten.
5. Pilzstiele oder Zuchtpilzhüte mit einer Mandoline oder einem scharfen Küchenmesser so dünn wie möglich aufschneiden.
6. Pilzscheiben auf dem geschmolzenen Käse verteilen, Olivenöl darüberträufeln und mit Salz und Pfeffer würzen.

Roher Pilzsalat

Als ich diesen Salat das erste Mal aß, bekam ich ihn mit Kaiserlingen, *ovoli,* serviert (lat: *Amanita caesarea*). Sie waren angeblich Kaiser Julius Cäsars Lieblingspilze. Solange sie noch klein sind, sehen Kaiserlinge aus wie Eier. Die *Volva*, eine cremefarbene, eierförmige Membran, umschließt den orangen Pilz dann noch völlig und springt erst auf, wenn der Pilz durch sie hindurchwächst. Kaiserlinge sind wahrscheinlich die teuersten Pilze Italiens. Man schätzt sie sehr, findet sie aber nur selten auf dem Markt. Notfalls kann man den Kaiserling durch Steinpilz oder sogar Zuchtpilze ersetzen, obwohl das sicherlich nicht in des Kaisers Sinn gewesen wäre. Die Pilzhüte sollten in möglichst gleichmäßige Scheiben geschnitten werden. Falls die Stiele noch fest genug sind, kann man sie mit dem Gemüseschäler aufschneiden, allerdings hebe ich sie lieber für Fabios Pilzsuppe auf (siehe Seite 178). Parmesanspäne stelle ich ebenfalls mit dem Gemüseschäler her. Ich schabe dazu mit dem Schäler über den Käse wie beim Möhrenschälen. Wer das Glück hat, eine ganz frische weiße Trüffel zu bekommen, kann sie über den fertigen Salat hobeln und dabei ein wenig vom Piemont träumen.

Vorspeise für 4 Personen:

250 g sehr frische Pilzhüte
1 EL frischer Zitronensaft
2–4 EL natives Olivenöl extra
Salz
frischgemahlener schwarzer Pfeffer
100 g Parmesan für eine reichliche Menge Parmesanspäne

1. Pilzhüte säubern und mit einer Mandoline oder einem scharfen Messer in sehr dünne Scheibchen aufschneiden. Nicht mehr taufrische Pilze lassen sich nicht gut schneiden.

2. Pilzscheibchen auf einen Servierteller geben und mit Zitronensaft vermengen, damit sie sich nicht verfärben. Olivenöl darüberträufen, mit Salz und Pfeffer würzen und das Ganze gut vermischen.
3. Mit einem Gemüseschäler reichlich Parmesanspäne über den Salat hobeln. Sofort servieren.

Pilzrisotto

Für dieses Risotto schneidet man Pilzhüte in Scheiben, dünstet sie, hackt die Stiele klein und kocht sie mit dem Reis, um dem Risotto Geschmack zu geben. Erst ganz zum Schluß kommen die gedünsteten Hüte ins Risotto, damit sie nicht zerfallen. Bei der Verwendung von getrockneten Steinpilzen kochen die eingeweichten Pilze die ganze Zeit mit dem Reis mit. Das intensivste Aroma erhält das Risotto durch eine gute Pilzbrühe, die man aus einigen Stielen und Pilzen herstellt oder mit sauberen getrockneten Steinpilzen und deren Einweichflüssigkeit. Beim Risotto gilt das Übliche: die besten Reissorten sind Vialone Nano, Carnaroli, Baldo oder, wenn diese drei nicht erhältlich sind, Arborio.
Mit anderen Reissorten wie zum Beispiel Parboiled Reis, sollte man das Experiment nicht wagen. Reissorte, -qualität und -alter bestimmen, wieviel Brühe während des Kochens aufgenommen wird und wie lange das Risotto kochen muß. Durch Probieren findet man heraus, wann es fertig ist – weitere Informationen zum Thema »Risotto« auf Seite 25. Butterfans können das Olivenöl ersetzen, allerdings finde ich, daß vollaromatisches toskanisches Olivenöl die beste Ergänzung zu Wildpilzen ist. Köche mit einem Korb voller Wildpilze und wenig Zeit können anstelle der Brühe auch gesalzenes Wasser hernehmen, da die Pilze dem Risotto genug Geschmack verleihen.

Vorspeise für 4 Personen:

250 g Wildpilze: Steinpilzstiele und ein paar Hüte
oder dieselbe Menge Zuchtpilze
und 25 g getrocknete Steinpilze
500 ml heißes Wasser zum Einweichen
2 l Pilzbrühe (aus 2 l Wasser und 1 Stange Sellerie,
1 Möhre, 1 Knoblauchzehe, 1 kleinen Zwiebel,
Steinpilzstielen und zerbrochenen Hüten oder aus Wasser
und einigen getrockneten Steinpilzen
und der abgesiebten Einweichflüssigkeit)
alternativ: 1,5 l Wasser und Gemüse
oder 2 l kochendes, leicht gesalzenes Wasser
6 EL natives Olivenöl extra, grobes Meersalz
frischgemahlener schwarzer Pfeffer
1 durchgepreßte Knoblauchzehe
1 feingehackte Zwiebel oder Schalotte
*250 g Risottoreis (*Vialone Nano *oder* Carnaroli*)*
$^1/_8$ l trockener Weißwein
30 g geriebener Parmesan und zusätzlicher Käse
zum Bestreuen des Risottos

1. Frische Pilze putzen und die Stiele von den Hüten abdrehen. Stiele und Hüte separieren, dabei einige Stiele und zerbrochene Hüte für die Brühe beiseite legen.
2. Bei der Verwendung von Trockenpilzen diese in 500 ml heißem Wasser 30 Minuten einweichen, danach abgießen. Die Einweichflüssigkeit durchsieben und beiseite stellen. Eingeweichte Pilze gründlich unter Wasser spülen, um eventuelle Erdreste zu entfernen.
3. Aus den angegebenen Zutaten die Pilzbrühe herstellen. Dazu entweder frische Pilze und Gemüse mit 2 l Wasser oder eingeweichte Steinpilze mit ihrer Einweichflüssigkeit und zusätzlichen 1,5 l Wasser 20 Minuten köcheln lassen. Brühe leicht salzen.
4. Pilzhüte in Scheiben schneiden. 2 EL Olivenöl in einer

großen beschichteten Pfanne erhitzen und die Hüte darin auf starker Hitze und unter häufigem Schütteln der Pfanne bräunen. Mit Salz und Pfeffer würzen. Pfanne mit Inhalt vom Herd nehmen und beiseite stellen.

5. Knoblauch, Zwiebel und 2 EL Olivenöl in einem 4-Liter-Topf mit schwerem Boden vermengen. Auf kleiner Flamme 10 Minuten dünsten, bis die Zwiebeln weich, aber noch nicht braun sind.
6. Reis zugeben, mit Öl und Zwiebeln gut vermischen und einige Minuten leicht anrösten, aber nicht bräunen.
7. Pilzstiele fein zerkleinern und zum Reis geben. Gut unterrühren. Den Weißwein zugießen, ebenfalls gut unterrühren und die Hitze erhöhen, um den Wein zu verkochen. Die kochende Pilz- oder Gemüsebrühe bzw. das Salzwasser 200-ml-weise zugeben und unter kräftigem Rühren auf dem Grund des Topfs – dazu einen langen Holzkochlöffel oder eine -gabel verwenden –, mit dem Reis verkochen. Achtung: Risotto wird so heiß wie geschmolzene Lava! Wasser oder Brühe jeweils nachgießen, solange das Risotto noch einigermaßen flüssig ist. Nach rund 10 Minuten Wasser oder Brühe nur noch kellenweise zugeben, und nach weiteren 5–8 Minuten Kochzeit die Menge auf etwa $^1/_2$ Kelle (60 ml) verringern, bis der Reis fast gar ist.
8. Risottoreis nach 15 Minuten probieren. Er sollte noch einen guten Biß haben, da er noch einige Minuten weitergart. Das Risotto sollte noch etwas suppig sein, da es durch den Käse, Öl (oder Butter) und das letzte Umrühren noch andickt.
9. Sobald der Reis *al dente* ist und die Körner in der milchigen Flüssigkeit noch gut erkennbar sind, Pilzscheiben, Käse, schwarzen Pfeffer nach Wunsch und das restliche Olivenöl (oder Butter) zugeben und mit dem Kochlöffel zwei Minuten kräftig durchrühren. Vom Herd nehmen, auf Suppenteller verteilen und vor dem Auftragen eine Minute ruhen lassen. Auf Wunsch mit geriebenem Parmesan bestreut servieren.

Fabios Pilzsuppe

Ich wurde mit Champignonsuppe aus der Dose groß und erlebte das volle Aroma einer echten Pilzsuppe erst, als ich das erste Mal die geschmacksintensive, sahnelose Steinpilzsuppe im *Cibrèo*, meinem Florentiner Lieblingsrestaurant, kostete. Dem Patron und Chefkoch Fabio Picchi steht dafür immer Fleischbrühe zur Verfügung, ich meine allerdings, daß der wunderbare Wildpilzgeschmack gar keinen Fleischhintergrund braucht und verwende für die Brühe hauptsächlich Stiele und eventuell unansehnliche Steinpilzhüte. Wer die Suppe aus braunen Champignons macht, kann das Aroma einer echten Steinpilzsuppe mit eingeweichten getrockneten Steinpilzen nachahmen. Das toskanische Gewürz für jedes Pilzgericht ist die wilde Minze *nepitella,* die man außerhalb des Mittelmeerraums meines Wissens nicht bekommt. Mit der angegebenen Mischung aus Oregano und Minze erzielt man einen ähnlichen Geschmack.

Vorspeise für 4 Personen:

250 g in grobe Stücke geschnittene Steinpilze
oder 250 g braune Champignons
und 25 g getrocknete Steinpilze
500 ml heißes Wasser
1 kleine feingehackte Zwiebel
½ Stange kleingehackter Sellerie
1 kleingehackte Möhre
2 kleingehackte Knoblauchzehen
4 EL natives Olivenöl extra
1 l Wasser oder selbstgemachte Gemüsebrühe
(siehe Seite 176)
1 mittelgroße (ca. 200 g) geschälte und gewürfelte Kartoffel
1 TL kleingehackter frischer Oregano
½ TL kleingehackte frische Minze
Meersalz
frischgemahlener schwarzer Pfeffer

1. Pilze säubern und Stiele aus den Hüten drehen. Bei der Verwendung von Trockenpilzen, diese in 500 ml heißem Wasser 30 Minuten einweichen, danach abgießen. Die Einweichflüssigkeit durchsieben und beiseite stellen. Eingeweichte Pilze gründlich unter Wasser spülen, um eventuelle Erdreste zu entfernen.
2. Zwiebel, Sellerie, Möhre, Knoblauch und 2 EL Olivenöl in einem 3-Liter-Topf mit schwerem Boden vermengen.
3. Gemüse auf mäßiger Hitze unter Rühren leicht bräunen.
4. Pilze, Kartoffel, Kräuter und soviel kochendes Wasser oder Trockenpilz-Einweichflüssigkeit zugeben, daß das Gemüse fast bedeckt ist. Ohne Deckel 15 Minuten köcheln lassen. Mit Salz und Pfeffer würzen.
5. Suppe im Mixer oder mit dem Pürierstab cremig pürieren.
6. Mit einigen Tropfen Olivenöl beträufelt servieren.

Fabios Steinpilzhüte mit Knoblauch

Warum gibt es bei Fabio Picchi so viele wunderbare Pilzgerichte? Wahrscheinlich liegt es daran, daß sich hinter dem Lieferanteneingang seines Restaurants *Cibrèo* der Sant'Ambrogio-Markt und der Steinpilzhändler Cecco verbergen, der seine beste Ware an Fabio verkauft. Die besten und frischesten Hüte davon gart Fabio eingewickelt in Aluminiumfolie, eine Methode, die man *cartoccio* nennt. Stiele und kleinere Pilze verwendet er für das vorangegangene Suppenrezept. Steinpilze *cartoccio* sind meine Lieblingszubereitung für große, schöne Pilzhüte. Es ist so einfach wie sonst kaum ein Rezept, und die Pilze schmecken noch besser als gegrillt. In der Oberseite der Pilzhüte stecken Knoblauchscheibchen, dann beträufelt man sie mit Olivenöl, würzt mit Salz und Pfeffer und wickelt das ganze in Alufolie ein, um es dann im Wasserbad im heißen Ofen zu garen. Wie üblich, läßt sich auch hier die in der

Toskana übliche wilde *Nepitella*-Minze durch eine Mischung aus Oregano und Minze ersetzen. Fabio serviert die gebackenen Pilze in der Folie am Tisch. Beim Öffnen entströmt ihnen dann das unvergleichliche Aroma von Wildpilzen.

Hauptgericht für 4 Personen:

500 g große Pilzhüte, vorzugsweise Steinpilze
oder alternativ große weiße oder braune Champignons
3–4 in feine Stifte oder Scheibchen geschnittene Knoblauchzehen
2–3 EL natives Olivenöl extra
1 TL kleingehackter frischer Oregano
1/2 TL kleingehackte frische Minze
feines Meersalz
frischgemahlener schwarzer Pfeffer

1. Ofen auf 250 °C vorheizen.
2. Pilzhüte säubern.
3. Jeden Hut mit einem Pariermesser auf der Oberseite 4–5 mal einscheiden und in jeden Schnitt ein Scheibchen Knoblauch stecken.
4. Pilzhüte mit der Lamellenseite nach unten auf 4–6 ca. 30 cm große Stücke Aluminiumfolie legen.
5. Pilze mit Oregano, Minze, Meersalz und Pfeffer bestreuen. Folie über den Pilzen zusammenfalten und die Ecken gut umschlagen, damit die Folie fest schließt.
6. Folienpäckchen in die Fettpfanne des Ofens oder eine Bratreine legen und kochendes Wasser rund 2,5 cm hoch angießen.
7. Pilze im Ofen 15 Minuten garen. In der Folie auftragen und die Päckchen bei Tisch öffnen.

Gegrillte Steinpilze

Steinpilze, gespickt mit Knoblauchscheibchen und einfach über Holzkohle gegrillt, gibt es im ganzen pilzliebenden Italien während der herbstlichen Saison und im Frühjahr. Meist werden sie so als Hauptgericht serviert, da ihr gewaltiges Aroma dem eines Fleischgerichts in nichts nachsteht. Steinpilze sind eine Delikatesse, die man auf einem geglückten Streifzug durch den Wald erntet oder für teures Geld vom Markt mitnimmt. Dementsprechend behandelt man sie respektvoll und mit der ihnen gebührenden Einfachheit. Zum Grillen oder in der Pfanne rösten – für Köche ohne Grill – verwendet man die größten und besten Hüte. Schöne Grillstreifen erhalten die Pilze auf dem Herd in einer gußeisernen gerillten Pfanne; eine beschichtete Bratpfanne funktioniert aber auch gut.

Hauptgericht für 4 Personen:

500 g große Pilzhüte
3–4 in feine Scheibchen geschnittene Knoblauchzehen
2 EL natives Olivenöl extra
feines Meersalz
frischgemahlener schwarzer Pfeffer

1. Pilzhüte säubern.
2. Jeden Hut mit einem Pariermesser auf der Oberseite 4–5 mal einschneiden und in jeden Schnitt ein Scheibchen Knoblauch stecken.
3. Eine große beschichtete Pfanne leicht ölen und auf mäßige Hitze erwärmen.
4. Pilzhüte nebeneinander mit den Lamellen nach oben in die Pfanne legen und auf großer Hitze 4–5 Minuten bräunen. Umdrehen und die Unterseite bräunen. Mit Salz und Pfeffer würzen, das restliche Olivenöl darüberträufeln und servieren. Alternativ die Pilze auf beiden Seiten in wenigen Minuten über einem Holzkohlenfeuer bräunen.

Radicchio

Radicchio rosso

Nur allzu häufig stolpert man in Salaten von Trendrestaurants über violett-rote oder weißgeäderte rote Blätter, die zur Zeit noch mehr *en vogue* sind als Rucola-Salat und zur Gruppe der unausprechlichen italienischen Designer-Salate gehören. Wenn man erst einmal gelernt hat, wie man Radicchio richtig ausspricht, nämlich »Ra-di-ki-o«, ist man schon auf dem besten Wege dazu, ihn in der Küche zu verwenden, denn der kalorienarme und leicht zuzubereitende Radicchio schmeckt am besten gegrillt, geschmort oder kurzgebraten aus der Pfanne, in Risotti oder in Pastasauce. Seine Bitterkeit, die aber nicht unangenehm aufstößt, ist ein wichtiges Element seines Geschmacks, der meist nur Erwachsenen mundet.

Raddichio, die rote Endivie, ist ein Mitglied der Zichorienfamilie *Cichorium intybus*, die im ganzen Mittelmeerraum als Kulturpflanze und auch wild wächst und eine hochgeschätzte Beute italienischer Wildpflanzensammler ist. Die Kultivierung dämpfte wahrscheinlich einen Gutteil der natürlichen Bitterkeit dieser Pflanze. Der heutige Radicchio wurde, laut dem venezianischen Eßkultur-Historiker Giuseppe Maffioli, um 1870 südlich von Treviso von dem belgischen Gartenbauer Francesco van den Borre entwickelt, den man angestellt hatte, um den Garten der Villa Palazzi im damals modernen englischen Stil anzulegen. Wahrscheinlich war ihm die belgische Bleichtechnik für Endiviensalat vertraut, und er versuchte sich zunächst an den regional angebauten Blattsalaten. Sohn Aldo folgte in Vaters Fußstapfen und hatte bis Ende des 18. Jahrhunderts die Anbaumethoden für Radicchio so weit vorangebracht, daß sich eine örtliche landwirtschaftliche Vereinigung dafür einsetzte.

In Chioggia, Verona, Castelfranco und Treviso, den norditalienischen Städten Venetiens, entwickelten sich jeweils grundverschiedene Radiocchiotypen. »Radicchio di Chioggia« bildet dichte, violett-rote Köpfe mit dicken weißen Blattadern. »Radicchio di Verona« ist eine kleinere eiförmige Sorte mit weichem, aufgelockertem Blattwerk. »Radicchio di Castelfranco« erinnert eher an einen gelbgrünen Kopf zarten Blattsalats mit roten Tupfern, der sich wie eine Rose zart entfaltet. Er wird häufig nur blanchiert verzehrt. Venetiens Radicchio-Glanzstück ist der bittersüße »Radicchio di Treviso«. Nur saisonal erhältlich und teuer wird er einer höchst komplizierten Anbaumethode unterworfen, die längliche, schmale Köpfe aus purpurroten Blättern mit beeindruckenden perlweißen Mittelrippen hervorbringt, die von einer spitz zugeschnittenen, geschälten Pfahlwurzel zusammengehalten werden.

Wenn es eine Pflanzenschutzvereinigung gäbe, würden die Radicchio-Züchter Trevisos sicherlich der Schikanierung angeklagt werden: Sie pflanzen nur ausgewählte Samen im Frühsommer und roden die Köpfe mit ihren grünroten Blättern im Herbst. Die Pflanzen werden mit intaktem Wurzelsystem in langen Furchen dicht an dicht unter Plastik eingeschlagen und nach Bedarf für den nächsten Bearbeitungsschritt wieder herausgenommen. Sie kommen dann in niedrige, mit Plastik ausgeschlagene Betonwannen, wo das Pflanzenleben in warmem Wasser weitergeht. Die Wurzeln nehmen das Wasser auf und die Pflanze beginnt erneut zu treiben. Früher setzte man für diese Stufe die Pflanzen im Stall in Kuhdung ein. Nicht gerade attraktiv mit seinen verrotteten Außenblättern und langen, haarigen Pfahlwurzeln, bringt man den Radicchio dann in warme, feuchte Treibhäuser oder Innenräume, wo er auf Sägemehl einige Tage abtropft. Das fördert die Entwicklung des neuen Triebs um so mehr. Nach diesem Stadium entfernt man die nicht unerhebliche Anzahl verfaulter Außenblätter und legt den neuen Sproß im Inneren der Pflanze frei, die zarten rot-weißen Blätter. Die haarige Pfahlwurzel wird gesäubert und auf ein Drittel der Länge des Kopfes gekappt und der derart gesäuberte und zurechtgestutzte Treviso noch einmal mit Wasser gereinigt, in Kisten verpackt und zum Markt gebracht – eine traditionell gepeinigte Gemüsesorte. Diese Zuchtmethode ist offensichtlich nicht sehr ökonomisch, so daß der derart getriebene Radicchio di Treviso mehr als doppelt soviel kostet wie die leichter manipulierbaren Sorten. In die Radicchiozucht einzusteigen ist nicht so einfach, da erstklassiges Saatgut für Radicchio nie verkauft, sondern durch Bestäubung ausgewählter Pflanzen durch die Züchter erzeugt wird. Und der Markt ist voll mit Hybridpflanzen.

Radicchio enthält wenig Kalorien, viel Kalium, die Vitamine A und C sowie Folsäure. Das Anthocyanin in den Pflanzen beugt angeblich dem Risiko von Erkrankungen der Herzkranzgefäße vor. Wie die meisten anderen Bitterpflanzen, soll auch der Radicchio gut für das Blut sein. Einem Werbefaltblatt entnahm ich, daß Radicchio beruhigend, harntreibend und reinigend wirkt und sein regelmäßiger Verzehr zu einem biblischen Alter führen soll.

Der meiste auf traditionelle Art und Weise getriebene Radicchio di Treviso wird auf regionalen Märkten verkauft, obwohl manche der besser ausgestatteten Gemüsehändler ihn auch in ganz Italien anbieten. Außerhalb Norditaliens ist es leichter, Chioggia-, Verona- oder auf herkömmliche Art erzeugten Treviso-Radicchio zu bekommen.

Wer keinen Radicchio findet, ersetzt ihn in den folgenden Rezepten durch Chicorée, der auf ähnliche Art und Weise angebaut wird. Eine Kombination aus Chicorée und normalem Radicchio ist wahrscheinlich die beste Annäherung an den bittersüßen, knackigen Geschmack der Treviso-Sprossen.

Radicchio-Freunde sollten eine winterliche Pilgerfahrt durch Venetien ins Auge fassen: Die Restaurants der Region haben das hochgeschätzte Gemüse fast alle auf der Karte. Der echte Fan sollte dabei das Restaurant *Le Tre Panoce* in Conegliano von Patron und Küchenchef Armando Zanotto nicht auslassen. Er schrieb das Kochbuch *Il Radicchio in Cucina*, mit 617 Radicchio-Rezepten für Vorspeisen bis zu Desserts aus Radicchio di Treviso und Castelfranco. Bei Armando bekommt man ein komplettes Radicchio-Menü inklusive einem Radicchio-Grappa – für all diejenigen, die gar nicht genug bekommen können. Es ist leicht zu raten, welche Form die Visitenkarte des Restaurants hat!

Wie bereitet man Radicchio am besten zu? Das einfachste Rezept ist, ihn mit ein paar Tropfen Olivenöl und wenig Salz und Pfeffer im Ofen oder auf dem Grill oder in einer beschichteten Pfanne zu garen, und zwar nicht so lange, bis er kroß oder verwelkt oder so kurz, daß er noch rot ist, sondern so, daß er wirklich weich gegart und zart ist. Durch die trockene Hitze eines heißen Ofens oder Grills werden die Außenblätter knusprig und braun, in der beschichteten Pfanne werden sie eher braun und weich – beide Methoden verleihen ihnen einen leichten Karamelüberzug. Das Radicchioherz wird dadurch weich, gut durchgegart und durch längeres Garen fast cremig, mit einem Geschmack, der mehr ins Bittere denn ins Süße geht. Kaum Arbeit, kein Cholesterin, wenig Kalorien und fast kein Fett. Wieso wurde man nicht eher auf dieses Gemüse aufmerksam?

Radicchiogeschichte

In seinem medizinischen Handbuch von 1586 zählt Castor Durante die Gesundheitsvorteile und kulinarischen Anwendungen fast aller Gemüsesorten auf. Der Radicchio, unter der Überschrift »Wilde Zichorie« erwähnt, schneidet gut ab: Er hilft laut Durante gegen Magenentzündungen und unterstützt die Lebertätigkeit, obwohl er sonst keinen großen Nährwert hat. Giovanni Rizzi, ein Dichter aus Treviso, machte sich im 19. Jahrhundert seinen eigenen Reim auf den Rotkopf:

»Wenn man ihn ansieht, ist er ein Lächeln (sorriso), wenn man ihn ißt, ist es das Paradies (paradiso) ... der Radicchio von Treviso.«
1889 gab es in Treviso die erste Ausstellung für Radicchio di Treviso. Fast 60 Aussteller nahmen teil und erhielten Preise für ihre frühen, späten und geflammten Sorten. Der Erfinder der Treviso-Treiberei, Francesco van den Borre, war Jury-Mitglied. Heute ist die Messe ein wichtiges jährliches Ereignis für alle Züchter, obwohl mittlerweile auch in den anderen Anbaugebieten Radicchio-Festivals gefeiert werden. Wer sich für die Treviso-Messe interessiert, bekommt nähere Informationen vom dortigen Fremdenverkehrsamt (Tel: 00422-547-632).

Radicchio »in saor«

In Venetien legt man verschiedene Produkte – frische Sardinen, Auberginen und Radicchio – gerne *saor* ein, in einer Marinade aus gekochten Zwiebeln, Essig, Pinienkernen und Rosinen. Die Kombination aus bitter, essigsauer und süß kommt immer gut an, und derart Eingelegtes wird nach ein- bis zweitägigem Marinieren sogar noch besser. Reste von gegrilltem oder im Ofen gegartem Radicchio lassen sich gut dafür verwenden und sparen bereits die halbe Arbeit.

Vorspeise für 4–6 Personen:

4 geviertelte Radicchioköpfe oder halbierte Chicoréestauden
4 EL natives Olivenöl extra
feines Meersalz
frischgemahlener schwarzer Pfeffer
2 in dünne Scheiben geschnittene Zwiebeln
3 EL Rotweinessig
2 EL in 4 EL (60 ml) heißem Wasser eingeweichte Rosinen
2 EL Pinienkerne

1. Radicchio oder Chicorée in eine große beschichtete Pfanne legen, mit 2 EL Olivenöl beträufeln und mit Salz und Pfeffer würzen.
2. Radicchio auf mäßiger Hitze 10 Minuten pro Seite garen, bis er weich und leicht gebräunt ist. Aus der Pfanne nehmen.
3. Zwiebeln und restliches Olivenöl in die Pfanne geben, gut vermengen und mit Salz und Pfeffer würzen. Zwiebeln auf mäßiger Hitze unter häufigem Wenden weich dünsten, aber nicht bräunen.
4. Essig, Rosinen und Pinienkerne zugeben und auf starker Hitze 1–2 Minuten kochen, bis ein Großteil der Flüssigkeit verdampft ist.
5. Abwechselnd Zwiebelmischung und gegarten Radicchio oder Chicorée in eine geeignete Form schichten, dabei mit Zwiebeln anfangen und aufhören. Einige Stunden oder über Nacht marinieren und bei Zimmertemperatur servieren.

Cesares »Pasticcio« mit Radicchio oder Chicorée

Bei mir zuhause gibt es nie *lasagne*, weil Massimo dieses Pastagericht nicht mag. Es sei zum einen nicht toskanisch und zum anderen zu schwer – zwei ernstzunehmende Nachteile. Hin und wieder kann ich ihm allerdings ein Gemüse-*pasticcio* unterjubeln, nach einem Rezept von Cesare Benelli, dem Patron und Küchenchef des *Al Covo* in Venedig. Cesare kocht nur mit frischem Fisch und Gemüse aus der Lagune von Venedig und ist der Meinung, daß der zarte Geschmack seiner regional geernteten Zutaten von Butter oder Sahne erdrückt würde. Die bei *pasticcio* übliche Béchamelsauce ersetzt er durch eine Mischung aus halb Milch, halb Gemüsebrühe, die immer noch cremig genug ist. Ich bin jedesmal begeistert von dem Ergebnis. Der nussig schmeckende Parmesan ist eine hervorragende Ergänzung zu dem bitteren Geschmack von Radicchio. Das Gericht läßt sich sehr gut für Feste vorbereiten und braucht nur eine kurze Zubereitungs- und Garzeit. Anstelle des Radicchio können auch Chicorée oder fast alle anderen Gemüsesorten der jeweiligen Jahreszeiten verwendet werden. Besonders gut schmeckt es mit Pilzen, Spargel, Wildgemüse oder Artischocken.

Vorspeise für 4–6 Personen:

4 in Streifen geschnittene Radicchioköpfe oder
6 Chicoréestauden
4 EL natives Olivenöl extra
1 durchgepreßte Knoblauchzehe
Meersalz
frischgemahlener schwarzer Pfeffer
400 g vorzugsweise frische breite Lasagneblätter
3 EL Mehl
250 ml heiße Milch
250 ml Gemüsebrühe
80 g geriebener Parmesan

1. Ofen auf 200 °C vorheizen. Eine rund 20 x 30 cm große Auflaufform leicht einölen.
2. Radicchio- oder Chicoréestreifen mit der Hälfte des Olivenöls in eine große beschichtete Pfanne geben und gut vermengen. Das Gemüse auf mäßiger Hitze weich dünsten, bis die Blätter welk und leicht gebräunt sind. Knoblauch zugeben, mit Salz und Pfeffer würzen und den Radicchio in eine Schüssel umfüllen.
3. Einen großen Topf Wasser zum Kochen bringen, salzen und die Lasagneblätter einlegen. Da die Pasta im Ofen noch weiter gart, nur halb so lange kochen, wie für frische oder getrocknete Ware angegeben. Pasta abgießen und mit einem Küchentuch trockentupfen.

4. Das restliche Olivenöl in einer mittelgroßen Kasserolle erhitzen. Mehl zugeben und mit einem kleinen Schneebesen unterrühren. Auf kleiner Flamme anschwitzen, aber nicht bräunen. Langsam unter ständigem Rühren heiße Milch und Brühe zugießen, so daß eine klumpenfreie, cremige Sauce entsteht. Mit Salz und Pfeffer nach Geschmack würzen.
5. Einige Löffel der Sauce auf dem Boden der Auflaufform verteilen und mit einer Lage Lasagneblätter abdecken. Ein Viertel des gekochten Radicchio und ein Viertel der restlichen Sauce darauf verteilen, mit einem Viertel des geriebenen Parmesans bestreuen. Vorgang dreimal wiederholen und mit Parmesan aufhören.
6. Pasticcio 15–20 Minuten im Ofen goldbraun überbacken. Vor dem Servieren 10 Minuten auskühlen lassen, damit Pasta und Sauce sich etwas setzen und das Pasticcio leichter portioniert werden kann.

Risotto mit Radicchio oder Chicorée

Ein klassisches venezianisches Risotto, in dem das Gemüse sich auf ungewöhnliche Art und Weise mit dem Reis vereint. Der Reis und die ihm anhaftende Stärke verbinden sich mit Butter und Öl und dicken dann eine cremige Sauce aus in Brühe sehr weich gekochtem Gemüse an. Ohne häufiges Umrühren geht es nicht, aber der Dampf ist gut für die Haut. Zum Schluß rührt man Parmesan und Butter unter, eine letzte Bereicherung, die dem Risotto eine geschmeidig-cremige Konsistenz gibt. Es sollte ungefähr so dickflüssig wie frischer Haferbrei sein, gerade so, daß es auf einem gekippten Teller langsam rutscht. Ein Löffel darf nicht mehr gerade darin stehenbleiben. Erstklassiger Reis wie *Vialone Nano, Carnaroli,*

Baldo oder der überall erhältliche *Arborio* bringen die besten Ergebnisse. Fast jedes Risotto-Rezept verlangt leichte Kalbs-, Hühner- oder Gemüsebrühe, die man allerdings selten frisch zuhause hat. Ein beliebter Ersatz dafür sind Brühwürfel, oder, was ich vorziehe, Wasser und eine erhöhte Gemüsemenge sowie, für das i-Tüpfelchen des Geschmacks, ein kleiner Schuß Cognac am Schluß. Butter und Parmesan werden immer erst kurz vor dem Servieren untergehoben. Ich verwende weniger Butter oder verzichte ganz darauf und gebe lieber einen Löffel Olivenöl zu. Genausowenig wie Pasta wartet auch Risotto auf seine Gäste. Man sollte es also immer frisch und nie im voraus zubereiten.

Vorspeise für 3–4 Personen:

½ kleingehackte Zwiebel
4–5 EL natives Olivenöl extra
(oder 3 EL natives Olivenöl extra und 2 EL Butter)
1 in feine Streifen geschnittener großer Radicchiokopf oder zwei Chicoréestauden
250 g Risottoreis
4 EL (60 ml) Weißwein (nach Wunsch)
2–2,5 l leicht gesalzenes kochendes Wasser
oder leichte Gemüsebrühe (1 Zwiebel, 1 Knoblauchzehe, 1 Möhre, 1 Stange Sellerie, Radicchioabschnitte und einige Petersilienzweige 15 Minuten in Wasser kochen)
1 EL Cognac
60 g geriebener Parmesan
(nach Wunsch mehr)
frischgemahlener schwarzer Pfeffer

1. Zwiebel und 2 EL Olivenöl in einem 4-Liter-Topf mit schwerem Boden oder einer großen Pfanne vermengen. Auf mäßiger Hitze unter häufigem Rühren dünsten, bis die Zwiebeln leicht Farbe annehmen.

2. Radicchio oder Chicorée zugeben und 1–2 Minuten andünsten, bis er leicht bräunt und die austretende Flüssigkeit verkocht ist.
3. Reis in den Topf geben, mit dem Öl vermengen und einige Minuten leicht rösten. Falls nicht mehr genug Öl im Topf ist, noch 1 EL Öl zugeben.
4. Falls gewünscht, Weißwein zugießen und gut unterrühren. Hitze erhöhen, um den Wein zu verkochen. Leichtgesalzenes kochendes Wasser oder Gemüsebrühe 200-ml-weise zugeben und unter kräftigem Rühren auf dem Grund des Topfs jeweils mit dem Reis verkochen lassen (dazu einen langen Holzkochlöffel oder eine -gabel verwenden). Achtung: Risotto wird so heiß wie geschmolzene Lava! Jeweils noch Wasser oder Brühe zugeben, solange das Risotto noch einigermaßen flüssig ist. Nach rund 10 Minuten Wasser oder Brühe nur noch kellenweise zugeben, bis der Reis fast gar ist.
5. Risottoreis nach weiteren 5 Minuten probieren. Er sollte noch einen guten Biß haben, da er noch einige Minuten weitergart. Das Risotto sollte noch etwas suppig sein, da es durch Käse, Öl (oder Butter) und das letzte Umrühren noch andickt.
6. Sobald der Reis *al dente* ist und die Körner in der milchigen Flüssigkeit noch gut erkennbar sind, Cognac, Käse, Pfeffer und restliches Olivenöl (oder Butter) zugeben und mit dem Kochlöffel zwei Minuten kräftig durchrühren. Vom Herd nehmen, auf Suppenteller verteilen und vor dem Auftragen einige Minuten ruhen lassen. Auf Wunsch mit geriebenem Parmesan bestreut servieren.

Gebratene Radicchio- oder Chicorée-»Chrysanthemen«

Radicchio-»Chrysanthemen« sind eine etwas ausgefallenere Art, Radicchio oder alternativ Chicorée in Öl zu braten. Inspiriert wurde ich dazu durch Armando Zanottos Rezept *Radicchio alla giudea*, auf jüdische Art, eine Garmethode, die in der römisch-jüdischen Küche auch für Artischocken üblich ist. Armando blättert die Radicchioköpfe dafür auf und brät sie im ganzen in einigen Zentimetern Olivenöl, bis sie braun und knusprig sind. Ein hervorragendes Gericht für Freunde von Fritiertem. Dabei kam ich darauf, Radicchio mit einem Gewicht beschwert zu garen, wie ich es auch mit Artischocken mache (siehe Seite 38). Das Gemüse wird in zwei Stufen gegart und während des zweiten Garvorgangs mit einem Gewicht plattgedrückt, so daß es außen knusprig und innen zart brät. Armando nennt Radicchio in seinen Rezepten oft »rote Blüten« – ich entschied, daß mein Gericht an gepreßte Chrysanthemen erinnnert.

Beilage für 4–6 Personen:

3–4 mittelgroße Radicchioköpfe oder 6 Chicoréestauden
3 EL natives Olivenöl extra
feines Meersalz
frischgemahlener schwarzer Pfeffer

1. Alle welken oder angestoßenen Außenblätter vom Radicchio oder Chicorée entfernen. Vom Chicorée und vom länglichen Radicchio di Treviso die Spitzen und das obere Drittel abschneiden und für Salat oder Risotto verwenden. Runde Radicchioköpfe brauchen nicht beschnitten zu werden. Radicchio di Treviso oder Chicorée längs zweimal einschneiden, aber nicht ganz durchschneiden. Runde Radicchioköpfe achtmal einschneiden, aber nicht ganz durchschneiden. Gemüse vorsichtig waschen und abtropfen lassen.

2. 2 EL Olivenöl in einer großen beschichteten Pfanne erhitzen. Radicchio mit Salz und Pfeffer bestreuen und auf kleiner Hitze in rund 25–35 Minuten weich garen und bräunen, dabei mehrmals wenden. Mit einem Zahnstocher leicht einstechen, um festzustellen, ob das Gemüse weich ist. Runde Köpfe auch auf der Wurzelseite 10 Minuten garen. Gemüse aus der Pfanne nehmen und auf Küchenkrepp abtropfen lassen.
3. Das restliche Olivenöl in der Pfanne erhitzen. Radicchio oder Chicorée vorsichtig aufblättern und mit dem Wurzelansatz nach oben in die Pfanne legen. Es kann sein, daß bei sehr großen Köpfen nur einer in die Pfanne paßt. Radicchio mit einem Teller beschweren und auf den Teller noch einen schweren Gegenstand stellen (Wer es traditionell mag, verwendet einen Ziegel). Radicchio auf diese Weise weitere 5 Minuten auf mäßiger Hitze bräunen. Auf einer Platte servieren.

Radicchio vom Grill oder aus der Pfanne

Dies ist die einfachste Art, Radicchio zuzubereiten. Man braucht zwei Zutaten, Salz und Pfeffer, eine halbe Stunde Zeit sowie eine Pfanne. Das Ergebnis wird im Winter in ganz Venetien serviert. Am besten schmeckt es mit *Radicchio di Treviso*, aber andere Sorten oder ersatzweise Chicorée sind ebenfalls gut.

Beilage für 4–6 Personen:

3 Radicchioköpfe oder 4 Chicoréestauden
3 EL natives Olivenöl extra
feines Meersalz
frischgemahlener schwarzer Pfeffer

1. Radicchioköpfe vierteln, Chicorée längs halbieren. Jeweils durch das Herz schneiden und die Wurzel intakt lassen, damit die Teile nicht auseinanderfallen. Vorsichtig waschen und trockentupfen.
2. Radicchio oder Chicorée mit Olivenöl beträufeln, salzen und pfeffern. Auf kleiner Hitze auf dem Holzkohlengrill (alternativ: Gasgrill oder Holzfeuer) von drei Seiten je 10 Minuten grillen (die zwei durchgeschnittenen und die runde Seite). Die Außenblätter sollten gebräunt, das Herz weich sein (probeweise mit dem Messer einstechen). Oder in einer beschichteten Pfanne auf dem Herd auf kleiner Flamme auf allen drei Seiten je 10 Minuten garen. Teilweise schmort Radicchio auf dem Herd bis zu 45 Minuten, wodurch er überweich wird, was viele Gourmets mögen. Sofort servieren.

Spargel und seine Verwandten

Asparagi e i suoi cugini

Im Italienischen sind fast alle Gemüsesorten weiblich. Spargel hat einen männlichen Artikel, und er wird als Aphrodisiakum angesehen – je größer, desto besser. Spargelstangen oder -sprossen erscheinen plötzlich fertig ausgewachsen über der Erde, ohne Blattwerk, das auf sie aufmerksam machen würde. Grünen, weißen oder violetten Spargel gibt es auf den Frühlingsmärkten in ganz Italien. Mit im Gefolge sind zeitweise seine Verwandten, der wilde Spargel und die spargelähnlichen Sprossen von Hopfen, der wilden Clematis und des Mäusedorns.

Spargel ist zusammen mit Zwiebeln, Lauch und Knoblauch ein mehrjähriges Gewächs der Pflanzenfamilie *Liliaceae* und hat seine eigene Sprache und seinen eigenen Stil. Die unterirdischen Wurzelstöcke der Pflanze wachsen parallel zur Erdoberfläche und senden Sprossen nach oben aus, zarte, junge Schößlinge, die mit feinen, schuppenförmigen Schutzblättern bedeckt sind. Wenn man sie nicht erntet, verholzen die Sprossen, werden zäh und schießen farnartig »ins Kraut«. Dieses Spargelkraut wird bis zu eineinhalb Meter hoch. Es gibt männliche und weibliche Spargelpflanzen, wobei es heißt, daß die männlichen die besseren Spargelstangen produzieren, da sie keine Zeit und Energie auf die Fruchterzeugung verschwenden. Linnaeus klassifizierte den Spargel mit der botanischen Bezeichnung *Asparagus officinalis* als medizinische Pflanze. Asparagin, einer der aktiven Inhaltsstoffe des Spargels, verursacht einen typischen Geruch des Urins, ist harntreibend und stimuliert generell den Urinaltrakt, was vielleicht der Hintergrund für seine angeblich aphrodisische Wirkung ist. Asparagin sagt man auch nach, daß es die Stimmung hebt und den

Körper reinigt. Früher galt ein Stück Spargelwurzel, in einem kleinen Täschchen am Körper aufbewahrt oder als Tee überbrüht, als wirksames Mittel zur Geburtenkontrolle. Spargelstangen enthalten viel Kalium, Folsäure und die Vitamine A, B und C, die allerdings beim Kochen zum größten Teil verloren gehen. Im wilden Spargel sind weitaus mehr Vitamine und Mineralien enthalten als in den Zuchtformen.

Den Ursprung des Spargels vermutet man in Mesopotamien. Wilden Spargel findet man im ganzen Mittelmeerraum. Schon die alten Griechen und die Ägypter verwendeten ihn, wobei sich frühe Erwähnungen meistens auf Wildspargel beziehen. Wahrscheinlich waren die Römer die ersten, die den Spargel kultivierten. Wie es einer neuen, verbesserten, größeren und wohlschmeckenderen Gemüsesorte angemessen ist, schenkten sie ihm dabei eine Menge Aufmerksamkeit. Nach dem Niedergang des Römischen Reiches zog man den arbeitsintensiven Spargel Seite an Seite mit Heilkräutern in Klostergärten. Wilden Spargel sammelte jene Bevölkerungsschicht, die nicht über ihn schrieb. Aus dieser Zeit gibt es keine Rezeptsammlungen, obwohl in italienischen Bibliotheken sicherlich noch allerhand lateinisch verfaßte Klosterrezeptbücher auf Entdeckung warten.

In den verschiedenen Regionen Italiens baut man Dutzende rein regionaltypischer Spargelsorten an, die sich in Farbe und Wachstumszone unterscheiden. Weißer Spargel wächst in der Gegend um Bassano und in weiten Teilen des nördlichen Venetiens und Friauls, dazu in der Gegend um Péscia in der Toskana sowie bei Tívoli vor den Toren Roms. Weiß ist der Spargel, weil man ihn erntet, bevor die Stangen aus dem Boden kommen. Das macht seine Gewinnung schwieriger und das Gemüse teurer als grünen Spargel. Weißer Spargel ist zarter, hat aber weniger Geschmack. Violetter Spargel mit weißen Enden aus den Gegenden um Neapel, Genua und Mailand wird geerntet, kurz nachdem die Köpfe an der Erdoberfläche erscheinen. Grüner Spargel ist in Italien am häufigsten. Er wird geschnitten, wenn bereits die ganzen Stangen über der Erde sind und hat ein kräftigeres Aroma als weißer oder violetter Spargel. Im italienischen Spargelanbau dominieren amerikanische und holländische Züchtungen, da sie hohe Erträge bringen und sehr resistent gegen Schädlinge und Krankheiten sind. In manchen Gegenden bemüht man sich stark um die Kultivierung einheimischer Sorten, jedoch erscheinen auch immer mehr neue Hybriden und außerhalb der Saison erhältliche Importe aus Kalifornien, Mexiko und Israel auf dem italienischen Markt. Wilder Spargel wächst in ganz Italien. Er liefert im Frühling hocharomatische, ganz dünne Stangen und wird nur selten im Handel angeboten. Alternative Wildpflanzen mit spargelähnlichem Geschmack sind die leicht bitteren Hopfensprossen und die Sprossen der wilden Clematis. Kräutersammler suchen sie im Frühjahr, verwendet werden sie vor allem für Risotto oder mit Eiern zusammen gebacken als *frittata*, dem italienischen Omelett. Der stechende Mäusedorn mit den lateinischen Namen *Ruscus aculeatus* oder *Hypoglossum* ist in Sizilien als »Gartenspargel« bekannt. Er ist eigentlich ein Verwandter der Stechpalme, produziert aber auch Sprossen, die dem Spargel ähneln.

In Italien kennt man drei verschiedene Arten, Spargel zu säubern. Zwei davon beginnen damit, daß man das harte Stangenende abschneidet. »Schäler« bemühen sich, so wenig Abfall wie möglich zu produzieren. Sie schälen mit dem Messer oder einem Sparschäler die harte Außenhaut des unteren Spargelteils ab, wodurch man fast die ganze Stange verwenden kann. Köche mit wenig Zeit brechen das gesamte untere Ende da ab, wo der zarte Teil der Stange beginnt. Das, was überbleibt, kann komplett gegessen werden. Bei der dritten Methode – für Leute, die Spargel gerne mit den Fingern essen – wird ebenfalls das unterste zähe und meist erdige Ende der Stangen abgeschnitten. An dem Teil, der durch Schälen noch geputzt werden kann, hält man die Stange fest. Man ißt nur den zarten oberen Teil und läßt den zähen unteren übrig. Wenn es bei mir ganze Stangen gibt, ist das meine Lieblingsmethode, da ich Spargel gerne mit den Fingern esse. Wenn es mit mehr Stil zugehen soll, breche ich den holzigen Teil vor dem Kochen ab.

Wer einmal frischgestochenen Spargel gegessen hat oder sogar selber Spargel anbaut, weiß, daß er viel süßer schmeckt als länger gelagerter. Frischer Spargel enthält natürlichen Zucker, schmeckt süß, knackig und hat einen deutlicheren Spargelgeschmack. Künstlich erzeugt man diese Frische, indem man das unterste Ende der Stangen dünn abschneidet und sie für eine halbe Stunde oder noch länger in ein Gefäß mit sieben bis acht Zentimeter Zuckerwasser stellt.

Italiener essen Spargel traditionellerweise gekocht. Für gewöhnlich wird er im Pastakochtopf zubereitet, der hoch genug ist, daß man die Stangen aufrecht hineinstellen kann. Das Spargelkochwasser kann aufgehoben und anstelle von Brühe für Risotto verwendet werden. Natives Olivenöl extra ist das bevorzugte Würzmittel, obwohl man auf heißen Spargel auch oft Butter gibt. Auch Eier oder Sardellen sind beliebte Begleiter. In Venetien bereiten Spargelesser bei Tisch (nie vorher in der Küche) ihre eigene Sauce. Ein Achtminutenei wird mit der Gabel zerdrückt und mit Olivenöl, Essig, Pfeffer und Salz abgeschmeckt (siehe Seite 208). Vegetarier bereiten mit Spargel zusammen mit Eiern, geriebenem Pecorino und Olivenöl eine leckere *carbonara* für Pasta zu. Alle Arten von wildem und gezüchtetem Spargel und seine Verwandten werden traditionell auch nur gekocht und mit Olivenöl und Zitronensaft übergossen serviert, oder mit Eiern zu einer *frittata* kombiniert. Spargelrisotto ist ein Frühlingsklassiker aus Norditalien, wo sehr gerne Reis gegessen wird. Nudelliebhaber kombinieren Spargel mit hausgemachter Weichweizenpasta oder mit industriell gefertigter Hartweizenpasta. Das einfachste Rezept besteht aus den Zutaten Spargel, Butter oder Öl und Pasta.

Die Konserven- und die Tiefkühlindustrie haben dem Spargel keinen besonders guten Dienst erwiesen, da diese beiden Konservierungsmethoden Geschmack und Struktur des Gemüses bis zur Unkenntlichkeit verändern. Darauf sollte man lieber verzichten.

Spargelgeschichte

Gaius Plinius der Ältere schrieb in seiner *Historia naturalis,* einem naturgeschichtlichen Werk, bereits im ersten Jahrhundert nach Christus über wilden und gezüchteten Spargel und erwähnte dabei auch mit gewohnter Übertreibung die riesigen, angeblich über 150 Gramm schweren Stangen aus der Gegend um Ravenna. Er beschrieb das Gemüse als »eines der nützlichsten Lebensmittel«. Abführend und harntreibend sei Spargel, darüber hinaus verbessere er das Sehvermögen, sei gut gegen Brust- und Rückenschmerzen und diene – natürlich – als Aphrodisiakum, wobei hier besonders das Spargelkochwasser große Wirkung zeige. Die Legionen Julius Cäsars verbreiteten den Spargelanbau im gesamten Römischen Reich. Dem griechischen Philosophen und Historiographen Plutarch zufolge machten sich Cäsars römische Streitgenossen sogar über dessen »barbarische nördliche Sitte« lächerlich, Spargel mit »aromatischem Fett« (wahrscheinlich gewürztem Schweineschmalz) zu essen. Der römische Schriftsteller Sueton prägte im 2. Jahrhundert ein geflügeltes Wort für schnelles Handeln: *celerius quam asparagi cocuntur* – »schneller als Spargel kochen« – hieß es bei ihm. Die hier implizierte schnelle Zubereitung sollten sich insbesondere die Italiener zu Herzen nehmen, die dazu neigen, die meisten Gemüse eher zu lang zu kochen. Die Spargelzubereitung findet auch in einem der ersten Kochbücher in italienischer Sprache aus dem 14. Jahrhundert Erwähnung, und später, im 16. Jahrhundert, beschreibt der Landmediziner Costanzo Felici aus den Marken in seinem

Briefwechsel mit dem berühmten Naturalisten und Mediziner Ulisse Aldrovandi aus Bologna, daß Spargel, das wertvollste aller Sprossengewächse, »als Salat, gekocht, und von vielen auch roh oder gegrillt verzehrt wird und sich sehr gut mit Pfeffer verträgt.« Der Exilitaliener und protestantisch denkende Reisende Giacomo Castelvetro machte kurze Zeit später seine Zeitgenossen auf die wertvollen Eigenschaften italienischer Gemüsesorten aufmerksam. Das »Frühlingskapitel« seiner Abhandlung beginnt mit einem Loblied auf die dem Spargel verwandten Hopfensprossen. Als erste Sprossen der Saison seien sie ein ausgezeichnetes Reinigungs- und Auffrischungsmittel für das Blut und sollten von all denjenigen genutzt werden, die »gesundheitsbewußt sind, aber nicht wegen jedem Wehwehchen den Doktor aufsuchen wollen.«

Spargel-»Carpaccio« nach Castelvetro

Giacomo Castelvetro floh nach England, um der Verfolgung seiner radikalen neuzeitlichen protestantischen Denkweise wegen zu entkommen. Hier schrieb er 1614 eine Abhandlung über die Früchte, Kräuter und Gemüse Italiens. Ein heldenhafter Versuch, den Engländern den Genuß frischer Produkte nahezubringen, der allerdings erst Jahrhunderte später Wirkung zeigte. Die Kombination von frischem Spargel und Käse war allerdings keiner seiner Favoriten, wurde aber anläßlich eines vierzehngängigen Spargelmenü-Marathons in Nordvenetien von Anfang an meiner. Als eine der schnellstzubereiteten Vorspeisen kommt Spargel-Carpaccio mit nur fünf Zutaten aus, inklusive Pfeffer und Salz. Rohe Stangen werden dafür diagonal papierdünn aufgeschnitten. Den besten Geschmack erzielt man, wenn man, wie in der Einleitung beschrieben, zunächst die harten Endstücke der Stangen abschneidet und diese dann für mindestens eine halbe Stunde in Zuckerwasser stellt, um ihre natürliche Süße wiederzubeleben.

Vorspeise für 4 Personen:

8–12 frische Spargelstangen
2 EL natives Olivenöl extra
Meersalz und frischgemahlener schwarzer Pfeffer
100 g Parmesan am Stück (für Käsespäne)

1. Holzigen Teil der Spargelstangen abbrechen. Spargel so dünn wie möglich mit einem scharfen Messer oder dem Gemüsehobel diagonal aufschneiden, so daß die Scheibchen eine möglichst große Oberfläche bekommen. Spargelspitzen längs halbieren oder vierteln.
2. Spargelscheiben auf einen Servierteller breiten und Olivenöl darüberträufeln. Mit Salz und Pfeffer würzen.
3. Mit einem Gemüse- oder Käsehobel große Späne Parmesan über den Spargel hobeln (man braucht nicht das ganze Stück), so daß der Salat gut bedeckt ist. Carpaccio servieren.

Penne mit Spargel-Zitronensauce

Durch Contessa Lisa Contini, die mir eine der liebsten toskanischen Gastgeberinnen ist, bekam ich eine Vorliebe für die Kombination von Zitronenschale und Pasta. Lisa, ihr Mann Herzog Ugo und ihre Kinder arbeiten gemeinsam auf ihrem Landgut *Tenuta di Capezzana*, wo sie wunderbaren Wein und natives Olivenöl extra produzieren. Beim Essen ist immer für zwölf Personen gedeckt. Für ihre Gerichte kombiniert Lisa großzügig Produkte des Gartens, Selbergemachtes aus ihrer Küche, Besonderheiten aus dem nahegelegenen Supermarkt und alles, was sie sonst noch in der Speisekammer findet. Dazu gibt es die schönen Weine aus eigener Produktion. Das einzige, großzügig verwendete Öl in der Küche ist Capezzanas hervorragendes Olivenöl. Den Spargel habe ich zu Lisas Originalrezept hinzugefügt, um den saisonalen Überfluß daran auszunutzen. Eine Kombination, die der ganzen Contini-Familie schmeckte.

Vorspeise für 4–6 Personen:

500 g frischer Spargel
5–6 l Wasser (für die Pasta)
2–3 EL Meersalz
1 TL feingehackte Zitronenschale
4 EL (60 ml) natives Olivenöl extra
frischgemahlener schwarzer Pfeffer
400–450 g Penne oder andere kurze Pasta
60 g geriebener Parmesan

1. Das untere harte Ende der Spargelstangen abbrechen oder den Spargel schälen, in 2,5 cm lange Stücke schneiden. Die Spargelköpfe beiseite legen.
2. Wasser zum Kochen bringen, salzen und den Spargel darin 6–8 Minuten sehr weich kochen. Spargel mit einer Schaumkelle aus dem Wasser heben, mit kaltem Wasser abschrecken und abtropfen lassen.
3. Spargelköpfe im Kochwasser in 3–5 Minuten weich kochen, mit einer Schaumkelle aus dem Wasser heben, mit kaltem Wasser abschrecken und abtropfen lassen. Das Kochwasser nicht weggießen.
4. Spargelstücke ohne Köpfe im Mixer mit Zitronenschale, Olivenöl und 120 ml Spargelkochwasser pürieren, nach Geschmack mit Salz und Pfeffer würzen. Sauce in einen 3-Liter-Topf geben.
5. Restliches Kochwasser wieder zum Kochen bringen und Penne einlegen. Die Pasta nach rund dreiviertel der empfohlenen Kochzeit abgießen – sie muß noch gut *al dente* sein –, dabei rund 500 ml Kochwasser auffangen. Nudeln, Spargelköpfe und ein Viertel des Kochwassers in den Topf mit dem pürierten Spargel geben und Pasta auf großer Hitze in rund 3–5 Minuten fertigkochen. Die Sauce sollte sich gut um die Nudeln verteilt haben. Falls die Sauce zu dick wird, noch mehr Kochwasser zugeben, aber nicht mehr als $^1/_2$ Kelle (60 ml) auf einmal. Die Sauce

darf ruhig noch etwas flüssig sein, da der Parmesan sie noch andickt.

6. Käse zugeben, 1 Minute miterhitzen, bis er geschmolzen ist und sofort servieren.

Pasta mit vegetarischer Spargel-»Carbonara«

Pasta alla carbonara ist ein römischer Klassiker mit gepökeltem Schweinespeck (*guanciale*), Eiern und geriebenem Pecorino. Für die vegetarische Version ersetze ich den Speck durch Spargel. Man braucht etwas Übung für die Sauce, da die Kombination aus Eiern, Käse, Nudeln und Spargel, die man am Schluß auf kleiner Hitze mit ein wenig Kochwasser zu einer cremigen, leicht dicklichen Sauce zusammenkocht, leicht stockt. Wer die Sauce zum ersten Mal zubereitet, sollte etwas aufpassen. Die richtige Pasta für Carbonara sind normalerweise *bucatini* oder *perciatelli* (lange Röhren), die sich allerdings so schlecht wie ein Gartenschlauch um die Gabel wickeln lassen. Ich bevorzuge Spaghetti oder kurze Pastasorten.

Vorspeise für 4–6 Personen:

500 g Spargel
5–6 l Wasser (für die Pasta)
2–3 EL Meersalz
3–4 EL natives Olivenöl extra
4 Eier
90 g geriebener Pecorino oder Parmesan oder
eine Mischung aus beiden
frischgemahlener schwarzer Pfeffer
400–450 g Pasta (Spaghetti, Rigatoni oder Penne)

1. Das untere harte Ende der Spargelstangen abbrechen oder den Spargel schälen, in 2,5 cm lange Stücke schneiden. Die Spargelköpfe beiseite legen.
2. Wasser zum Kochen bringen, salzen und Spargel darin 3–6 Minuten weich kochen. Spargel mit einem Schaumlöffel aus dem Wasser heben, mit kaltem Wasser abschrecken und abgießen. Spargelköpfe im Kochwasser ebenfalls weich kochen (2–3 Minuten), aus dem Wasser heben, abschrecken und abgießen. Das Kochwasser aufbewahren.
3. Olivenöl, Eier und Käse vermengen, mit Salz und Pfeffer würzen. Mit dem abgetropften Spargel in einen 3-Liter-Topf geben und gut vermischen.
4. Spargelkochwasser wieder zum Kochen bringen und Pasta darin kochen. 100 ml heißes Kochwasser zur Eier-Käse-Spargelmischung geben.
5. Das heiße Wasser aus der Servierschüssel abgießen und die Pasta-Carbonaramischung hineingeben. Eine etwaige Salmonellengefahr durch die Eier ist ausgeschlossen, wenn die Carbonara über 70 °C hat.

Ganze Spargelstangen aus der Pfanne

Ich liebe den Geschmack von geröstetem Gemüse aus dem Ofen, habe aber oft nicht die Zeit oder Lust, diesen extra zur Gemüsezubereitung anzustellen. Öfen mit Bratröhren sind in italienischen Haushalten ohnehin nicht sehr üblich, weswegen für fast alles Braten und Rösten die Herdplatten verwendet werden. Spargel kann man auf diese Weise mit Olivenöl in der Pfanne braten und »natur« essen. Oder, nach einem Rezept von Giacomo Castelvetro (siehe Seite 200), zusätzlich mit einem Dressing aus Pomeranzensaft (Bitterorangen) und Olivenöl übergießen. Wer keinen bitteren Orangensaft bekommt, verwendet eine Mischung aus Zitronensaft und normalem Orangensaft.

Vorspeise oder Beilage für 3–4 Personen:

500 g frischer Spargel
2–3 EL natives Olivenöl extra
Salz
frischgemahlener schwarzer Pfeffer
2 EL Zitronensaft oder bitterer Orangensaft
(alternativ: 1 EL Zitronensaft, gemischt mit
1 EL Orangensaft)

1. Spargelstangen in einer Lage in eine große beschichtete Pfanne legen und mit einem EL Olivenöl beträufeln. Pfanne schütteln, so daß sich das Öl gut um die Stangen verteilt und den Spargel auf mäßiger Hitze von allen Seiten leicht bräunen. Dabei die Pfanne regelmäßig schütteln.
2. Hitze reduzieren und den Spargel in 10–15 Minuten weich garen (die Kochzeit kann stark variieren). Mit einem Zahnstocher oder Messer einstechen, um den Gargrad festzustellen. Alternativ die Spargelstangen im Ofen grillen, bis sie weich sind, dabei regelmäßig wenden, damit sie gleichmäßig bräunen.
3. Spargel auf eine Servierplatte legen, mit Salz und Pfeffer würzen und 1–2 EL Olivenöl sowie den Zitronen- oder Bitterorangensaft bzw. eine Mischung von Zitronen- und Orangensaft darüberträufeln.

Risotto mit Spargel (oder seinen Verwandten)

Dieses Risotto ist in den nördlichen Regionen Italiens, in denen man Reis liebt und Spargel sticht, ein Frühlingsritual. Man bereitet es mit Gemüsespargel, wildem Spargel oder auch den verschiedenen Wildgemüsen zu, die dem Spargel im Geschmack ähneln. Wer Glück hat und Sprossen vom Mäusedorn, der wilden Clematis oder Hopfensprossen findet, kann auch daraus ein äußerst geschmackvolles Risotto herstellen.

Vorspeise für 3–4 Personen:

250 g frischer Spargel
1 kleingehackte Schalotte oder Frühlingszwiebel
1 kleingehackte Knoblauchzehe
4 EL (60 ml) natives Olivenöl extra
(oder 2 EL Olivenöl und 2 EL Butter)
*250 g Risottoreis (*Carnaroli *oder* Vialone Nano,
siehe auch Seite 25 für weitere Informationen zu Reis)
4 EL (60 ml) trockener Weißwein (nach Wunsch)
2–2,5 l Wasser oder leicht gesalzene Gemüsebrühe
(1 Zwiebel, 1 Knoblauchzehe, 1 Möhre, 1 Stange Sellerie,
Spargelabschnitte und einige Petersilienzweige
15 Minuten kochen)
60 g geriebener Parmesan (weiterer Käse nach Geschmack,
um das Risotto zu bestreuen)

1. Holzige untere Enden vom Spargel abbrechen oder die Stangen schälen. Spargel in kleine Stücke schneiden, dabei die Köpfe beiseite legen.
2. Zwiebel und Knoblauch in einem 4-Liter-Topf oder einer großen Pfanne mit schwerem Boden mit 2 EL Olivenöl vermischen. Auf mäßiger Hitze glasig dünsten.

3. Spargelstangen zugeben und 1–2 Minuten braten.
4. Reis zugeben und untermischen, so daß die Reiskörner gut mit Öl bedeckt sind. Einige Minuten anrösten.
5. Falls gewünscht, den Weißwein zugeben und gut unterrühren. Hitze erhöhen, um den Wein zu verkochen.
6. Leichtgesalzenes kochendes Wasser oder Gemüsebrühe 200-ml-weise zugeben und unter kräftigem Rühren auf dem Grund des Topfs jeweils mit dem Reis verkochen lassen (dazu einen langen Holzkochlöffel oder eine -gabel verwenden). Achtung: Risotto wird so heiß wie geschmolzene Lava! Jeweils noch Wasser oder Brühe zugeben, solange das Risotto noch einigermaßen flüssig ist. Nach rund 15 Minuten Wasser oder Brühe nur noch 100-ml-weise zugeben, bis der Reis fast gar ist. Risottoreis nach weiteren 5 Minuten probieren. Er sollte noch einen guten Biß haben, das heißt *al dente* sein, da er noch einige Minuten weitergart. Das Risotto darf noch etwas suppig sein, da es durch Käse, Öl (oder Butter) und das letzte Umrühren noch andickt, die Körner sollten in der milchigen Flüssigkeit noch gut erkennbar sein.
7. Käse und restliches Olivenöl (oder Butter) zugeben und mit dem Kochlöffel zwei Minuten kräftig durchrühren. Vom Herd nehmen, auf Suppenteller verteilen und vor dem Auftragen einige Minuten ruhen lassen. Nach Wunsch mit geriebenem Parmesan bestreuen und servieren.
8. Für Risotto mit Sprossen vom Mäusedorn, wilder Clematis oder Hopfen kocht man das Gemüse nur leicht vor, gießt es ab und verwendet es dann weiter wie Zuchtspargel (siehe 3. Schritt). Da wilde Sprossen ein intensiveres Aroma haben und auch manchmal bitter sein können, empfiehlt es sich, das Kochwasser zu probieren, bevor man es für das Risotto weiterverwendet.

Venezianische Eiersauce für gekochten Spargel

In Nordvenetien ist die Ernte des ersten weißen Spargels ein regelrechter Frühlingsritus, ein Anlaß zum Feiern. In vielen Restaurants gibt es ganze Menüs aus örtlich angebautem Spargel. Die venezianische Eiersauce bekommt man allerdings selten dazu. Sie ist zu einfach und unattraktiv, um sie Gästen zu servieren, die sie aber sicherlich zuhause zubereiten. Jeder Gast stellt sich die Sauce bei Tisch selber her. Ein gekochtes Ei wird mit der Gabel zerdrückt und mit Essig, Salz, Pfeffer und würzigem Olivenöl zu einem geschmackvollen Dip für die lauwarmen Spargelstangen verwendet.

Würzende Beilage, pro Person:

125–250 g Spargel
1–2 Eier
1 TL Rotweinessig
Meersalz und frischgemahlener schwarzer Pfeffer
2–4 EL natives Olivenöl extra

Außerdem:

4–5 l Wasser
2–3 EL grobes Salz

1. Die harten Enden der Spargelstangen abschneiden. Falls der Spargel mit den Fingern gegessen wird, den unteren holzigen Teil nicht schälen. Ansonsten Stangen dort, wo der zarte Teil beginnt, abbrechen oder die Stangen schälen.
2. Wasser zum Kochen bringen. Salz und Spargel zugeben und in 5–8 Minuten weich kochen. Gemüse mit einem Schaumlöffel aus dem Wasser heben, mit kaltem Wasser abschrecken und abtropfen lassen.
3. Eier 10 Minuten kochen, abschrecken und schälen.

4. Alle Zutaten am Tisch anrichten. Jeder Gast nimmt sich ein Ei, zerdrückt es mit der Gabel auf einem Teller und verrührt es nach Geschmack mit Essig, Salz, Pfeffer und Olivenöl. Je mehr Olivenöl verwendet wird, desto flüssiger wird die Sauce. Jetzt die Spargelstangen in die Sauce dippen.

Artusis überbackener Spargel

Niemand wollte das umfassende Kochbuch des Autors Pellegrino Artusi Anfang dieses Jahrhunderts veröffentlichen, bis er es 1910 schließlich selber tat. Mit mehr als 110 Auflagen ist es bis heute das bestverkaufte italienische Kochbuch aller Zeiten geworden. Das kurze Gemüsekapitel enthält das folgende Spargelrezept, obwohl Artusi betont, daß Spargel, einfach gekocht und mit gutem Olivenöl, Essig oder Zitronensaft abgerundet, am besten schmeckt. Für überbackenen Spargel werden *al dente* gekochte Stangen mit Butter und Parmesan in eine Auflaufform geschichtet und im Ofen erwärmt, bis der Käse schmilzt. Das schmeckt gut, ist einfach zu machen und kombiniert klassische Geschmacksnoten miteinander. Das Gericht läßt sich gut vorbereiten und muß dann nur noch erhitzt werden. Mein Mann, der von der Existenz von Butter nichts wissen will, verwendet lieber Olivenöl. Wer auf seinen Cholesterinspiegel achten muß, sollte diesem Beispiel folgen.

Beilage für 4–6 Personen:

4–5 l Wasser
2–3 EL grobes Salz
750 g küchenfertiger Spargel
3–4 EL Butter oder natives Olivenöl extra
90 g geriebener Parmesan
Meersalz
frischgemahlener schwarzer Pfeffer

1. Wasser zum Kochen bringen. Salz und Spargel zugeben und 5–8 Minuten weich kochen. Gemüse mit einem Schaumlöffel aus dem Wasser heben, mit kaltem Wasser abschrecken und abtropfen lassen.
2. Ofen auf 180 °C vorheizen.
3. Eine Lage Spargel in eine Back- oder Auflaufform schichten, mit Käse bestreuen und mit Salz und Pfeffer würzen. 2–3 Lagen auf diese Weise in die Form legen. Die oberste Schicht wieder mit Käse bestreuen und Butterflöckchen darauf verteilen oder Olivenöl darüberträufeln.
4. In 15–20 Minuten goldbraun überbacken, bis der Käse geschmolzen ist. Sofort servieren.

Pontormos Spargel à la Bismarck

In seiner Gastronomiegeschichte der Toskana, die sich mit Diners und Banketten vom 16. Jahrhundert bis in die modernen Zeiten beschäftigt, beschreibt der Autor Lotteringhi della Stufa den antiklassizistischen toskanischen Künstler Pontormo als Schlemmer zu Zeiten der Spätrenaissance. Spargel und Eier waren ein beliebtes Abendessen bei ihm, was della Stufa veranlaßte, ein entsprechendes Rezept in sein Buch aufzunehmen. Dieses Gericht ist nach wie vor ein toskanischer Klassiker, obwohl es mittlerweile nach dem deutschen Staatsmann Bismarck umbenannt wurde (wie alle Gerichte, die von Ei gekrönt sind), und nicht mehr nach dem toskanischen Künstler heißt, der es als erster erwähnte.
Das Gericht ist einfach zuzubereiten und hat in jeder Region einen anderen Namen: in Mailand heißt es »Spargel alla Milanese«, außerhalb der Toskana »Florentiner Spargel« und in Florenz eben »à la Bismarck«. Denjenigen, die gerne mit den Fingern essen, wird es Spaß machen, nur den zarten Teil der Stangen mit den Händen zu essen.

Hauptgericht für 4 Personen:

1 kg frischer Spargel
4–5 l Wasser
2–3 EL grobes Salz
4–8 Eier
4 EL natives Olivenöl extra
(oder Butter nach Geschmack)
Meersalz und
frischgemahlener schwarzer Pfeffer
30 g geriebener Parmesan

1. Die harten Enden der Spargelstangen abschneiden. Falls der Spargel mit den Fingern gegessen wird, den unteren holzigen Teil nicht schälen. Ansonsten Stangen dort abbrechen, wo der zarte Teil beginnt oder schälen.
2. Wasser zum Kochen bringen. Salz und Spargel zugeben und in 5–8 Minuten weich kochen. Gemüse mit einem Schaumlöffel aus dem Wasser heben, mit kaltem Wasser abschrecken und abtropfen lassen.
3. Spargel auf 4 Teller verteilen, Köpfe in eine Richtung legen.
4. 1–2 Eier pro Person in Olivenöl (oder Butter) leicht braten, so daß das Eigelb noch flüssig ist. Mit Salz und Pfeffer würzen. Alternativ die Eier 3 Minuten in Essigwasser pochieren.
5. Gebratene oder pochierte Eier auf die Spargelstangen legen, mit dem Olivenöl (oder Butter) aus der Pfanne übergießen, geriebenen Käse darüberstreuen und servieren.

»Frittata« mit Spargel (oder seinen Verwandten)

Frittata, eher ein Eierauflauf aus der Pfanne als ein Omelett, ist die klassische italienische Lösung für ein Hauptgericht aus wenigen Zutaten. Normalerweise kombiniert man dafür genau eine Gemüsesorte mit Eiern und geriebenem Käse, was die Frittata ideal für die Resteverwertung macht, wobei ich Gemüsereste eigentlich lieber in Olivenöl kurzgebraten aus der Pfanne genieße. Für die italienische *frittata* gibt es verschiedene Zubereitungsarten. Liliana, Köchin auf dem Castello di Ama im Herzen des Chianti macht es traditionell: Sie gart eine Seite, wendet die *frittata* auf einen Teller und läßt sie zurück in die Pfanne gleiten, um die andere Seite zu garen. Andere Köche setzen einen Deckel auf, so daß auch die Oberfläche stockt und servieren sie mit der braunen Seite nach oben. Kochbuchautorin Marcella Hazan empfiehlt, die Eimasse stocken zu lassen und dann die Oberfläche unter dem Grill zu bräunen. Könner wenden die *frittata* durch einen eleganten Schwung mit der Pfanne in der Luft. Eine beschichtete Pfanne erleichtert die Prozedur.

Vorspeise oder Hauptgericht für 4 Personen:

4 Eier
Salz und frischgemahlener schwarzer Pfeffer
750 g küchenfertiger Spargel
2 EL natives Olivenöl extra oder Butter
60 g geriebener Parmesan

1. Eier, Salz und Pfeffer mit einer Gabel verrühren.
2. Spargelstangen diagonal in 1 cm lange Stücke schneiden. Köpfe abschneiden und beiseitelegen. In einer beschichteten Pfanne (Durchmesser 30 cm) auf starker Hitze in Olivenöl oder Butter 3–4 Minuten garen. Köpfe zugeben und einige Minuten weitergaren, bis der Spargel weich ist.

3. Geriebenen Käse mit Eiern vermengen, Mischung über den Spargel gießen.
4. Auf kleiner Hitze garen, bis die *frittata* am Boden bereits gestockt, die Oberfläche aber noch flüssig ist.
5. Pfanne mit einem großen Teller abdecken und umdrehen, so daß die *frittata* mit der Unterseite nach oben auf dem Teller liegt. Wieder in die Pfanne gleiten lassen und die andere Seite garen. Alternativ wie oben beschrieben nur kurz anbraten und zugedeckt stocken lassen, zum Bräunen übergrillen oder in der Luft wenden. Dafür muß die Oberfläche aber schon fast gestockt sein.
6. *Frittata* auf einen Servierteller gleiten lassen und heiß oder bei Zimmertemperatur servieren. Reste schmecken gut als Brotbelag.

Spinat und Grünes aus Wald und Feld

Spinaci e verdure del campo

Den Spinat als Importware aus Persien akzeptiert zu haben, kann den Italienern nicht schwergefallen sein. Denn um 1000 nach Christus, als ihn wahrscheinlich die Araber ins Land brachten, aßen sie bereits alle möglichen Wildgemüsesorten. Spinat und Schnittmangold findet man zur heimischen Zubereitung auf den italienischen Gemüsemärkten im Winter, Frühjahr und Herbst. Viele Lebensmittelgeschäfte und Bäckereien bieten beides auch bereits gekocht an, zu Kugeln gepreßt, die nach Gewicht verkauft werden und einem die Zubereitung wesentlich erleichtern. Dieses Angebot wird ergänzt durch eine ganze Palette von Wildgemüsen mit Aromen, die auch mich immer wieder in Erstaunen versetzen.

Viele Italiener sammeln Wildgemüse in der Natur, um es in jungem, zartem Zustand roh als Salat zu essen oder zu kochen, wenn die Blätter bereits zäh sind. Ursprünglich gehörten diese wilden Schnittgemüsesorten zur Bauernküche, heute liegen sie im Trend und werden von gutsortierten Gemüsegroßhändlern teuer an städtische Gemüseliebhaber verkauft, die keine Zeit und auch nicht das nötige Wissen zum Sammeln haben. Der Matrose Popeye, *Braccio di Ferro* mit italienischem Namen, vertrat eine gute Sache. Spinat enthält viel Calcium, Eisen, Kalium, Magnesium, die Vitamine A und C sowie Folsäure. Wildgemüse ist für gewöhnlich noch reicher an Vitaminen und Mineralstoffen, wenngleich sich dessen Nährstoffgehalte teilweise nur schwer feststellen lassen. Im Kalender von Franziskanermönch Frate Indovino ist zu lesen, daß Spinat gut gegen Blutarmut, Rheuma, Diabetes, Leber- und Nierenprobleme, Verdauungs- und Blasenbeschwerden ist und gegen körperliche und geistige Depressionen hilft. In Olivenöl gekochte Salatblätter wurden zu seiner Zeit äußerlich bei Verbrennungen, Hautentzündungen und Furunkeln aufgelegt. Um die Vorteile von Spinat aufzulisten, zitierte der Mönch einen alten Spruch: »Gute Laune, saubere Luft und Spinat – und Du wirst 100 Jahre in heiligem Frieden leben«. Der Kapuziner- oder Mönchsbart bzw. Schlitzwegerich oder *barba di cappuccino* im Italienischen ist ein leicht säuerliches Wildgemüse des Frühjahrs, das man nicht überall findet. Am ehesten bekommt man es in asiatischen Läden unter dem Namen »Chinesischer Schnittlauch«. Man kocht es, bis es zart ist, läßt es abtropfen und macht es mit gutem Olivenöl und einem Spritzer Zitrone an. Das gemeine Leimkraut, italienisch *carletti* (lat. *Silene vulgaris*), die zarten Blätter von jungem Mohn, der noch nicht blüht, und viele Schnittgemüse, die zum Rohessen zu zäh sind, werden für gewöhnlich gekocht und dann mit Knoblauch gedünstet und in einer *frittata* oder im Risotto weiterverarbeitet. Im 14. Jahrhundert konnte man gekochtes wildes Schnittgemüse in Florenz als Straßenimbiß kaufen, von sogenannten *cialdonai*, die damit geröstete Brotscheiben belegten. Sie gehörten der Florentiner Bäckergilde an, was mit ein Grund dafür sein mag, daß man bisweilen heute noch gekochtes Schnittgemüse in Brotläden bekommt.

Zarte junge Schnittgemüse wie die Rapunzel aus der Familie der Glockenblumen (lat.: *Campanula rapunculus*, ital. *raperonzolo*), die Kohl-Gänsedistel (lat.: *Sonchus oleraceus,* ital. *cicerbita*) und der auch als Pimpinelle bekannte kleine Wiesenknopf (lat.: *Sanguisorba minor*, ital.: *salvastrella*), der Portulak (lat.: *Portulaca oleracea,* ital.: *portulaca*) und Dutzende anderer haben in vielen Gegenden unterschiedliche Namen (die hier zitierten italienischen sind die in Florenz gebräuchlichen) und werden roh als Salat gegessen. Feldsalat (lat.: *Valerianella eriocarpa und locusta*, ital.: *valeriana* oder *soncino* oder *galli-*

nella) wird für gewöhnlich kultiviert und hat angeblich einen abführenden Effekt. *Rucola* kennt fast jeder (lat: *Eruca sativa*) – in Süditalien ist seine etwas schärfere Wildform sehr beliebt, die wilde Rauke (lat.: *Diplotaxis muralis*). *Misticanza* heißt im Italienischen eine Mischung wilder oder kultivierter kleiner Blattsalate und Kräuter ohne Blüten.

Spinat, Schnittmangold und Wildgemüse werden alle auf dieselbe Art zubereitet. Man blanchiert sie in einem großen Topf Salzwasser, läßt sie abtropfen, schreckt sie mit kaltem Wasser ab oder breitet sie auf einer Arbeitsplatte zum Abkühlen aus und drückt dann das überflüssige Wasser aus.

Spinatgerichte heißen oft *à la Florentine*, angeblich, weil Katharina de' Medici den Spinat anläßlich ihrer Heirat mit dem zukünftigen König Henri II. nach Frankreich importierte. Auf italienischen Speisekarten in Florenz braucht man diesen Ausdruck allerdings nicht zu suchen.

Spinat- und Wildgemüsegeschichte

Viel Schriftliches gibt es nicht zum »zahmen und wilden« Grüngemüse. Aber immerhin: In der Rezeptsammlung des römischen Schlemmermillionärs Apicius, niedergeschrieben erst im 4. Jahrhundert, liest man den Hinweis, daß man Gemüse mit Soda kochen solle »um ihm ein attraktives Smaragdgrün zu verleihen«. Bei Apicius findet man auch eine Abhandlung über die Kräuter des Landes. Er schlägt vor, sie mit *garum,* der damaligen Standardsauce aus vergorenen Sardellen, Öl und Essig, roh zu servieren oder mit Pfeffer, Kreuzkümmel und diversen anderen Würzzutaten zu kochen. Vincenzo Corrado schrieb Ende des 18. Jahrhunderts ein Kapitel zu Spinat. Er verwendete ihn nur gekocht, füllte ihn mit Käse und Ei, empfahl ihn als Füllung für Knödel, fritierte ihn und buk damit würzige Törtchen und Eieromeletts. Davor hatte bereits M. Pietro Andrea Mattioli, Mediziner aus Siena, aus der griechischen Klassik Wissen über Rucolasalat entliehen und pikant erweitert. Der Verfasser des von ihm aus dem Lateinischen übersetzten Originaltextes wußte, daß Rucola angeblich aphrodisisch wirkt. Mattioli holte noch weiter aus und behauptete, daß Rucolasalat »die Spermienzahl erhöht und Männer zum Koitus anregt.«

Claudias grüne Küchlein

»Subrich« aus wildem oder kultiviertem Grün

Claudia Verro ist eine der großartigen Kochkünstlerinnen des Piemont. In ihrem Lokal *La Contea* im Dörfchen Neive serviert sie die traditionelle Küche der Region. Unverfälschte Gerichte wie ihre findet man kaum ein zweites Mal. Sie brachte mir bei, wie man ganz kleine Eieromeletts, grüne *frittatine* macht, eine Mischung aus Mini-Küchlein und fünfmarkstückgroßen Pfannkuchen – im örtlichen Dialekt *subrich*. Claudia serviert sie mit einem Glas Spumante als Appetithappen und verwendet dafür im Frühjahr wilde Kräuter wie das Kraut junger Mohnpflanzen oder Brennesseln, im Herbst Stengelkohl oder Spinat. Ich mag ihre Art, die Aromen der gekochten Gemüsesorten mit Knoblauch, einem Hauch Parmesan und viel frischen Gartenkräutern zu unterstreichen. Die Küchlein sind die »grüne Version« ihrer Kartoffelplätzchen (siehe Seite 131). Auf typisch sparsame italienische Art verwendet man in Wasser eingeweichtes und ausgedrücktes altbackenes Brot, um zwei Eier zu einer kleinen Vorspeise für vier Personen zu verlängern.

Vorspeise für 4 Personen:

500 g Wildgemüse wie Brennessel, Schnittmangold, Stengelkohl oder Spinat (gekocht und ausgedrückt ca. 100 g)
4 l Wasser
feines Meersalz
2 große Scheiben altbackenes Brot
2 Schalotten
1 Knoblauchzehe
2 EL frische, kleingehackte Kräuter, gemischt aus mindestens zwei Sorten: Rosmarin, Salbei, Thymian, Lorbeer, Majoran, Minze
1 EL kleingehackte Blattpetersilie
2 Eier
30 g geriebener Parmesan
feines Meersalz
frischgemahlener schwarzer Pfeffer
natives Olivenöl extra zum Braten

1. Wildgemüse zum Säubern in lauwarmes Wasser, z.B. im Spülbecken geben. Gut durchspülen, um allen Schmutz und Sand zu entfernen. Falls nötig, das Wasser mehrmals wechseln. Gemüse aus dem Wasser heben und in einem Sieb abtropfen lassen. Kaputte Blätter und dicke Stiele entfernen.
2. Wasser in einem großen Topf zum Kochen bringen. Salzen, Wildgemüse einlegen und 3–5 Minuten garen. Manche Arten brauchten eventuell etwas länger. Gemüse mit einem Schaumlöffel aus dem Wasser nehmen und in einem Sieb kalt abspülen. In zwei Häufchen aufteilen und mit der Faust fast die gesamte Flüssigkeit fest ausdrücken.
3. Altbackenes Brot in kaltem Wasser einweichen, bis es fast zerfällt. Zerkrümeln und das Wasser ausdrücken. 1 Tasse abmessen.
4. Schalotten, Knoblauch, Kräuter und Petersilie im Mixer zerkleinern.

5. Vom Wildgemüse etwa 1 ½ Tassen abmessen und auseinanderpflücken. Zu den Kräutern in den Mixer geben und ebenfalls kleinhacken.
6. Eier, Brot und Parmesan zugeben, mit Salz und Pfeffer nach Geschmack würzen und im Mixer zu einer homogenen Masse vermengen.
7. Auf mäßiger Hitze 1 EL Olivenöl in einer großen beschichteten Pfanne erhitzen. Eßlöffelgroße Häufchen der Eier-Gemüsemasse in die Pfanne setzen und leicht flachdrücken. Die Küchlein sollten etwa fünfmarkstückgroß werden. In ca. 3 Minuten leicht bräunen, dann umdrehen und die andere Seite bräunen. Aus der Pfanne nehmen, auf Küchenkrepp abtropfen lassen und warm stellen, während man die restlichen *subrich* zubereitet. Falls nötig, noch mehr Öl in die Pfanne geben.
8. Die grünen Küchlein warm servieren.

Giovannis Ricotta-Grüngemüse-Pasta

Während eines Winterurlaubs in Sizilien besuchte ich das unbeheizte Landgut eines sizilianischen Barons der vierzehnten Generation. Er hatte kulinarische Neigungen, dazu eine fast altertümliche, aber mit viel Stil eingerichtete Küche, in der moderne Geräte fast gänzlich fehlten. Als der berühmte moderne sizilianische Künstler Renato Guttuso bei Baron Giovanni, so sein Name, zu Gast war, bemalte er ein Türblatt in leuchtenden Farben mit einem Stilleben sizilianischer Gemüsesorten. Während unseres gemeinsamen Wochenendes, das wir hauptsächlich in der Küche verbrachten, da dies der einzige beheizbare Raum war, komponierte Baron Giovanni einige interessante regionale Gerichte, darunter seine legendäre (und komplizierte) Pasta-Timbale. Mir gefiel am besten das folgende Pastarezept mit einer Sauce aus Tomaten, Ricotta und Wildgemüse aus dem Weinberg, einer Art wildem Stengelkohl:

cavoluzzi di vigna, wörtlich »kleiner häßlicher Weinbergkohl«. Gut schmeckt die Pasta auch mit kultiviertem Stengelkohl, zartem Rapsgrün, Mangold oder Rucola. Diese zarten Gründgemüse benötigen weniger Garzeit als des Barons Weinbergkohl.

Vorspeise für 4–6 Personen:

250 g Grüngemüse (Stengelkohl, Rapsgrün, Spinat, Wildgemüse, Rucola oder Schnittmangold)
1 kleingehackte Zwiebel
1 kleingehackte Knoblauchzehe
2 EL natives Olivenöl extra
400 ml Tomatenstückchen (frische Tomaten häuten, entkernen, entsaften und kleinschneiden oder Dosenware)
5–6 l Wasser (für die Pasta)
grobes Meersalz
400–450 g kurze Pasta (Penne, Rigatoni, Makkaroni)
1 TL Zucker
frischgemahlener schwarzer Pfeffer
150 g Ricotta
30 g geriebener Parmesan

1. Grüngemüse zum Säubern in lauwarmes Wasser legen, z.B. im Spülbecken. Gut durchspülen, um allen Schmutz oder Sand zu entfernen. Gegebenenfalls das Wasser mehrmals wechseln. Gemüse aus dem Wasser heben und in einem Sieb abtropfen lassen. Kaputte Blätter und dicke Stiele entfernen. Grüngemüse in 5 cm lange Stücke schneiden.
2. Zwiebel und Knoblauch mit Olivenöl in einem großen Topf vermengen und auf mäßiger Hitze in rund 10 Minuten weich dünsten. Tomaten zugeben und 5 Minuten mitköcheln, so daß die Flüssigkeit gut verkocht. Zucker zugeben und mit Salz und Pfeffer würzen.
3. Nudelwasser zum Kochen bringen. Gemüse in das spru-

delnde, gesalzene Wasser legen. Pasta zufügen, sobald das Wasser wieder kocht.

4. Nach rund dreiviertel der empfohlenen Kochzeit Pasta und Gemüse abgießen. Die Nuden müssen noch gut *al dente* sein. Rund 500 ml Kochwasser auffangen.
5. Gemüse und Nudeln sowie die Hälfte des Kochwassers zur Sauce geben und auf größter Hitze 3–5 Minuten kochen, bis die Pasta fertig ist und die Sauce sich gut damit verbunden hat. Falls die Sauce zu sehr einkocht, von dem restlichen Kochwasser (nicht mehr als $^1/_2$ Kelle auf einmal) zugeben. Ricotta und Parmesan darunterheben und noch einmal zusammen erhitzen.

»Nackte Nocken« – Gnudi

Nackte Nocken? Im Florentiner Dialekt heißen sie *gnudi*, »die Nackten«, als Scherz über ein Gericht aus der benachbarten Region Casentino, deren Bewohner für ihre *gnocchi* die gleiche Grüngemüse-Ricotta-Füllung verwenden wie die Florentiner für Ravioli. »Die Nackten« heißen diese Gnocchi deshalb, weil sie keinen Teigmantel tragen. In Florenz nimmt man dafür Spinat, in der bergigen Casentino-Gegend häufig Wildgemüse, auch für Ravioli. Wer Wildgemüse bekommt, sollte es verwenden. Ansonsten sind Schnittmangold oder Spinat, auf jeden Fall frische, zarte Ware, die Gemüsesorten der Wahl. Ganz original ist das Rezept mit Schafsmilch-Ricotta, da er noch etwas fetter ist. Kuhlmilch-Ricotta ist aber auch in Ordnung. Sehr wässriger Käse sollte eine halbe Stunde im Sieb abtropfen. Köche und Köchinnen auf der Suche nach einem arbeitsreichen Erlebnis können die Gnocchi einzeln mit der Hand formen oder mit zwei Löffeln Nocken abstechen. Ich ziehe es vor, die Mischung durch eine Plastiktüte, von der ich eine Ecke abgeschnitten habe oder mit dem Spritzbeutel auf eine bemehlte Arbeitsfläche zu spritzen, die Häufchen mit Mehl zu bestreuen und mit leichtem Druck walnußförmige, nur grobgeformte Bällchen daraus zu rollen. Serviert werden die *gnudi* in geschmolzener Butter oder Tomatensauce und mit Parmesan überbacken aus dem Ofen.

Vorspeise für 4–6 Personen:

750 g–1 kg Wildgemüse oder Schnittmangold oder Spinat
(gekocht und ausgedrückt ca. 300 ml)
5 l Wasser
Salz + 1 EL feines Meersalz
250 g abgetropfter Ricotta
60 g geriebener Parmesan
1 Ei
geriebene Muskatnuß
Mehl zum Bestäuben der gnudi
Für die Sauce:
4 EL (60 ml) geschmolzene Butter oder
1 Tasse Tomatensauce (siehe Seite 260)
30 g geriebener Parmesan

1. Grüngemüse zum Säubern in lauwarmes Wasser, z.B. im Spülbecken legen. Gut durchspülen, um allen Schmutz und Sand zu entfernen. Gegebenenfalls das Wasser mehrmals wechseln. Gemüse in einem Sieb abtropfen lassen. Kaputte Blätter und dicke Stiele entfernen.
2. Wasser in einem großen Topf zum Kochen bringen. Salzen, Grüngemüse einlegen und 3–5 Minuten garen, Wildgemüse evtl. etwas länger. Gemüse mit einem Schaumlöffel in ein Sieb geben und kalt abspülen. Zum Pochieren der *gnudi* das Kochwasser aufheben. Gemüse in drei Häufchen aufteilen und mit der Faust fast die gesamte Flüssigkeit ausdrücken.
3. 300 ml Gemüse abmessen und auseinanderpflücken, damit es sich leichter weiterverarbeiten läßt. Im Mixer grob hacken. Ricotta, Parmesan, Ei, 1 TL Salz und geriebene

Muskatnuß zugeben und zu einer geschmeidigen Masse vermixen.

4. Masse in einen Spritzbeutel mit großer Tülle geben oder in eine mittelgroße Plastiktüte, von der man eine Ecke für eine knapp 1 cm große Öffnung abgeschnitten hat.
5. Auf eine große saubere Arbeitsfläche eine dünne Schicht Mehl sieben und walnußgroße Häufchen der Gemüsemasse im Abstand von 5 cm darauf spritzen. Die Häufchen mit Mehl bestäuben und sanft darin wälzen. Vorsichtig von einer Hand in die andere werfen, um überflüssiges Mehl wieder abzuschütteln.
6. Gemüsewasser zum Kochen bringen und 6–8 *gnudi* ca. 2–3 Minuten pochieren, bis sie an der Wasseroberfläche erscheinen. Mit einem Schaumlöffel aus dem Wasser in eine große Auflaufform heben.
7. Ofen auf 200 °C vorheizen. *Gnudi* mit zerlassener Butter oder Tomatensauce übergießen und mit dem geriebenen Käse bestreuen. 10–15 Minuten überbacken, bis die Oberfläche leicht gebräunt und der Käse geschmolzen ist. Servieren.

Anmerkung: Gnudi lassen sich bis einschließlich Schritt 6 bereits am Vortag vorbereiten. Zum Servieren werden sie dann nur noch mit Käse und Butter oder Sauce erhitzt.

Wildgemüse-Risotto

In Venetien, wo Risotto eine sehr große Rolle spielt, wird Wildgemüse oft mit Reis serviert. *Bruscandoli*, Hopfensprossen, *carletti,* Leimkraut, *ortica*, Brennessel oder *vitalba,* wilde Clematis-Sprossen – fast alles Eßbare vom Feld wird mit Reis und Brühe auf großer Hitze gekocht und mit Käse und Butter angereichert. Cesare Benelli, Küchenchef und Patron des Ristorante *Al Covo* in Venedig, der die wundervollsten Risotti zubereitet, verwendet allerdings Olivenöl anstelle der Butter – zur Nachahmung empfohlen!

Vorspeise für 3–4 Personen:

250 g wildes oder gezüchtetes frisches Grüngemüse
4 kleingehackte Schalotten
4 EL (60 ml) natives Olivenöl extra, alternativ 2 EL
natives Olivenöl extra und 2 EL Butter
250 g Risottoreis, vorzugsweise Vialone Nano
oder Carnaroli
4 EL (60 ml) trockener Weißwein (nach Wunsch)
2–2,5 l kochendes Wasser oder leichtgesalzene Gemüsebrühe (1 Frühlingszwiebel, 1 Knoblauchzehe, 1 Möhre,
1 Stange Sellerie und die dicken Stiele und zähen Blätter
evtl. zuviel geernteten Gemüses
15 Minuten in Wasser kochen)
grobes Meersalz
60 g geriebener Parmesan (und evtl. zusätzlicher Käse
zum Bestreuen des Risottos)

1. Wildgemüse zum Säubern in lauwarmes Wasser legen, z.B. im Spülbecken. Gut durchspülen, um allen Schmutz und Sand zu entfernen. Gegebenenfalls das Wasser mehrmals wechseln. Grüngemüse aus dem Wasser heben und in einem Sieb abtropfen lassen. Kaputte Blätter und dicke Stiele entfernen. Gemüse kleinhacken.

2. Schalotten und 2 EL Olivenöl in einem 4-Liter-Topf vermengen und die Zwiebeln auf mäßiger Hitze 5–10 Minuten weich dünsten, aber nicht bräunen. Reis zugeben, gut im Öl wenden und einige Minuten leicht anrösten, aber nicht braun werden lassen.
3. Gemüse und, falls gewünscht, Weißwein zugeben und gut unterrühren. Hitze erhöhen, um den Wein zu verkochen. Leichtgesalzenes kochendes Wasser oder Gemüsebrühe 200-ml-weise zugeben und unter kräftigem Rühren auf dem Grund des Topfs jeweils mit dem Reis verkochen lassen (dazu einen langen Holzkochlöffel oder eine -gabel verwenden). Achtung: Risotto wird so heiß wie geschmolzene Lava! Jeweils noch Wasser oder Brühe zugeben, solange das Risotto noch einigermaßen flüssig ist. Nach rund 10 Minuten Wasser oder Brühe nur noch 100-ml-weise zugeben, bis der Reis fast gar ist.
4. Risottoreis nach weiteren 5 Minuten probieren. Er sollte noch etwas Biß haben, da er noch einige Minuten weitergart. Das Risotto sollte noch etwas suppig sein, da es durch den Käse, Öl (oder Butter) und das letzte Umrühren noch andickt.
5. Sobald der Reis *al dente* ist und die Körner in der milchigen Flüssigkeit noch gut erkennbar sind, Käse und restliches Olivenöl (oder Butter) zugeben und mit dem Kochlöffel zwei Minuten kräftig durchrühren. Vom Herd nehmen, auf Suppenteller verteilen und vor dem Auftragen einige Minuten ruhen lassen. Auf Wunsch mit geriebenem Parmesan bestreut servieren.

Grüngemüse-»Frittata«

Grüngemüse, egal ob wild oder gezüchtet, ergibt eine fantastische *frittata*. Man verwendet nur eine Sorte oder eine Mischung, oft einfach nur die Ergebnisse eines Tagesausflugs in die Natur. Wie bereits beschrieben, gibt es verschiedene Zubereitungsarten für die italienische *frittata:* Traditionell gart man eine Seite, wendet die *frittata* auf einen Teller und läßt sie zurück in die Pfanne gleiten, um die andere Seite zu garen. Oder man setzt einen Deckel auf, so daß auch die Oberfläche stockt und serviert sie mit der braunen Seite nach oben. Eine andere Methode ist es, die Eimasse stocken zu lassen und dann die Oberfläche unter dem Grill zu bräunen. Könner wenden die Frittata durch einen eleganten Schlenker mit der Pfanne in der Luft. Eine beschichtete Pfanne erleichtert die Prozedur.

Vor- oder Hauptspeise für 4 Personen:

750 g Wildgemüse, Schnittmangold oder Spinat
4 l Wasser
feines Meersalz
4 Eier
frischgemahlener schwarzer Pfeffer
2–3 EL natives Olivenöl extra

1. Grüngemüse zum Säubern in lauwarmes Wasser, z.B. im Spülbecken, legen. Gut durchspülen, um allen Schmutz und Sand zu entfernen. Gegebenenfalls das Wasser mehrmals wechseln. Gemüse aus dem Wasser heben und in einem Sieb abtropfen lassen. Kaputte Blätter und dicke Stiele entfernen.
2. Wasser in einem großen Topf zum Kochen bringen. Salzen, Gemüse einlegen und 3–5 Minuten garen, Wildgemüse evtl. etwas länger. Gemüse mit einem Schaumlöffel in ein Sieb geben und kalt abspülen. Gemüse in drei

Häufchen teilen und mit der Faust fast die gesamte Flüssigkeit ausdrücken. Gemüse kleinschneiden.

3. Eier mit Salz und Pfeffer würzen und mit einer Gabel verrühren. Gemüse unterheben.
4. Olivenöl in einer mittelgroßen beschichteten Pfanne erhitzen. Eier-Gemüse-Mischung zugeben und auf kleiner Hitze garen, bis die *frittata* am Boden bereits gestockt, die Oberfläche aber noch flüssig ist. Pfanne schütteln, um die *frittata* zu lösen oder mit einem Bratwender leicht anheben, falls sie am Pfannenboden festklebt.
5. Pfanne mit einem großen Teller abdecken und umdrehen, so daß die *frittata* mit der Unterseite nach oben auf dem Teller liegt. Wieder in die Pfanne gleiten lassen und die andere Seite garen.
6. *Frittata* auf einem Servierteller heiß oder lauwarm auftragen. Reste schmecken gut als Brotbelag.

Püree aus dicken Bohnen und Zichorie

Püree aus getrockneten hellgrünen Favabohnen und gekochter Zichorie (Wegwarte, in ihrer kultivierten Form Endivie und Chicorée), in einem Suppenteller angerichtet und mit Olivenöl beträufelt, ist seit neuestem eine beliebte rustikale Vorspeise zuhause und in den Restaurants Apuliens, der Ferse des italienischen Stiefels. Meine Lieblingsversion dieses Gerichts servierte allerdings Camillo Guerra im *Il Melograno,* einem fantastischen Hotel in Monopoli, in dem die regionale Küche hoch im Kurs steht. Unter das traditionelle Bohnenpüree werden dafür große Würfel geröstetes Brot gemengt, dazu gibt es Schüsselchen voll Pikantem am Tisch: sonnengetrocknete Tomaten, Artischockenböden, eingelegte Auberginen und Paprikaschoten sowie Zwiebel-Kapernsalat (siehe Seite 329). All das wird mit dem Püree zusammen gegessen. Da die meisten dieser Dinge aus dem Einmachglas kommen, läßt sich das Püree auch leicht für eine große Menge Leute zubereiten. Wie gewöhnlich, sollten besonders wegen der Einfachheit des Gerichts nur die allerbesten Zutaten verwendet werden. Geschälte Favabohnen sind eine weitere Erleichterung, da man sie nicht einweichen muß und sie fast von selber zu Püree zerfallen. Die gerösteten Brotwürfel im Püree muß ich nicht unbedingt haben. Man kann sie im Rezept auch einfach weglassen.

Vorspeise für 4–6 Personen:

350 ml geschälte Favabohnen oder andere dicke Trockenbohnen
1,2 l Wasser + 4 l Wasser
1 mittelgroße geschälte und in Würfel geschnittene Kartoffel
500 g grüner Chicorée, Endivie, Wildgemüse oder Schnittmangold

Salz
4 EL (60 ml) natives Olivenöl extra
frischgemahlener schwarzer Pfeffer
2 Tassen geröstete Brotwürfel
(nach Wunsch)
Folgende Beilagen oder eine Auswahl davon:
sonnengetrocknete Tomaten, Artischockenböden,
in Olivenöl eingelegte Auberginen,
geröstete Paprikastreifen,
marinierter Zwiebel-Kapernsalat von Seite 331

1. Dicke Bohnen mit 1,2 l Wasser in einem 4-Liter-Topf zum Kochen bringen. Hitze reduzieren und 10–15 Minuten köcheln lassen. Kartoffeln zugeben und kochen, bis die Bohnen und die Kartoffeln weich sind und die meiste Flüssigkeit aufgenommen haben. Falls die Flüssigkeit nicht ausreicht, kellenweise heißes Wasser zugeben.
2. Die 4 l Wasser in einem großen Topf zum Kochen bringen. Salzen, Grüngemüse einlegen und 3–5 Minuten garen, Wildgemüse evtl. etwas länger. Gemüse mit einem Schaumlöffel in ein Sieb heben und kalt abspülen. Gemüse in drei Häufchen aufteilen und mit der Faust fast die gesamte Flüssigkeit ausdrücken. Danach das Gemüse auseinanderpflücken.
3. Bohnen und Kartoffeln durch die Flotte Lotte, mit dem Kartoffelstampfer oder dem Schneebesen pürieren – keinen Mixer verwenden.
4. 2 EL Olivenöl unterrühren und mit Salz und Pfeffer abschmecken. Das Püree sollte die Konsistenz von cremigem Kartoffelpüree haben.
5. Püree in Suppenteller verteilen, gekochtes Gemüse obendrauf geben und mit dem restlichen Olivenöl beträufeln. So oder mit gerösteten Brotwürfeln und den eingelegten pikanten Gemüsen servieren.

Scharfes Grüngemüse

Wenn in Italien Grüngemüse wie Spinat, Mangold, Zichorie (grüner Chicorée), Stengelkohl oder Wildgemüse als Beilage serviert wird, gart man es in den meisten Fällen auf dieselbe Art und serviert es in einer von drei Variationen: Das Gemüse wird wie Pasta in viel Salzwasser gekocht, abgetropft, abgekühlt und ausgedrückt. Dann kann man es lauwarm mit Olivenöl und einem Spritzer Zitrone servieren. Oder wieder aufgewärmt, *saltate*, wie das französische *sauté* und wörtlich soviel wie »gesprungen«, also in der Pfanne gebraten. Dazu wird das Gemüse entweder kurz mit etwas Butter in der Pfanne heiß gemacht – eine milde Variante. Oder mit Knoblauch, scharfen Pfefferschoten und Olivenöl, was meine Lieblingsversion ist.

Beilage für 4 Personen:

750 g–1 kg Spinat
4 l Wasser
feines Meersalz
2–3 kleingehackte Knoblauchzehen
4 EL natives Olivenöl extra
1 kleingehackte scharfe rote Pfefferschote oder getrockneter Chili nach Geschmack

1. Spinat zum Säubern in lauwarmes Wasser, z.B. im Spülbecken legen. Gut durchspülen, um allen Schmutz und Sand zu entfernen. Gegebenenfalls das Wasser mehrmals wechseln. Gemüse in einem Sieb abtropfen lassen. Kaputte Blätter und dicke Stiele entfernen.
2. Wasser in einem großen Topf zum Kochen bringen. Salzen, Spinat einlegen und 3–5 Minuten garen. Mit einem Schaumlöffel in ein Sieb heben und kalt abspülen. Gemüse in drei Häufchen aufteilen und mit der Faust fast die gesamte Flüssigkeit ausdrücken.

3. Spinat auseinanderpflücken und grob zerkleinern.
4. Knoblauch und 2 EL Olivenöl in einer großen beschichteten Pfanne vermengen und auf mäßiger Hitze erwärmen. Sobald der Knoblauch zu brutzeln anfängt, die Pfefferschote zugeben. Garen, bis der Knoblauch leicht Farbe angenommen hat.
5. Spinat und $^{1}/_{2}$ Kelle (60 ml) Kochwasser zum Knoblauch geben und mit Salz würzen. Hitze erhöhen und das Gemüse in 3–4 Minuten erwärmen, so daß sich die Aromen gut vermischen und die Flüssigkeit verdampft. Vom Herd nehmen, das restliche Olivenöl zugeben und alles gut vermengen.

Stangensellerie

Sedano

Nur wenige Gourmets nehmen Stangensellerie, der auch unter den Namen Stauden- oder Bleichsellerie bekannt ist, wirklich ernst. Was nicht verwunderlich ist, wenn man bedenkt, daß man dieses Gemüse hauptsächlich aus den angelsächsischen Ländern kennt, wo es als Rohkost mit Erdnußbutter, Schmelzkäse- oder – eine neuere Variante – Blauschimmelkäse-Dip verzehrt wird. Und nicht viel aufregender ist die auch bei uns immer häufiger auftretende Verwendung von Stangensellerie als kalorienarmes Dipgemüse. Staudensellerie wie man ihn oft bekommt, in Plastik verpackt, ohne Kopf und fast blattlos, verdient auch wirklich nicht die große Aufmerksamkeit. In Italien allerdings ist diese Selleriesorte in gekochter Form weitaus wichtiger als bei uns, obwohl man sie auch hier roh ißt, beispielsweise als Zutat im *pinzimonio*, rohem Gemüse, das in fruchtiges Olivenöl gedippt wird (siehe Seite 112). Stangensellerie bildet hier die sanfte Grundlage vieler Saucen und spielt Hauptrollen als Vorspeise oder Beilage.

Stangensellerie gehört mit der Petersilie zur Familie der *Umbelliferae*. Er hat wenig Kalorien und enthält Vitamin A, Calcium, Kalium und Phosphor, wenn auch nicht in allzugroßen Mengen. Stangensellerie ist harntreibend, verdauungsfördernd und regt die Gallenproduktion an. Es heißt, daß er gegen Gallensteine, Erkältungen und chronische Bronchitis wirksam ist. Man sagt ihm nach, daß er die Beckendurchblutung leicht fördert, was wiederum der Grund dafür sein mag, daß ihm auch aphrodisische Eigenschaften zugesprochen werden. Apotheker des Mittelalters verwendeten Stangensellerie häufig in ihren Liebestränken. Frate Indovino, der sagenumrankte italienische Franziskanermönch, ließ sich über die erregende Wirkung von Sellerieblättern aus, stellte aber auch fest, daß sie ein großartiges Stärkungsmittel seien, das Verdauungsgase beseitigen könne. Die therapeutischen Wirkungen der süßlichen Selleriestangen hielt der Mönch für lange nicht so interessant.

Apium graveolens, so der lateinische Name des Stangenselleries, war ursprünglich eine wilde Sumpfpflanze des Mittelmeerraums mit einem unangenehm bitteren Geruch. Diese Wildform findet man nach wie vor in den sizilianischen Ruinen der Stadt Selinunte aus dem 5. Jahrhundert vor Christus. Der Name der Stadt griechischen Ursprungs leitet sich ab aus dem griechischen *selinon*, was nichts anderes als »wilder Sellerie« heißt. Sellerieblätter auf den Münzen der Kolonie machen deutlich, welcher Pflanzenteil damals der wichtigste war, denn bevor die Wildpflanze kultiviert wurde, waren ihre Stengel hart und faserig, so daß man lediglich Blätter und Samen zum Kochen verwendete.

Obwohl die alten Römer viele Kräuter und Blumen für ihre Tischdekorationen einsetzten, kam der Stangensellerie hierfür nie in Frage, da man ihn für Trauerkränze verwendete. Apicius setzte ihn für viele seiner Saucen ein und überlieferte sogar ein Rezept für Selleriepüree. Er kochte dafür die Blätter mit einer Prise Natron, zerstampfte sie und garte sie dann in einem Topf mit Kräutern, Pfeffer, Zwiebel, Wein, Olivenöl und *garum* (fermentierter Sardellensauce).

Weiß- bis gelbstielige italienische Bleichselleriesorten werden traditionellerweise roh, im *pinzimonio* gegessen. Jeder Gast dippt dafür sein Gemüse in Schüsselchen mit sehr gutem Olivenöl, Meersalz und Pfeffer. Dunklere grünstielige Sorten werden eher gekocht, geschmort oder in dem klassischen *battuto* aus kleingehacktem Sellerie, Zwiebeln und Möhren verwendet, mit dem viele Rezepte anfangen.

Torquato Innocenti vom Santo Spirito Gemüsemarkt in Florenz ist einer meiner Hauptlieferanten für Sellerierezepte und Informationen rund um dieses Gemüse. Er handelt zwei Varianten: *sedano*, süßliche helle Selleriestengel mit wenig Blättern, zum Rohessen oder Kochen, und *sedanino*, »kleinen Sellerie«, mit hellgrünen harten Stielen, dessen Blätter man als Würzkraut verwendet. Den obersten Teil der Stauden, den er für seine Kunden häufig wegschneiden muß, verkauft er an die nahegelegene Trattoria *La Casalinga*. Auf Seite 241 finden Sie ein Rezept aus der Küche dieses Restaurants.

Selleriegeschichte

Apio, hipposelino und *smirnio* nennt der toskanische Medizinier M. Pietro Andrea Mattioli im 16. Jahrhundert die eleganten sellerieähnlichen Pflanzen, die seine Übersetzung eines altlateinischen Texts illustrieren. Er empfiehlt, die Stiele in Brühe zu kochen und die Blätter als Würzkraut zu verwenden, was seiner Meinung nach »ganz angenehm« schmeckt. Größere kulinarische Aufmerksamkeit erfuhr der Stangensellerie nach »Zähmung« seiner Wildform im 17. Jahrhundert. In den damaligen Züchtungen wurden die Stauden durch Anhäufeln der Pflanzen mit Erde gebleicht, wodurch man die Gewichtung von den intensiv schmeckenden Blättern auf die zarten, mildaromatischen eßbaren Stiele verlegte. Exilvenezianer Giacomo Castelvetro empfiehlt seinen Zeitgenossen Anfang des 17. Jahrhunderts, derart gebleichten Sellerie roh mit Salz und Pfeffer zu essen, als Digestif nach einer Mahlzeit und rät gleichzeitig jungen Frauen, das Gemüse häufig ihren ältlichen oder impotenten Ehemännern zu servieren.

Der Autor Vincenzo Corrado informiert seine Leser im 18. Jahrhundert, daß *sellari* zwar von den Köchen des Altertums nicht verwendet wurde, aber in der Küche der Neuzeit nicht mehr fehlen dürfte. In mehr als einem Dutzend Rezepten verwandelt er Staudensellerie in Suppen und Beilagen. Pellegrino Artusi beschreibt in seinem Kochbuchklassiker der Jahrhundertwende eine Angewohnheit von Bankettgästen des römischen Altertums, sich bei Gelagen Stangensellerie als Kopfschmuck anzulegen, damit dieser den negativen Folgen von übermässigem Weinkonsum entgegenwirke. Ansonsten lobt Artusi den angenehmen Geruch von Sellerie und zählt ihn zu den »gesunden« Gemüsesorten, da er »keine Winde verursacht«.

Torquatos Lauch-Sellerie-Penne

Torquatos Winterangebot an Gemüse ist ärmlich, wenn man seinen Stand mit denen seiner Nachbarn vergleicht, die von dem außerhalb Florenz gelegenen Großmarkt versorgt werden. Bei ihnen gibt es Zitronen, Bananen und aus dem Süden und von Übersee importierte nichtsaisonale Ware wie Zucchini und Tomaten. Torquato bietet auf seinem Klapptisch nur Gemüse aus eigenem Anbau an, Mitglieder der Kohl-, Chicorée- und Knoblauch-Zwiebelfamilien. Eine Gemüsekiste enthält nur Stangensellerie, eine nur Lauch. »Haben Sie schon einmal Pasta mit Lauch und Selleriesauce gegessen?«, fragte er mich, eine Schlange ungeduldiger Kunden im Rücken, die gar keine Lust auf seine kulinarischen Ratschläge hatten. Glücklicherweise ignorierte er sie und fuhr mit seinem Rezept fort. Den von ihm verwendeten *rigatino*, eine Art Schweinespeck, lasse ich für die vegetarische Version weg und dünste das Gemüse lediglich in gutem Olivenöl. Auf der gleichen Basis läßt sich auch ein Lauch-Sellerie-Risotto zubereiten.

Vorspeise für 4–6 Personen:

2 EL natives Olivenöl extra
150 g kleingehackter Lauch
300 g kleingehackter Stangensellerie
500 ml Wasser + 5–6 l Wasser (für die Pasta)
2 EL kleingehackte Blattpetersilie
1 TL frischer Thymian
Meersalz
400–450 g Penne oder andere kurze Pasta
60 g geriebener Parmesan

1. Lauch und Sellerie mit dem Olivenöl in einem 3-Liter-Topf auf mäßiger Hitze dünsten, bis das Gemüse leicht Farbe annimmt. 500 ml heißes Wasser zugeben und 15 Minuten köcheln, bis der Sellerie weich ist.
2. $^{1}/_{3}$ des Gemüses im Mixer pürieren und wieder in den Topf geben. Petersilie und Thymian zufügen und mit Salz und Pfeffer würzen.
3. Nudelwasser zum Kochen bringen. Wasser salzen und Pasta in das sprudelnde Wasser einlegen. Die Nudeln nach rund dreiviertel der empfohlenen Kochzeit abgießen – sie müssen noch gut *al dente* sein –, dabei rund 500 ml Kochwasser auffangen.
4. Pasta und die Hälfte des Kochwassers in die Gemüsesauce geben und auf größter Hitze 3–5 Minuten kochen, bis die Nudeln fast fertig sind und die Sauce sich gut damit verbunden hat. Falls die Sauce zu sehr einkocht, von dem restlichen Kochwasser zugeben. Sie sollte noch leicht flüssig sein, da der Käse sie zusätzlich andickt.
5. Geriebenen Parmesan unterheben, eine Minute mitkochen, bis er schmilzt und die Pasta sofort servieren.

Natales angemachter Taleggio

Taleggio trattato

Roher Stangensellerie spielt in diesem leichten Rezept zugegebenermaßen nur eine untergeordnete Rolle. Ich lernte es in der heimischen Küche von Natale Rusconi kennen, der einer der größten italienischen Hoteliers, Geschäftsführer im Hotel *Cipriani,* und gleichzeitig einer meiner Lieblingsköche in Venedig ist. Dafür, daß er die regionale italienische *cucina* in den Luxus-Speisesälen der Hotels salonfähig machte, die vorher eine Domäne der kontinentalen Küche mit ihren französischen Speisekarten war, hätte er ein Denkmal verdient. *Taleggio trattato* – was soviel wie »behandelter« oder »angemachter Taleggio« heißt, ist in einer Minute zubereitet. Dafür ein anständiges Stück Taleggio, ein weicher Kuhmilchkäse aus der Lombardei, zu finden, könnte allerdings etwas schwieriger sein. Es empfiehlt sich, eher auf einen erstklassigen *Stracchino* oder französischen Camembert zurückzugreifen, als das Gericht mit einem faden oder überreifen Taleggio zuzubereiten. Schwierig könnte auch die Entscheidung fallen, die Käserinde zu entfernen, die viele Käsefans als das Beste am Käse erachten. Wer sie nicht wegschneidet, sollte sie vor der Verwendung auf jeden Fall auf unansehnliche Stellen oder Sand untersuchen.

Vorspeise, Käsegang für 4–6 Personen:

250–375 g zimmerwarmer Taleggio
2–3 EL feingehackter Stangensellerie
2–3 EL natives Olivenöl extra
frischgemahlener schwarzer Pfeffer

1. Den Käse in $^{1}/_{2}$ cm dicke Scheiben schneiden und auf einer Servierplatte anrichten.
2. Mit feingehacktem Sellerie, Olivenöl und Pfeffer bestreuen und sofort servieren.

Pasta mit »falscher Fleischsauce«

Pasta con sugo finto

Zur mittelalterlichen Blütezeit des italienischen Kirchenregimes gab es für gläubige Katholiken über 200 Fastentage pro Jahr zu beachten. Die »falsche Fleischsauce« muß damals für Bauern zum Fastende ein Ersatz für echtes Fleischragù gewesen sein. Mit Gemüsezutaten aus dem Garten versuchte man, dem Gericht zusätzlichen Geschmack zu verleihen. Für die in diesem Rezept benötigte Brühe bereite ich eine schnelle Brühe aus den Gemüseabschnitten zu. Wer echte Brühe, Brühwürfel oder Dosensuppe verwenden möchte, läßt diesen Schritt aus.

Vorspeise für 4–5 Personen:

250 ml Wasser + 5–6 l Wasser (für die Pasta)
Zwiebel-, Sellerie-, Möhrenabschnitte und Petersilienstengel (von der kleingehackten Petersilie)
1 feingehackte Zwiebel
1–2 feingehackte Stangen Sellerie
1–2 feingehackte Möhren
1 TL feingehackter frischer Rosmarin
1 TL feingehackter frischer Salbei
2 EL kleingehackte Blattpetersilie
4 EL (60 ml) natives Olivenöl extra
250 ml Tomatenstückchen (frische Tomaten häuten, entkernen, entsaften und kleinschneiden oder Dosenware)
Meersalz
frischgemahlener schwarzer Pfeffer
400 g Penne oder andere kurze Pasta
60 g geriebener Parmesan

1. Aus 250 ml Wasser, Gemüseabschnitten und Petersilienstengeln in einem Topf in 10–15 Minuten eine Gemüsebrühe kochen.

2. Feingehacktes Gemüse und frische Käuter in einen 3-Liter-Topf geben, Olivenöl darübergießen und gut vermengen. Gemüse auf kleiner Hitze dünsten, bis die Zwiebeln leicht gebräunt sind.
3. Tomaten und die Hälfte der Gemüsebrühe zugeben. Mit Salz und Pfeffer würzen und auf kleiner Flamme 25 Minuten köcheln lassen. Falls die Sauce zu sehr einkocht, noch mehr Brühe zugeben.
4. Nudelwasser zum Kochen bringen. Wasser salzen und Pasta in das sprudelnde Wasser einlegen. Die Nudeln nach rund dreiviertel der empfohlenen Kochzeit abgießen – sie müssen noch gut *al dente* sein –, dabei rund 500 ml Kochwasser auffangen.
5. Pasta und die Hälfte des Kochwassers in die Gemüsesauce geben und auf größter Hitze 3–5 Minuten kochen, bis die Pasta fast fertig ist und die Sauce sich gut damit verbunden hat. Falls die Sauce zu sehr einkocht, von dem restlichen Kochwasser zugießen. Sie sollte noch leicht flüssig sein, da der Käse sie zusätzlich andickt.
6. Geriebenen Parmesan unterheben, eine Minute mitkochen, bis er schmilzt und Pasta sofort servieren.

Linsen-Reissuppe »aus der Personalküche«

Stangensellerie und Zwiebel sind die pikante Würze dieser Suppe, die ich vor 20 Jahren in Rom zum ersten Mal gegessen habe. Ich lernte sie auf meiner ersten Lehrstelle im Ristorante *Silvano Paris* kennen, in dem mir die Grundregeln der italienischen Küche beigebracht wurden. Klassische Gerichte der italienischen und römischen *cucina* wurden dort auf vollendete Weise zubereitet. Meine Favoriten kamen allerdings immer aus der Personalküche, in der es Essen gab, das für die Tageskarte viel zu einfach gewesen wäre. Restaurantbesitzer Silvano Paris nahm das Mittagessen für gewöhnlich im Speiseraum mit ausgewählten Stammgästen zu sich. Er versäumte es jedoch nie, sich beim Kellner nach dem Personalgericht zu erkundigen und zog es oft genug den Klassikern auf der Karte vor.

Vorspeise oder kleines Hauptgericht für 6 Personen:

1 kleingehackte rote Zwiebel
3 Stangen kleingehackter Sellerie
2 EL natives Olivenöl extra
1 kleingehackte Knoblauchzehe
200 g aussortierte, gewaschene Linsen
60 ml Tomatensauce aus der Dose,
Glas oder Tetrapack
2 l heißes Wasser oder leichte Brühe
Meersalz
180 g Risottoreis
frischgemahlener schwarzer Pfeffer
2 EL kleingehackte Sellerie- oder Petersilienblätter
60 g geriebener Parmesan oder Pecorino
(nach Wunsch)

1. Zwiebeln, Sellerie und Olivenöl in einem 3-Liter-Topf vermengen und auf mittlerer Hitze weich dünsten.
2. Knoblauch 1–2 Minuten mitkochen. Linsen, Tomatensauce und heißes Wasser zugeben und leicht salzen. Aufkochen und auf kleiner Hitze 35 Minuten köcheln lassen, bis die Linsen fast gar, aber noch etwas härter als *al dente* sind. (Bis hierher kann das Gericht auch gut vorbereitet werden).
3. Reis zu den Linsen geben, wieder aufkochen und 20 Minuten auf kleiner Hitze köcheln lassen. Dabei gelegentlich umrühren, insbesondere während der letzten Minuten, damit nichts am Topfboden ansetzt. Falls die Suppe zu

dick wird, noch mehr Wasser oder leichte Brühe zugießen.

4. Mit Salz und Pfeffer abschmecken. Sobald der Reis gar, aber nicht matschig ist und noch Biß hat, den Topf vom Herd nehmen und die Suppe weitere 5 Minuten ziehen lassen. Mit Sellerie- oder Petersilienblättern garnieren und nach Wunsch mit geriebenem Parmesan oder Pecorino servieren.

La Casalingas geschmorter Staudensellerie mit Knoblauch

Zu diesem Rezept inspirierten mich die in der Pfanne gebratenen Sellerieblätter der Trattoria *Casalinga*, italienisch für »Die Hausfrau«. *La Casalinga* ist mir die liebste Ausrede vorort, um nicht kochen zu müssen. Das Restaurant ist preiswert, glänzt mit Papier-Tischdecken und einem schrecklichen Hauswein, bietet dafür aber einen um so freundlicheren Service, den dicken, beschürzten und immer lächelnden Paolo hinter der Bar, an der die Rechnung beglichen wird, und Hausmannskost des Köcheteams Graziella und Ferruccio. Im *Casalinga* wird das Gericht aus Sellerieblättern zubereitet, die die meisten Gemüsehändler wegschmeißen. Sie werden gekocht, bis sie weich sind und dann in der Pfanne mit Knoblauch gebraten. Wer genug Sellerieblätter bekommt, kann das Gericht in der *Casalinga*-Originalversion nachkochen. Dazu sollten die Blätter aber auf jeden Fall rund 20 Minuten mit einer Prise Natron im Kochwasser weichgekocht werden, sagt Graziella. Den gleichen Geschmack erzielt man aber auch mit zarten Selleriestielen. Torquato, der *La Casalinga* ebenfalls mit seinen Staudensellerieblättern beliefert, erweitert das Gericht um Tomatenstückchen und eine Prise geriebenen Parmesan.

Beilage für 4–6 Personen:

500 g zarte junge Bleichselleriestiele (und Blätter, falls sie noch an der Staude sind)
5–6 l Wasser
2–3 EL Meersalz
2 EL natives Olivenöl extra
2 kleingehackte Knoblauchzehen
125 ml Tomatenstückchen (frische Tomaten häuten, entkernen entsaften und kleinschneiden oder Dosenware, nach Wunsch)
frischgemahlener schwarzer Pfeffer
60 g geriebener Parmesan (nach Wunsch)

1. Selleriestiele in 5 cm lange Stücke schneiden, sehr breite Stiele zusätzlich längs halbieren.
2. Wasser zum Kochen bringen, salzen und Selleriestücke in 5 Minuten darin weich kochen. Mit einem Schaumlöffel aus dem Wasser heben, mit kaltem Wasser abschrecken und abtropfen lassen. Kochwasser aufheben.
3. Sellerie in eine große beschichtete Pfanne geben, Olivenöl darübergießen und gut vermengen. Gemüse auf starker Hitze leicht anbräunen.
4. Knoblauch zugeben und kurz mitdünsten. ½ Kelle (60 ml) Selleriekochwasser und nach Wunsch Tomaten zugeben. Auf mäßiger Hitze köcheln, bis die Flüssigkeit fast eingekocht ist.
5. Heiß mit Parmesan bestreut servieren. Den Käse weglassen, wenn das Gericht zimmerwarm gegessen wird.

Tomaten

Pomodori

Wer kann sich die italienische Küche ohne die Tomate – frisch, aus der Dose, als Sauce oder sonnengetrocknet – vorstellen? Sie paßt perfekt zu Pasta, ist der beste Belag für Pizza und scheint für das Rot in der italienischen Flagge zu stehen. Die Welt wäre sicher ärmer ohne Tomatensauce, ohne Salat aus dicken Scheiben reifer Tomaten mit gutem Olivenöl, Salz und Pfeffer und ohne die einfache Tomate pur, frisch vom Strauch und noch warm von der Sonne.

Die Tomate, *Lycopersicon lycopersicum*, gehört mit Kartoffel, Tabak und Auberginen zu den Nachtschattengewächsen und exotischen Wundern aus der einstmals »Neuen Welt«. Fast überall wird sie als einjähriges Gewächs angebaut, während sie in ihren südamerikanischen Ursprungsländern als mehrjährige, wenn auch nicht langlebige, Pflanze wächst. Die Jungpflanzen werden normalerweise in Innenräumen oder Gewächshäusern gezogen und erst nach dem Frost mit Beginn der Blüte nach draußen versetzt. Zwanzig bis dreißig Tage nach Anfang der Blüte hat die Pflanze ihre volle Größe erreicht, nach weiteren drei bis vier Wochen können die Früchte geerntet werden. Während des Reifeprozesses der Tomate von grün nach rot nimmt der Anteil grünen Chlorophylls ab, und der gelber Karotinoide und roten Lycopins zu. Säureanteile werden umgewandelt, Stärke verwandelt sich in Zucker. Der pH-Wert in der Frucht sinkt, das Fruchtfleisch wird allmählich weicher, die Haut dünner und mit zunehmender Reife empfindlicher. Aktiviert werden all diese Prozesse durch das Gas Ethylen, das die Tomate selber produziert, das aber auch von Züchtern künstlich zugegeben wird, um eine gleichmäßige Ernte zur fördern oder unreif geerntete Tomaten nachträglich zum Reifen zu bringen. Um die Tomate einer breiten Palette von Anbaubedingungen anzupassen, Größe und Ertrag zu steigern und die Druckempfindlichkeit für einen sicheren Transport zu senken, hat die Industrie eine Reihe immer neuer Züchtungen hervorgebracht. Einige der modernen Hybriden reifen früher und schneller, was überall dort interessant ist, wo kein Mittelmeerklima mit zwölf Sonnenstunden am Tag den Reifeprozeß vorantreibt. Viele der neuen Sorten sind Selbstbestäuber, so daß man auch auf die Befruchtung der Blüten durch Insekten nicht mehr angewiesen ist. In die Tomatenzucht fließt viel Kraft und Energie, da sie ein profitables Geschäft verspricht. Italien liegt nach den USA auf Platz zwei der Anbaunationen. Kommerzielle Erzeuger arbeiten hier an immer größeren Früchten, an gleichmäßigem Reifen und einer möglichst langen Haltbarkeit. Die von Agrarindustriellen mit der Züchtung beauftragten Bio-Ingenieure können die Tomate in alle möglichen gewünschten Richtungen manipulieren. Glücklicherweise wurde dabei in letzter Zeit auch wieder mehr Wert auf den Geschmack gelegt, der in den vergangenen Jahren oft keine Priorität hatte.

Reife Tomaten enthalten viel Vitamin A sowie einen ordentlichen Anteil Vitamin C und Kalium. Grüne Tomaten enthalten mehr Vitamin C, aber nur die Hälfte Vitamin A. Reife, im Freiland gezogene Tomaten haben einen höheren Nährstoffanteil (und meist auch mehr Geschmack) als die Früchte von unter Glas und in Nährstofflösung angebauten Stauden. Wegen ihres hohen Wassergehalts – bis zu 94 Prozent – ist die Tomate kalorienarm. Frate Indovino wußte zu berichten, daß Tomaten verdauungsfördernd sind und von Verstopfung befreien, Nierensteine auflösen, Entzündungen des Urinaltrakts heilen und das Blut reinigen können. Eine ziemlich vage Anleitung für die Herstellung eines Heilmittels aus Tomate und Schweinefett gegen Hämorrhoiden hatte der Frater auch zu bieten.

Die Italiener nahmen die Tomate freudig auf, kurz nachdem Christoph Kolumbus, ein Landsmann aus Genua, von seiner zweiten Entdeckungsfahrt Tomatensamen nach Hause brachte. Der Rest Europas war noch längere Zeit nicht für den Verzehr dieses etwas bizarren Imports aus der Neuen Welt zu begeistern, was wohl an den merkwürdig riechenden Blättern, dem ungewöhnlichen Aussehen und der Zugehörigkeit der Tomate zur nicht ganz ungefährlichen Familie der Nachtschattengewächse gelegen haben mag. Die Tomate reiste damals von Spanien aus nach Italien ein, wo aufgeschlossene Gastronome bald feststellten, daß sie über ihre Verwendung als hübsche Zierpflanze hinaus noch einen weitaus größeren Wert hatte. Zu einer Zeit, in der die moderne Telekommunikation noch Lichtjahre entfernt war, dauerte es nur rund fünfzig Jahre, bis die Tomate auch in italienischen botanischen Abhandlungen auftauchte, die eine Beschreibung der »Importware« lieferten und auch auf ihre kulinarische Einsetzbarkeit hinwiesen. Die ersten Rezepte tauchten in Kochbüchern allerdings erst spät im 16. Jahrhundert auf.

Die Samen exotischer Entdeckungen wie der Tomate nahmen wahrscheinlich ihren Weg über die üblichen Wissensträger der Zeit – die Kirche mit ihren medizinischen Klostergärten, reiche adelige Agronomen und botanische Gärten. In die Toskana fand die Tomate vielleicht über den Garten des Cosimo de' Medici Einzug, der das Land liebte, fasziniert von Botanik war und gerne mit neuen Früchten und Gemüsesorten experimentierte. Die damals in Neapel herrschende spanische Aristokratie könnte die Tomate kurz nach ihrer Entdeckung bei sich aufgenommen haben. Sizilien hatte ebenfalls gute Kontakte zu Spanien, wodurch der »Paradiesapfel« eventuell auch hier in die Gärten der Adeligen gelangte.

Jede italienische Region hat ihre bevorzugte Sorte, die ihr Anbaugebiet auch kaum verläßt, da sie frisch gepflückt am besten schmeckt. Für gewöhnlich erhalten italienische Tomaten ihren Namen nach Form oder Herkunft – wie Flaschen-, Eier-, Kirschtomaten oder »San Marzano« (außerhalb Neapels), »Pachino« (Südsizilien), »Roma« oder »Vesuvio«. Auf meinem Gemüsemarkt ist die *riccio fiorentino*, die »Florentiner Locke« am beliebtesten. Sie hat tiefe Rillen und eine Kürbisform, wie schon im 16. Jahrhundert von Filici beschrieben. Zu Beginn der Reife sind die Früchte am Stielende tiefgrün, das in der Mitte in ein blasses Grün mit einem Schatten Orange übergeht – nur ein Hinweis auf das leuchtende dunkelrot der vollreifen *riccio*. Sie hat eine dünne Haut und festes Fruchtfleisch. Halbiert sehen ihre bogenförmigen Rippen wie Blütenblätter aus, die innen mit korallenrotem Mark ausgefüllt sind, an dem die Samen hängen. Die Kerne lassen sich durch kurzes Pressen der Frucht leicht entfernen, wie man es auch bei Zitronen und Orangen macht. Die Süße einer reifen *riccio* entsteht durch die Hitze und das Licht des Sommers und wird unterstrichen von einem Hauch Säure, durch die sie einen ausgewogenen, vollmundigen Geschmack erhält. Die *riccio* ist eine Allzwecktomate und läßt sich roh oder gekocht, unreif, hart, grün, fast noch nicht gereift mit einem rosa Überzug oder ganz reif mit dem vollen Geschmack verwenden. In Parma und Genua bezeichnet man die *riccio* ebenfalls als einheimische Sorte. Ihr geringer Ertrag und die Anfälligkeit für Krankheiten haben allerdings schon viele kommerzielle Züchter zugunsten amerikanischer Hybridsorten von ihr abgebracht. Von klugen Bauern und Heimgärtnern wird die *riccio* wegen ihres hervorragenden Geschmacks jedoch nach wie vor angebaut.

Die berühmteste Saucentomate ist die *San Marzano*. Sie wurde nach der Gegend außerhalb Neapels benannt, in der sie seit jeher in Vulkanerde angebaut wurde. Hier rief die kleine Flaschentomate, *fiaschella*, im 19. Jahrhundert eine Dosenindustrie ins Leben. Dosen nannte man *buatte*, direkt in den neapolitanischen Dialekt vom französischen *boîte* übernommen. Die *San Marzano* ist eine sehr gute Ofen- und Saucentomate.

Sie hält starke Hitze gut aus, hat viel Fruchtfleisch und ist leicht zu schälen.

Das neueste Produkt der Dosenindustrie sind Tomatenstückchen, als *Pizzatomaten* im Handel. Tomaten werden dafür entkernt, enthäutet, gewürfelt und mit Saft abgefüllt – ideal für faule Köche, die gerne Stückchen in der Sauce haben. Während für die Abfüllung von ganzen Tomaten und für Tomatenmark genaue Vorschriften bestehen, ist die Tomatenstückchen-Industrie relativ unüberwacht, weswegen die Qualitäten stark voneinander abweichen. Erstklassige Dosentomaten, egal in welcher Form und aus welchem Herkunftsland, sind für alle Tomatengerichte, die man außerhalb der Saison zubereitet, die beste Wahl.

Die allerkleinsten Tomaten, die in Italien mit dem Diminutiv »ini« als *pomodorini* und mit verschiedensten anderen Dialektnamen angeboten werden, erhält man wie Strauchtomaten mit Stielen und Laub. Im Unterschied zu Cocktail- oder Kirschtomaten, die eher eine Körbchenform bilden, hängen sie aber in einer Traube. Sie sind süß und haben einen äußerst intensiven Tomatengeschmack. Zur Erntezeit wird die gesamte Pflanze gerodet, zusammengebunden und in Innenhöfen aufgehängt, was sicherlich die einfachste Konservierungsmethode für Tomaten ist. Selbst wenn ihre Haut nach einiger Zeit nicht mehr ganz so straff ist, gelten sie im Großteil Süditaliens als beste Kochtomate. Eine beliebte Sorte der im ganzen verwendeten Früchte ist die »Principe di Belmonte«.

Eine typisch südländische Art und Weise, Tomaten zu konservieren, ist, sie an der Sonne zu trocknen (*pomodori secchi*). Sie werden dafür halbiert, eingesalzen und auf Drahtsiebe verteilt. Einige Tage lang werden sie nun ab morgens der heißen Mittelmeersonne ausgesetzt und abends wieder hereingeholt. Danach legt man die getrockneten Tomaten nur mit Olivenöl oder mit Oregano, Knoblauch und geriebenem Pecorino ein.

Sehr wichtig ist hier die verwendete Tomatensorte, was jeder bezeugen kann, der schon einmal eine zähe, ledrige und fleischlose sonnengetrocknete Tomate serviert bekam. Ein erstklassiges Produkt muß konzentriert nach Tomate schmecken. Das Fruchtfleisch hat sich auf ein Minimum reduziert und wird von einer nur dünnen und nicht ledrigen Haut zusammengehalten. Das Produkt ist in erstklassiges Olivenöl eingelegt und wird dadurch im Geschmack noch verfeinert. Serviert werden diese Tomaten in Italien als Appetithäppchen, oft zusammen mit anderen in Öl eingelegten Köstlichkeiten (*sott'olio*) wie Oliven, Pilzen und Auberginen. Häufig bekommt man sie auch als in der Pfanne gebratenes »Sandwich« mit einem Belag aus Brotkrümeln, Knoblauch und Kräutern.

Eine weitere Form der Konservierung ist Tomatenmark. Bei der Herstellung wird dafür der gesamte Flüssigkeitsanteil verdampft, so daß nur die reine Tomatenessenz überbleibt. Tomatenmark gibt es einfach, zweifach und dreifach konzentriert, üblicherweise in Tuben abgepackt. In Sizilien kennt man Mark unter der Bezeichnung *estratto*. Tomatenpüree wird dafür auf langen, zum besseren Abtropfen leicht geneigten Tabletts an der Sonne getrocknet. In anderen Regionen trocknet man Tomaten dafür einige Tage an der Sonne, passiert sie durch ein Sieb, vermischt das entstandene Mark mit Salz und trocknet es noch ein paar Tage, mit Gaze gegen Insekten abgedeckt. Das Konzentrat wird in Schraubgläser umgefüllt und mit einer Schicht Olivenöl begossen. Aus rund fünf Kilogramm Tomaten erhält man auf diese Weise 500 Gramm Konzentrat. Frisch schmeckt es gut mit etwas Olivenöl beträufelt als Brotaufstrich, im tomatenlosen Winter verwendet man es zur Anreicherung von Saucen.

In allererster Linie hat sich die Tomate jedoch als frische oder konservierte Sauce einen Namen gemacht, mit einem frischen, ausgewogenen Geschmack von süß und sauer, als rohe oder gekochte Sauce, aus unreifen oder reifen Tomaten zubereitet. Auf fast allen Tischen Italiens gibt es täglich Tomatensauce zur

Pasta, während der Sommersaison aus frischen Tomaten und während des restlichen Jahres aus konservierter Ware hergestellt. Im Norden beginnt man die Saucenzubereitung vielleicht eher mit einem Stück Butter, während in Mittel- und Süditalien Olivenöl das Maß aller Dinge ist. Würze für Tomatensauce bringen gedünsteter Knoblauch, Zwiebeln, Stangensellerie, Möhren, die kleinen scharfen Pfefferschoten *peperoncini* oder eine Mischung aus allem. Als frische Kräuter kommen vor allem die italienische glatte Petersilie, Basilikum und Oregano in Betracht.

Für die Verwendung als Sauce sollte man Tomaten auf jeden Fall entkernen. Das geht unkompliziert, indem man sie halbiert und wie Zitrusfrüchte über einem Sieb in einer Schüssel auspreßt, so daß der wertvolle Saft, den man später mitverkocht, nicht verlorengeht. Falls die Tomaten eine sehr dicke Haut haben oder Hautstückchen in der Sauce nicht erwünscht sind und damit sie eleganter aussieht, können die Früchte vor dem Entkernen noch geschält werden. Sie werden dafür rund 10 Sekunden in kochendes Wasser gelegt und mit einem Schaumlöffel herausgehoben. Die Schale läßt sich jetzt ganz leicht abziehen. Alternativ schält man Tomaten mit dem Gemüseschäler oder einem scharfen Pariermesser.

Tomaten dürfen niemals in den Kühlschrank! Genauso wenig sollte man Tomaten aus der Kühlung kaufen. Das ist schädlich für Konsistenz und Geschmack und bringt schlußendlich eine geschmacklose, matschige Frucht.

Am besten schmecken die folgenden Rezepte mit örtlich angebauten, am Strauch ausgereiften Freilandtomaten. Nicht so geschmackvolle Früchte kann man mit etwas Essig und Zucker aufpeppen. Außerhalb der Saison empfehle ich qualitativ hochwertige Dosenware, wobei entweder ganze Früchte oder bereits kleingehackte Stückchen verwendet werden können. Damit vermeidet man die äußerlich oft schöne, aber meist geschmacklose nichtsaisonale Ware.

Tomatengeschichte

Als erster erwähnte der toskanische Mediziner M. Pietro Andrea Mattioli Mitte des 16. Jahrhunderts die Tomate in Italien, in seiner Übersetzung der medizinischen Abhandlung des klassischen griechischen Arztes Dioscorides. Er beschreibt den Reifeprozeß der Tomate von grün nach rot und empfiehlt, sie gebraten wie Pilze oder als Sauce zu verzehren. Sein Zeitgenosse Costanzo Felici, der mit seinem Brieffreund Ulisse Aldrovandi botanische Neuigkeiten austauschte, äußerte sich recht unenthusiastisch über die Neuentdeckung. Tomaten seien eher dekorativ denn geschmackvoll, wußte er zu berichten. Die erste Erscheinung in einem Kochbuch machte die Tomate Ende des 17. Jahrhunderts durch Antonio Latini, einen Koch der Kirchenoberen und Adeligen. Er verwendete sie für Saucen, gedünstet und in einer Art »spanischen Sauce« mit Auberginen und Kräutern. Einer der ersten richtigen Tomatenfans war der Florentiner Klosterkoch Francesco Gaudenzio. 1705 empfahl er, kleingehackte Tomaten mit Öl, Pfeffer, Salz, Knoblauch und wilder Minze auf kleiner Hitze zu kochen und eventuell mit Aubergine oder Sommerkürbis zu ergänzen. Vincenzo Corrado konnte gar nicht anders als die Tomate hochzuloben. Geboren in Neapel, einer Tomaten-Hochburg, deklarierte er sie Ende des 18. Jahrhunderts als »würzige Bissen und universelle Saucen«, die nicht nur viel Geschmack haben, sondern insbesondere im Sommer auch gut für die Verdauung seien. Sein Tomatenkapitel umfaßte unter anderem Rezepte für gefüllte Tomaten aller Art, Tips für die verschiedensten Saucen und die dazu passenden Kräuter. Ippolito Cavalcanti, der Herzog von Buonvicinio, schrieb 1837 ein Kochbuch, das sowohl die aus dem Französischen entlehnten Gerichte der Adeligen wie auch die deftige neapolitanische Landküche beschrieb. In seinem Rezept für »Maccheroni aller Arten« verwendet er eine Fleisch-Tomaten-Schmorsauce, eine Zubereitung, die in der Straßenküche Neapels seit dem 19. Jahrhundert große Tradition hat. Und wann kam die Tomate auf die

Pizza? Definitiv kann gesagt werden, daß Hofkoch Raffaele Esposito am 11. Juni 1889 drei verschiedene Pizzen zubereitete, und eine davon seiner Königin Margherita widmete: Ihr Belag bestand aus roten Tomaten, weißem Mozzarella und grünem Basilikum, den Farben der Flagge des Vereinigten Italien.

Tomatensalat

In Italien kennt man Hunderte von Tomatenzubereitungen, doch schmecken sie wahrscheinlich roh immer noch am besten, in dicken Scheiben oder grobgewürfelt, mit frischem Basilikum, Pfeffer und bestem Olivenöl gewürzt. Für Salate verwendet man sowohl reife rote wie auch halbreife Tomaten, deren Grün erst langsam ins Rosafarbene übergeht. Gourmets mit viel Stil legen oft Wert auf geschälte Früchte – am besten geht das mit einem Gemüseschäler –, die meisten Italiener stört die Schale jedoch nicht. Ein paar Tropfen Essig unterstreichen den Geschmack, wobei wunderbar reife Sommertomaten aber gar nicht so viel Verbesserung brauchen. Wie immer, bringt auch hier das qualitativ hochwertigste Öl das beste Ergebnis. Ein besonderer Genuß ist es, den ausgetretenen Saft und das übrige Öl nach dem Salatgenuß direkt mit einer dicken Scheibe Landbrot aus dem Teller zu tunken.

Vorspeise oder Beilage für 4–6 Personen:

1 kg Tomaten
3–4 EL natives Olivenöl extra
1 TL Rotweinessig (nach Wunsch)
feines Meersalz
frischgemahlener schwarzer Pfeffer
frisches kleingehacktes oder zerpflücktes oder
in Streifen geschnittenes Basilikum

1. Tomaten in 1 cm dicke Scheiben schneiden und auf einem großen Servierteller anrichten.
2. Tomaten mit Olivenöl und nach Wunsch mit Essig übergießen, nach Geschmack salzen und pfeffern. Basilikum auf dem Salat verteilen und servieren.

Ländliches Tomaten-Knoblauchbrot

Fettunta al pomodoro

Fast jeder ist schon einmal in den Genuß von *bruschetta* gekommen. Diesen Snack aus rohen Tomaten und Kräutern auf einer Scheibe Knoblauchbrot gibt es in Restaurants auf der ganzen Welt. Ohne Schälen und Kleinschneiden der Zutaten gibt es aber auch noch eine andere Variante dieser typisch toskanischen *merenda*. Man reibt zuerst den Knoblauch, dann eine halbierte Tomate in geröstetes Landbrot ein und beträufelt das ganze dann mit einem guten Olivenöl – fertig ist eine sommerliche Version der Florentiner *fettunta*.

Vorspeise für 4 Personen:

2 Eiertomaten
4 große Scheiben Toskana-Landbrot
(je ca. 2 cm dick)
1 ungeschälte Knoblauchzehe
4 EL natives Olivenöl extra
feines Meersalz
frischgemahlener schwarzer Pfeffer

1. Tomaten wie Orangen halbieren und aus jeder Hälfte Saft und Kerne ausdrücken.
2. Die Brotscheiben leicht rösten.
3. Eine Seite der Brotscheiben mit dem ungeschälten Knoblauch einreiben, und danach mit je einer Tomatenhälfte ein-

reiben, dabei die Schnittfläche auf das Brot aufsetzen. Durch die rauhe Oberfläche reibt sich die Tomate schön in das Brot ein.

4. Brotscheiben auf einem Servierteller anrichten und mit je 1 EL Olivenöl beträufeln. Mit Salz und Pfeffer würzen und servieren.

Tomaten-Mozzarella-Salat »Capri«

Insalata Caprese

Insalata Caprese, dieser berühmte Salat aus Capri, ist das ideale Sommergericht für Köche mit wenig Zeit. Am aufwendigsten ist es, die Tomaten dafür zu schneiden. Der Salat besteht aus Scheiben leuchtend roter Tomaten, belegt mit saftigem weißem Mozzarella und ganzen grünen Basilikumblättern. Das Dressing besteht aus ein wenig Olivenöl, Meersalz und frischgemahlenem schwarzem Pfeffer. Entstanden ist das Gericht in den fünfziger Jahren, als Alternative für die Sommer-Stammgäste der *Trattoria da Vincenzo,* die anstelle der aufwendigen Gerichte lieber ein leichtes Mittagessen zu sich nehmen wollten. Man bestellte damals eine reife, frischgeerntete Tomate und einen frischen, vorort hergestellten *fior di latte* – Kuhmilch-Mozzarella. Auf Capri gab es damals wie heute keine Büffel. Mittlerweile bekommt man den Salat auf Capri mit ein paar Blättern *rughetta*, wildem Rucola und einer Prise getrocknetem wildem Oregano, beides typische Inselgewächse. Im Rest Italiens beschränkt man sich auf Tomaten, Mozzarella und Basilikum. Als Dressing dienen hier wie dort ein paar Tropfen Olivenöl. Essig würde den zarten Geschmack frischen Mozzarellas zerstören und wird daher nie verwendet. Da der Salat so einfach ist, ist es um so wichtiger, nur qualitativ gute Zutaten einzusetzen. Falls kein frischer, weißer Mozzarella zu bekommen ist und auch keine frischen Tomaten zur Verfügung stehen, sollte man lieber darauf verzichten.

Vorspeise oder kleines Hauptgericht für 4–6 Personen:

1 Bund frisches Basilikum
1 Bund frischer Rucola (nach Wunsch)
1 kg in 1 cm dicke Scheiben geschnittene reife Tomaten
500 g in 0,5 cm dicke Scheiben geschnittener Mozzarella
1 Prise guter getrockneter Oregano (nach Wunsch)
3–4 EL natives Olivenöl extra
feines Meersalz
frischgemahlener schwarzer Pfeffer

1. Basilikumblätter von den Stielen trennen, nach Wunsch den Rucola in mundgerechte Stücke zerpflücken. Abwechselnd Tomate, Mozzarella und Basilikumblätter dachziegelartig auf einem Servierteller anrichten. Rucola und Oregano darüberstreuen (falls man die Kräuter verwendet). Salat mit Olivenöl übergießen, mit Salz und Pfeffer würzen und servieren.

Torquatos Ofentomaten mit Kräutern und Knoblauch

Am Stand von Torquato und Valerio Innocenti auf der Piazza Santo Spirito gibt es im Sommer zwei verschiedene Tomatensorten. »Die *Florentiner Locke*, gut für Salat und Saucen, und *Eiertomaten* für Saucen und für Tomaten aus dem Ofen,« erfährt man von Torquato. »Knoblauch und Basilikum klein hacken, gutes Olivenöl dazu, das Ganze in die halbierten Tomaten und in den Ofen damit«. Maria di Fazio, meine »Stimme aus Apulien«, füllt ihre Ofentomaten mit Brotkrümeln, geriebenem Pecorino, Knoblauch und Basilikum. Marchesa Anna Tasca Lanza verwendet dafür die typisch sizilianische Füllung aus Brotkrümeln, Pinienkernen und Rosinen. Mir schmecken gefüllte Ofentomaten in allen Versionen gut – mein Liebling ist allerdings Torquatos einfaches Rezept.

Vorspeise oder Beilage für 4 Personen:

12 Eiertomaten
4 Knoblauchzehen
1 Bund Basilikum oder Petersilie
4 EL (60 ml) natives Olivenöl extra
feines Meersalz
frischgemahlener schwarzer Pfeffer

1. Ofen auf 200 °C vorheizen.
2. Tomaten längs halbieren und mit einem Teelöffel die Samen herausschaben.
3. Tomaten mit der Schnittfläche nach oben nebeneinander auf ein leicht geöltes Backblech oder in eine ofenfeste Form setzen.
4. Knoblauch und Basilikum im Mixer fein pürieren und mit dem Olivenöl zu einer würzigen Kräuterpaste vermengen. Mit Salz und Pfeffer würzen.
5. Ungefähr 1 TL Kräuterpaste in jede Tomatenhälfte geben.
6. Im vorgeheizten Ofen 30–40 Minuten backen. Etwas abkühlen lassen und servieren.

Lisas »Rutschpasta« mit roher Tomatensauce

Pasta allo scivolo

Lisa Gräfin Contini von der *Tenuta di Capezzana*, eines Landguts, auf dem erstklassiger Wein und bestes Olivenöl produziert werden, ist eine herausragende toskanische Köchin. Dieses kalte Pastagericht serviert sie Gästen ihrer Winzerei in der sengenden Sommerhitze unserer Region, wenn man an warmes Essen gar nicht denken möchte. Rohe Tomatensauce hält nicht so gut auf kalter Pasta. Sie rutscht praktisch daran herunter, daher Lisas Namensgebung für das Gericht.

Vorspeise für 4–6 Personen:

500 g Tomaten
1–2 Knoblauchzehen
3 EL natives Olivenöl extra
2–3 EL kleingehackte glatte Petersilie, Basilikum oder Rucola
feines Meersalz + 2–3 EL Salz
frischgemahlener schwarzer Pfeffer
5–6 l Wasser (für die Pasta)
400–450 g Spaghetti

1. Falls gewünscht, Tomaten mit dem Gemüseschäler pellen oder in kochendem Wasser blanchieren und dann häuten. Halbieren und über einem Sieb in einer Schüssel entkernen und entsaften. Saft später weiterverwenden.
2. Geschälten Knoblauch im Mixer pürieren. Tomaten, durchgesiebten Saft, 2 EL Olivenöl und Kräuter dazugeben. Grob zerkleinern, wenn Stücke in der Tomatensauce erwünscht sind, pürieren, wenn die Sauce ganz glatt sein soll. Mit Salz und Pfeffer würzen und in einer säureunempfindlichen Schüssel durchziehen lassen.
3. Nudelwasser zum Kochen bringen. Wasser salzen und Pasta in das sprudelnde Wasser einlegen. Die Spaghetti nach rund dreiviertel der empfohlenen Kochzeit abgießen – sie müssen noch gut *al dente* sein –, und mit kaltem Wasser abschrecken. 1 EL Olivenöl darüberträufeln, gut unterheben und bis zu einer Stunde kühl stellen.
4. Erst kurz vor dem Servieren die kalte Pasta mit der Tomatensauce vermengen, da sie vorher die Sauce aufsaugen würde. Die Sauce soll flüssig sein.
5. Die heiße Variante des Gerichts: Pasta nach rund dreiviertel der empfohlenen Kochzeit abgießen – sie muß noch gut *al dente* sein –, dabei rund 250 ml Kochwasser auffangen. Spaghetti und rohe Tomatensauce in einem entsprechend großen Topf 3–5 Minuten kochen, bis die Pasta fertig ist und die Sauce sich gut damit verbunden hat. Falls die Sauce zu sehr einkocht, ein wenig von dem restlichen Kochwasser zugeben.

Titinas schnelle Tomatenpasta

Sciue' Sciue'-Pasta alla Titina

Titina und Costanzo Vuotto gehört die Pension *La Pineta* auf Capri, und Titina ist eine der besten Köchinnen der Insel. Mittagessen gibt es bei ihr im Sommer direkt neben dem Swimmingpool. Sie zeigte mir *sciue' sciue'-Pasta*, die trotz der vielleicht schwierigen Aussprache sehr leicht zuzubereiten ist. *Sciue' sciue'* ist Inseldialekt und heißt in einer Gegend, die für ihren lässigen mediterranen Stil bekannt ist, soviel wie »husch-husch«.
Ohne viel Aufwand verkocht man für das wunderbare Pasta-Gericht die einheimischen vollaromatischen Cocktailtomaten, kleine *pomodorini di spugnito*, mit Knoblauch, der *al dente*-Pasta und einer Handvoll duftendem Basilikum. Scharfe rote Pfefferschote, *cerasiello*, verleiht der »schnellen« *sciue' sciue'*-Pasta auf Wunsch noch mehr Lebendigkeit.

Vorspeise für 4–6 Personen:

5–6 l Wasser (für die Pasta)
2–3 EL Salz + feines Meersalz
400–450 g Spaghetti
2 Knoblauchzehen
1 kleine rote Pfeffer- oder Chilischote nach Geschmack
3 EL natives Olivenöl extra
500 g Cocktail- bzw. Kirschtomaten
3–4 EL grobgehacktes frisches Basilikum

1. Nudelwasser zum Kochen bringen. Wasser salzen und Pasta in das sprudelnde Wasser einlegen.
2. Während die Spaghetti kochen, Knoblauch und gehackte Pfeffer- oder Chilischote in einer großen beschichteten Pfanne auf mäßiger Hitze im Olivenöl dünsten. Sobald der Knoblauch etwas Farbe annimmt, die Cocktailtomaten zufügen und leicht salzen. Auf starker Hitze kochen, bis die Tomaten zu zerfallen beginnen.
3. Die Spaghetti nach rund dreiviertel der empfohlenen Kochzeit abgießen – sie müssen noch gut *al dente* sein –, dabei rund 250 ml Kochwasser auffangen. Pasta und fast das gesamte reservierte Wasser zu den Tomaten in die Pfanne geben und auf größter Hitze unter häufigem Rühren 3–5 Minuten kochen, bis die Pasta fertig ist und die Sauce sich gut damit verbunden hat. Falls die Sauce zu sehr einkocht, noch mehr Kochwasser zugeben.
4. Vor dem Servieren mit Basilikum bestreuen.

Fabios Tomatengelee

Mit seiner Version von Tomatengelee stellt Fabio Picchi aus dem Florentiner *Cibrèo* einmal mehr seine Kochkünste unter Beweis. Er nutzt damit das saisonale Überangebot des benachbarten Sant'Ambrogio-Markts. Fabios Rezepte sind wunderbar, aber immer mit völlig ungenauen Mengenangaben. Wenn er mir ein Rezept beschreibt, muß ich jedesmal ganz genau aufpassen, daß er auch keine Zutat und keinen Verarbeitungsschritt ausläßt. Sein erfrischendes sommerliches Tomatengelee ist einfach und verwendet traditionelle Zutaten auf neue Art, so daß sich daraus eine würzige, nur leicht gelierte Tomatenmasse mit sehr viel Pepp ergibt. Mit seiner knallroten Farbe, Kräutertupfen und dem pfeffrigem Geschmack durch Chili und Knoblauch, erinnert Fabios Vorspeise nur noch entfernt an die früher bei Damen so beliebten Aspikvarianten aus klarer Consommé. Noch typischer für die Toskana wird Fabios Tomatengelee, wenn man die Ölmenge verdoppelt.

Vorspeise für 4 Personen:

500 g Eiertomaten
4 Blatt weiße Gelatine
(oder ½ TL AgarAgar)
2 EL sehr feingeschnittenes frisches Basilikum oder
Petersilie oder eine Mischung aus beidem
2 durchgepreßte Knoblauchzehen
½ kleine rote Pfefferschote oder Chilischote
nach Geschmack
1 TL Salz
2 EL natives Olivenöl extra + weiteres Öl
zum Beträufeln

1. Tomaten halbieren und die Hälften über einem Sieb in einer Schüssel entkernen und entsaften. Saft später weiterverwenden.
2. Tomatenhälften im Mixer pürieren und durch die Flotte Lotte drehen oder ein grobmaschigeres Sieb drücken, um die Schalen zu entfernen. Tomatensaft und -mark vom Entkernen zugeben und mit einem Meßbecher rund 400 ml Flüssigkeit abmessen.
3. Gelatine nach Packungsanweisung quellen lassen. Rund 100 ml Tomatenflüssigkeit heiß machen, die gequollene Gelatine dazugeben und unter Rühren auflösen (oder AgarAgar einrühren und kurz aufkochen). Die restliche Flüssigkeit, Basilikum, Knoblauch, feingehackte Pfeffer- oder Chilischote, Salz und Olivenöl unterrühren. Die Mischung auf 4 leicht geölte Soufflé-Förmchen à ca. 125 ml verteilen und mindestens 3 Stunden kühl stellen. Zum Servieren aus der Form stürzen und mit Olivenöl beträufeln.

Frische Tomatensauce zu Spaghetti

Fast alle Tomatensaucen müssen mindestens 30 Minuten kochen. Meine eigene Version ist in weniger als 10 Minuten fertig, da ich eine sehr große Pfanne dafür verwende. Auf dem größeren Pfannenboden verkochen die Tomaten schneller und schmecken dadurch frischer als Tomaten, die bereits eine Dreiviertelstunde kochen. Die Spaghetti werden wie üblich kurz vor Ende der Garzeit zur Sauce gegeben und darin fertiggekocht. Mit der Sauce beginnt man, nachdem man das Nudelwasser aufgesetzt hat. Am besten schmeckt sie mit vollreifen Tomaten der Saison wie Eier- oder Saucentomaten, die weniger Wasser als andere Sorten enthalten. Qualitativ hochwertige Tomatenstückchen aus der Dose sind während des restlichen Jahres eine gute Alternative. Ich persönlich schäle frische Tomaten für Sauce fast nie. Wer darauf aber Wert legt, kann dies natürlich tun.

Vorspeise für 4–6 Personen:

750 g Tomaten oder 500 ml Tomatenstückchen oder
ganze geschälte Eiertomaten aus der Dose
1–2 durchgepreßte Knoblauchzehen
3–4 EL natives Olivenöl extra
feines Meersalz + 2–3 EL Salz
frischgemahlener schwarzer Pfeffer
5–6 l Wasser (für die Pasta)
400–450 g Spaghetti
3 EL kleingehacktes frisches Basilikum
oder andere frische Kräuter
60 g geriebener Parmesan zum Bestreuen (nach Wunsch)

1. Nach Wunsch die frischen Tomaten schälen oder nach Blanchieren in kochendem Wasser häuten. Halbieren und Saft sowie Kerne in einem Sieb über einer Schüssel aus-

drücken. Tomatenhälften klein hacken oder pürieren und zum Saft in der Schüssel geben. Dosenware komplett verwenden.

2. Knoblauch und 1 EL Olivenöl in einer großen beschichteten Pfanne auf mäßiger Hitze dünsten, ohne daß er zuviel Farbe annimmt.
3. Tomaten zum Knoblauch in die Pfanne geben und auf mäßiger Hitze rund 5 Minuten kochen, bis sie zerfallen und ein Großteil der Flüssigkeit verkocht ist. Mit feinem Meersalz und Pfeffer nach Geschmack würzen.
4. Wer die Sauce gerne cremig hat, püriert die gekochten Tomaten mit dem restlichen Olivenöl im Mixer und gibt die Mischung wieder in die Pfanne zurück. Ansonsten das restliche Öl vor dem Servieren zur Pasta geben.
5. Nudelwasser zum Kochen bringen. Wasser salzen und Spaghetti in das sprudelnde Wasser einlegen. Die Nudeln nach rund dreiviertel der empfohlenen Kochzeit abgießen – sie müssen noch gut *al dente* sein –, dabei rund 500 ml Kochwasser auffangen.
6. Spaghetti und rund 100 ml des Kochwassers zusammen mit dem Basilikum oder den Kräutern zur Tomatensauce geben und auf größter Hitze 3–5 Minuten kochen, bis die Pasta fertig ist und die Sauce sich gut damit verbunden hat. Falls die Sauce zu sehr einkocht, von dem restlichen Kochwasser (nicht mehr als $^1/_2$ Kelle auf einmal) zugeben. Sofort servieren und nach Wunsch mit Parmesan bestreuen.

Torquatos grüne Tomatensauce

Torquato kennt viele Rezepte für grüne Tomaten, was hervorragend für all diejenigen ist, die herbe Aromen lieben. Grüne Tomaten haben mehr Säure, mehr Vitamin C, eine gleichmäßige Konsistenz und einen zarten Geschmack, bei dem die Tomate gerade eben anklingt – alles gute Gründe, sie auch einmal in diesem frühen Reifestadium von grün nach rosa zu ernten. Zwei von Torquatos Lieblingsgerichten sind eine *frittata* aus grünen Tomaten sowie mehlierte, fritierte Tomatenscheiben. Mir schmeckt am besten seine »grüne« Version der traditionellen *carrettiera*, also »Fuhrmannspasta«. Sie ist würzig, schmeckt nach Knoblauch, viel Petersilie und ist grün oder zartrosa anstatt wie sonst leuchtend rot, wie man es bei diesem Florentiner Nudelgericht gewohnt ist.

Vorspeise für 4–6 Personen:

750 g grüne oder feste grüne bis rosa Tomaten
5–6 l Wasser (für die Pasta)
2–3 EL Salz + grobes Meersalz
400–450 g Spaghetti
2–3 Knoblauchzehen
1 scharfe rote Pfeffer- oder getrocknete Chilischote
oder -pulver nach Geschmack
3 EL natives Olivenöl extra
2 EL kleingehackte glatte Petersilie

1. Tomaten entweder schälen oder nach Blanchieren in kochendem Wasser häuten. Halbieren und Saft sowie Kerne in einem Sieb über einer Schüssel ausdrücken. Tomatenhälften kleinhacken oder pürieren und zum Saft in der Schüssel geben.
2. Nudelwasser zum Kochen bringen. Wasser salzen und Spaghetti in das sprudelnde Wasser einlegen. Die Pasta nach rund dreiviertel der empfohlenen Kochzeit abgießen –

sie muß noch gut *al dente* sein –, dabei rund 250 ml Kochwasser auffangen.

3. Während die Spaghetti kochen, Knoblauch und gehackte Pfefferschote mit 1 EL Olivenöl in eine große beschichtete Pfanne geben. Knoblauch auf mäßiger Hitze dünsten, ohne daß er zuviel Farbe annimmt. Tomaten zufügen und auf mäßiger Hitze rund 5 Minuten kochen, bis sie zerfallen und ein Großteil der Flüssigkeit verkocht ist. Mit grobem Meersalz würzen.
4. Tomatensauce mit dem restlichen Olivenöl im Mixer pürieren. Rund 125 ml Nudelkochwasser und die Petersilie zugeben und das Ganze zu einer cremigen Sauce verrühren.
5. Tomatensauce zurück in die Pfanne geben, Spaghetti und fast das ganze restliche Kochwasser dazugeben und auf stärkster Hitze 3–5 Minuten kochen, bis die Pasta fertig ist und die Sauce sich gut damit verbunden hat. Falls die Sauce zu sehr einkocht, von dem restlichen Kochwasser (nicht mehr als $^1/_2$ Kelle auf einmal) zugeben.

Massimos »Panzanella« – Sommergemüse-Brot-Salat

Meine »Matzanella«

Wie man die traditionelle Florentiner *panzanella* zubereitet, auch *pan molle* oder *pan bagnato* genannt, brachte mir mein Mann Massimo bei. *Panzanella* ist ein erfrischender Vorspeisensalat aus Tomaten, Gurke, Basilikum und Zwiebeln, vermengt mit eingeweichtem und ausgedrücktem altbackenem toskanischem Weißbrot. Erst ganz zum Schluß wird das Dressing aus Olivenöl und etwas Weinessig darübergegeben. Bronzino, ein Florentiner Maler des Manierismus im 16. Jahrhundert, bereitete den Salat noch ohne Tomaten zu,

wie er in einem der Zwiebel gewidmeten Gedicht beschrieb. Daß ihn die Kreation begeisterte, war offensichtlich: »Besser als alle anderen Genüsse dieses Lebens« sei die Kombination aus Essig, Öl, eingeweichtem Brot, roher Zwiebel, zartem Portulak, Gurke, Basilikum und Rucola, schrieb er. *Panzanella* ist einfach vorzubereiten und muß nicht gekocht werden. Allerdings gelingt sie nur mit erstklassigem Brot. Außerhalb der Toskana wird manchmal geröstetes Landbrot dafür verwendet, was allerdings nicht den echten *panzanella*-Geschmack ergibt.
Eine Alternative, die auch ganz gut funktioniert, ist jüdisches Matzenbrot, das sich auch gut einweichen und ausdrücken läßt. *Panzanella* (oder meine *Matzanella*) schmeckt frisch zubereitet am besten. Wenn man den Salat zu lange stehen läßt, wird er leicht breiig und unansehnlich.

Vorspeise für 4 Personen:

4 Scheiben altbackenes Toskana-Landbrot oder
120 g Matzenbrot
1 grobgehackte rote Zwiebel
1 EL Rotweinessig
3–4 reife Tomaten
1 geschälte, entkernte und in grobe Stücke
geschnittene Gurke
1 Bund in mundgerechte Stücke zerpflückter Rucola
oder Portulak
3 EL grobgehacktes Basilikum
3–4 EL natives Olivenöl extra
feines Meersalz
frischgemahlener schwarzer Pfeffer

1. Ofen auf 120 °C vorheizen.
2. Brotscheiben im Ofen 20–30 Minuten rösten, bis sie trocken sind.

3. Brot in einer Schüssel mit Wasser 10 Minuten einweichen. Brotscheiben ausdrücken und 200 ml abmessen. In eine große Salatschüssel geben und mindestens 30 Minuten kühl stellen.
4. Zwiebeln mindestens 10 Minuten im Essig marinieren.
5. Tomaten nach Wunsch schälen oder nach Blanchieren in kochendem Wasser häuten. Halbieren und Saft sowie Kerne in einem Sieb über einer Schüssel ausdrücken. Den Saft für ein anderes Rezept verwenden. Tomatenhälften in grobe Stücke zerschneiden.
6. Zwiebel, Tomaten, Gurken, Rucola und Basilikum mit dem eingeweichten Brot vermengen, mit Olivenöl, Pfeffer und Salz anmachen und servieren.

Massimos »Farranella«
Dinkel-Tomatensalat

Einmal verbrachten mein Mann Massimo, unser Sohn Max und ich die Sommerferien in der Gegend um Lucca, eine Autostunde von Florenz entfernt. In diesem Urlaub entdeckten wir eine Spezialität dieser Region, den Dinkel oder, im Italienischen, *farro*. Dinkel ist eine gerstenähnliche Urform des Weizens und wird um Lucca traditionell in Bohnensuppe verwendet. Da er in Florenz damals nicht angeboten wurde, nahmen wir eine Menge davon mit nach Hause. Massimo komponierte daraus einen Salat mit all den Zutaten einer *panzanella*, wobei er das eingeweichte Brot durch gekochten Dinkel ersetzte. Wir waren von dem Ergebnis begeistert und erklärten die entstandene *farranella* fortan zu einem unserer Sommerfavoriten. Statt Dinkel kann man auch Weichweizen oder Gerste verwenden. Alle Getreidearten bekommt man in Bio- und Naturkostläden.

Vorspeise für 4–6 Personen:

250 g Dinkel oder Gerste
1,5 l Wasser
1 grobgehackte rote Zwiebel
2 EL Rotweinessig
3–4 reife Tomaten
1 geschälte, entkernte und in grobe Stücke geschnittene Gurke
1 Bund Rucola und / oder Portulak
2 EL grobgehacktes Basilikum
3–4 EL natives Olivenöl extra
feines Meersalz
frischgemahlener schwarzer Pfeffer

1. Getreide mit dem Wasser in einen 3-Liter-Topf geben. Zum Kochen bringen und 40–50 Minuten köcheln, bis es weich ist. Abgießen, mit kaltem Wasser abschrecken und mindestens 30 Minuten kühl stellen.
2. Während das Getreide kocht, die Zwiebeln im Essig marinieren.
3. Tomaten wenn gewünscht schälen oder nach Blanchieren in kochendem Wasser häuten. Halbieren und Saft sowie Kerne in einem Sieb über einer Schüssel ausdrücken. Den Saft für ein anderes Rezept verwenden. Tomatenhälften in grobe Stücke zerschneiden.
4. Zwiebel, Tomaten, Gurken, Rucola und Basilikum mit dem Getreide vermengen, mit Olivenöl, Pfeffer und Salz anmachen und servieren.

Torquatos Tomatensuppe mit Knoblauchbrot

Pappa all' acquacotta

Mein Gemüsebauer Torquato Innocenti lieferte uns einst neben vielen anderen Rezepten noch eine weitere Tomatenzubereitung, die zum Liebling der Familie wurde: *pappa all'acquacotta*, eine einfache Tomatensuppe. Das Rezept dafür kombiniert die Elemente zweier klassischen toskanischen Suppen: *Pappa al pomodoro* ist eine Florentiner Tomaten-Brotsuppe von dickflüssiger, fast breiiger Konsistenz, *Acquacotta,* eine Spezialiät aus der Maremma, der Heimat der toskanischen Kuhhirten, ist eine Pilz-Tomatenbrühe, die über geröstetes Brot gegossen wird und oft noch mit einem in der Brühe pochierten Ei angereichert wird. Torquatos Version enthält Knoblauch, Basilikum und *peperoncino*, scharfe rote Pfefferschote. Die einfache Tomatenbrühe gießt er über Scheiben von Röstbrot, die mit Knoblauch abgerieben wurden. Zum Schluß garniert er die Suppe mit einem Schuß Olivenöl. Durch in der Suppe leicht pochierte Eier, die man vorher auf die Brotscheiben legt und mit geriebenem Parmesan bestreut, wird das Ganze zu einem kleinen Hauptgericht.

Vorspeise oder kleines Hauptgericht für 4–6 Personen:

500 g Tomaten
1–2 durchgepreßte Knoblauchzehen
1 kleine rote Pfeffer- oder getrocknete Chilischote oder -pulver nach Geschmack
1 EL natives Olivenöl extra + weiteres Öl zum Servieren
750 ml Wasser
Salz
4–6 Scheiben geröstetes Toskana-Landbrot
1 ungeschälte Knoblauchzehe
2 EL kleingehacktes frisches Basilikum
4 Eier (nach Wunsch)
40 g geriebener Parmesan (nach Wunsch)

1. Tomaten bei Bedarf schälen oder nach Blanchieren in kochendem Wasser häuten. Halbieren und Saft sowie Kerne in einem Sieb über einer Schüssel ausdrücken. Tomatenhälften kleinhacken oder pürieren und zum Saft in die Schüssel geben.
2. Knoblauch und gehackte Pfefferschote mit 1 EL Olivenöl in einem großen, säurefesten 3-Liter-Topf mit dickem Boden auf mäßiger Hitze dünsten, aber nicht braun werden lassen.
3. Tomaten und Wasser zufügen, zum Kochen bringen, leicht salzen und 5–10 Minuten köcheln. Tomatensuppe falls nötig mit Salz und Pfeffer abschmecken.
4. Brotscheiben rösten und jede Scheibe mit der ungeschälten Knoblauchzehe abreiben. Der Knoblauch reibt sich fast vollständig in die rauhe Brotoberfläche ein.
5. In jeden Suppenteller eine Brotscheibe legen und die Brühe darüberschöpfen. Vor dem Servieren einen schwungvollen Schuß Olivenöl – ein »C« wie man in der Toskana sagt – in die Suppe gießen.
6. Wenn die Suppe als reichhaltigere Vorspeise oder kleines Hauptgericht serviert werden soll, pro Person 1 Ei in der Tomatensuppe pochieren und auf die Brotscheiben in den Tellern legen. Die Suppe darüberschöpfen, und mit Basilikum sowie geriebenem Parmesan bestreuen.

Eier »im Fegefeuer«

Mein Mann Massimo ist mir der liebste Koch in Florenz. Er grillt meisterlich, kocht genauso gut einen einfachen Teller Pasta und zaubert aus der fast leeren Speisekammer eine schnelle Mahlzeit, wenn ich zuviel zu tun hatte, um einkaufen zu gehen. Seine Küche ist einfach, schnell, sehr regionaltypisch, mit einem großen Schwerpunkt auf viel Olivenöl. Sein Gericht

»Eier im Fegefeuer« hat es mir besonders angetan. Er bereitet es in einem Topf zu und pochiert dafür Eier in einer leuchtend roten Knoblauch-Tomatensauce, die angeblich den Flammen des Fegefeuers ähnelt. Der beste Teil der Mahlzeit ist gekommen, wenn man die restliche Sauce mit Brot auftunken darf, was in Italien *la scarpetta*, »kleiner Schuh« genannt wird. In einem Land, in dem gute Saucen eine große Rolle spielen, sind solche Tischmanieren durchaus erlaubt. Stellen Sie dazu reichlich Brot auf den Tisch.

Hauptgericht für 4–6 Personen:

1–2 durchgepreßte Knoblauchzehen
2–3 EL natives Olivenöl extra
500 ml Tomatenstückchen (frische Tomaten häuten,
entkernen, entsaften und kleinschneiden
oder Dosenware)
feines Meersalz
frischgemahlener schwarzer Pfeffer
4–8 Eier (je nach Appetit der Gäste)

1. Knoblauch in Olivenöl in einer großen beschichteten Pfanne auf mäßiger Hitze dünsten, ohne daß er zuviel Farbe annimmt.
2. Tomaten zugeben und auf mäßiger Hitze 5 Minuten mitgaren, bis fast die gesamte Flüssigkeit verkocht ist. Salzen und pfeffern.
3. Eier vorsichtig in eine Kelle schlagen und in die Sauce gleiten lassen oder direkt in die Pfanne schlagen, leicht salzen und pfeffern. Die Eier in der Sauce pochieren, bis das Eiweiß gestockt ist und die Eigelbe so weich wie gewünscht sind (aus Sicherheitsgründen nur sehr frische Eier verwenden). Eier in der Sauce auf einen tiefen Servierteller umfüllen und mit Brot servieren.

Graziellas sonnengetrocknete Tomaten

Graziella, eine Angestellte der Marchesa Anna Tasca Lanza, gab mir nach einem Aufenthalt auf dem sizilianischen Familienweingut *Regaleali* der Tasca ein Glas ihrer gefüllten sonnengetrockneten Tomaten mit nach Hause. Sie sind das einzige mir bekannte süditalienische Rezept, in dem sonnengetrocknete Tomaten als Zutat verwendet werden und stellen eine wirkliche Verfeinerung der für gewöhnlich in Olivenöl angebotenen Tomaten dar, die man als Snack, Antipasto oder als würzige Beilage zu Brot ißt, aber niemals verkocht. Graziella verwendet dafür halbierte Eiertomaten, die sie unter der sizilianischen Sonne getrocknet hat. Zwischen je zwei Hälften füllt sie geriebenen Pecorino, Knoblauch, scharfe rote Pfefferschoten und Oregano – alles auf *Regaleali* hergestellte oder angebaute Produkte. Die mit Olivenöl übergossenen Tomaten füllt sie in Dutzende von Gläsern ab, so daß sie über den ganzen Winter reichen. Das ist mir zuviel Arbeitsaufwand, weswegen ich lieber nur ein Schraubglas mit ihren gefüllten Tomaten herstelle und für den sofortigen Gebrauch im Kühlschrank aufhebe. Graziella sagt, sie würden auch in der Speisekammer ewig halten.

Wichtig ist, für das Rezept nur frische sonnengetrocknete Tomaten und keine alten, ledrig wirkenden braunen Exemplare zu verwenden.

Vorspeise für 6–8 Personen (24 Happen):

3 durchgepreßte Knoblauchzehen
1 EL getrockneter Oregano
60 g grobgeriebener Pecorino
1 kleine rote Pfeffer- oder getrocknete Chilischote oder -pulver nach Geschmack
48 sonnengetrocknete Tomatenhälften
natives Olivenöl extra

1. Knoblauch, Oregano, Käse und die feingehackte Pfefferschote in einer kleinen Schüssel vermengen.
2. Die Hälfte der Tomaten mit der Schnittfläche nach oben auf einer sauberen Arbeitsfläche ausbreiten. Auf jede Tomate 1 TL der Käsemischung geben und eine zweite Tomate mit der Schnittfläche nach unten als Deckel daraufsetzen.
3. Die Tomaten-»Sandwiches« in ein sauberes Schraubglas oder eine kleine Glasschüssel stapeln und mit Olivenöl übergießen. Die Tomaten gut zusammendrücken, damit Luft zwischen ihnen entweichen kann und eventuell noch etwas Öl nachgießen, bis sie gut bedeckt sind. Die Tomaten im Kühlschrank vor dem Verzehr mindestens 2–3 Wochen durchziehen lassen.

Weißkohl und Rotkohl

Cavolo e cavolo nero

Trotz der italienischen Kraftausdrücke, bei denen das Wort *cavolo*, Kohl, eine eher unfeine Bedeutung erhält, ist dieses Gemüse ein wichtiger Bestandteil der regionalen Winterküche. Auf die für sie typische Art nehmen sich die Italiener ein nicht weiter aufregendes Gewächs mit zweifelhaftem Ruf vor und verwandeln es in etwas fast Neues. Kohl ist Zutat von Suppen und Saucen, er wird geschmort oder mit Reis und allerlei anderen Dingen gefüllt. Auf fast allen Märkten tauchen rund ums Jahr Dutzende gebietstypischer Sorten auf, dichtgeschlossene hellgrüne Köpfe, dunklere mit lockerem, krausem Blattwerk und Kohlsorten mit palmartigen Wedeln wie der toskanische Braunkohl. Nach dem ersten Frost, so weiß man, haben sie am meisten Geschmack.

Kohl gehört zur Familie der *Cruciferae*. Aus der prähistorischen Wildform des Mittelmeerraums entwickelten sich die verschiedenen Kohlarten (*Brassica*), die man nach der jeweiligen Form ihrer Köpfe (Weißkohl), übergroßen Blütenständen (Blumenkohl und Brokkoli), Stengel (Kohlrabi), Triebknospen (Rosenkohl), Wurzeln (Speiserübe) oder Blätter (Grünkohl) in verschiedene Gattungen einteilt.

Kohl hat keinen besonders hochstehenden Ruf, wahrscheinlich aufgrund seiner Eigenart, »Meteorismus« auszulösen, wie es manche Autoren elegant ausdrücken, eine nette Umschreibung für Blähungen. Er ist ein gesundes Wintergemüse, hat wenig Kalorien, Vitamin A und C, Kalium, Calcium und Folsäure. Dem Kohl spricht man antikarzinogene Eigenschaften zu, außerdem stärke er das Immunsystem. Frate Indovino, der legendenumrankte italienische Franziskanermönch, brachte zu seiner Zeit in seinem Almanach, in dem er Ratschläge für die Gartenarbeit, die Weinbereitung, zum Kochen und für die Hausmedizin auf der Grundlage von Gemüsesorten, Kräutern und Früchten gab, seine Hochschätzung, vor allem für die gesamte Kohlfamilie und ihre medizinischen Eigenschaften zum Ausdruck: Kohl wirke verdauungsfördernd, desinfizierend, antidiabetisch, antirheumatisch und sei gut für die Wundheilung. Kohlsaft ist hilfreich bei Magengeschwüren, Gicht, Arthritis und depressiven Zuständen. Aufgelegte blanchierte Kohlblätter beruhigen angegriffene Haut und helfen bei Verbrennungen.

Italienischer Kopfkohl wird in zwei Hauptgruppen unterteilt: Den gemeinen oder Weißkohl, *cavolo cappuccio*, mit dichtgepackten hellgrünen Blättern und Wirsingkohl, *verza*, mit dunklerem und lockerem krausem Blattwerk. Vom Wirsing unterscheidet man je nach Erntezeit noch regionaltypische Sorten. Der toskanische Braunkohl, im Italienischen *cavolo nero*, hat krause palmwedelartige Blätter an einem zentralen Strunk. Außerhalb der Toskana findet man ihn selten.

Torquato Innocenti, meine Quelle für toskanischen Braunkohl auf dem Markt an der Piazza Santo Spirito äußert sich enthusiastisch über die ganze Kohlfamilie. Die Kopfkohlsorten spielen in seinen mündlich erzählten Rezepten, die genauso vage sind wie die von mir aufgespürten historischen kulinarischen Texte, zwar nicht die Hauptrolle, jedoch kommt Kohl ständig darin vor: in Suppen, mit Reis oder Polenta oder auch als Belag für geröstetes Knoblauchbrot – minimalistische Gerichte, von denen der Kochbuchautor Artusi gar nichts hielt. Nach der Ernte der Kohlblätter bilden sich an dem übriggebliebenen Strunk viele kleine dunkle Kohlröschen. Torquato Innocenti empfiehlt, sie roh in einem gemischten Salat zu verzehren oder mit Knoblauch und *peperoncini*, sehr scharfen, kleinen roten Pfefferschoten für eine Pastasauce in der Pfanne zu braten. Torquato warnt jedoch: »Kohl am Abend verursacht schlechte Träume!«

Kohlgeschichte

Trotz seines Arme-Leute-Rufs liebten schon die alten Römer Kohl. Der Feinschmecker Apicius zum Beispiel verwendete ihn als Bestandteil einer bäuerlichen Gemüsesuppe mit Linsen, Erbsen, Lauch, Fenchel und Kräutern. Dazu gab es *garum*, die universelle Würzsauce aus vergorenem Fisch der damaligen Zeit. Der Autor Platina lieferte im 15. Jahrhundert historische Geschichtchen rund um den Kohl. Er nahm Bezug auf Cato, der bereits drei verschiedene Kohlsorten kannte, auf Julius Cäsars Kriegsberichte, in denen der dreiblättrige Wildkohl vorkommt und auf Aristoteles, der Kohl für die beste Medizin nach einem Alkoholrausch lobte – ein weitverbreiteter Volksglaube, der sich jahrhundertelang hielt. Von den medizinischen Eigenschaften des Kohls war Platina allerdings nicht so begeistert. Er störe beispielsweise den Schlaf, sei schlecht für den Magen sowie aufgrund seiner Kochgerüche für die Sehkraft und den Kopf. Leichter verdaue man ihn im Winter, sagt Platina.

Dieser Meinung war auch der im englischen Exil lebende Venezianer Giacomo Castelvetro 1614 in seinem Buch über die italienischen Gemüsesorten dieser Zeit. Er empfahl den Engländern, mit deren Kohlküche er im übrigen recht zufrieden war, das Gemüse doch auch einmal auf venezianische Art zu probieren, in Schweineschmalz mit Petersilie und Thymian gedünstet, gefüllt mit Kräutern, Brotkrümeln und geriebenem Käse oder im ganzen gekocht und übergossen mit Butter.

Toskanisches Kohlpesto

Gekochter Braunkohl *(cavolo nero)* oder Grünkohl und Knoblauch werden für dieses Rezept mit Olivenöl zu einer bräunlich bis dunkelgrünen Paste mit typisch toskanischem Geschmack verarbeitet. Es ist praktisch, von diesem einfachen Kohlpesto ein Schüsselchen auf Vorrat im Kühlschrank zu haben. Man kann es auf geröstetes Brot streichen, als Pastasauce oder als Würzsauce für gekochte weiße Bohnen verwenden oder eine Gemüsesuppe damit verfeinern. Grünkohl ist eventuell etwas zäher als Braunkohl und hat eine längere Kochzeit. Auch Weißkohl oder Rotkohl eignen sich, wodurch das Pesto einen etwas zarteren Geschmack erhält.

Würz- oder Pastasauce für 6 oder mehr Personen:

500 g Braunkohl, Grünkohl oder je ½ Kopf Weiß- oder Rotkohl
4–5 l Wasser
2–3 EL grobes Meersalz
2 Knoblauchzehen
8 EL (120 ml) oder mehr natives Olivenöl extra

1. Kohl gründlich säubern und in warmem Wasser waschen. Vom Grün- oder Braunkohl die mittleren Blattrippen, beim Kohl den Mittelstrunk ausschneiden.
2. Wasser zum Kochen bringen, salzen und Kohl zugeben. In 10–15 Minuten weich kochen. Grün-, Rot- oder Braunkohl brauchen dabei länger als Weißkohl. Gemüse mit einem Schaumlöffel aus dem Wasser heben, mit kaltem Wasser abschrecken, abtropfen lassen und leicht ausdrücken oder trockenschleudern, um die ganze Restflüssigkeit zu entfernen.
3. Kohl mit Knoblauch, Olivenöl und Salz nach Geschmack im Mixer zu einer nicht zu dünnen, geschmeidigen Paste pürieren. Für die Vorratshaltung in ein Schraubglas oder eine Schüssel geben und reichlich Olivenöl darübergießen. Das Pesto hält sich auf diese Weise einige Tage.

Florentiner Kohl mit Brotscheiben

Cavolo con le Fette

1910 gab Pellegrino Artusi (siehe auch Seite 209) seinen italienischen Küchenbestseller im Eigenverlag heraus. Bis heute erschienen über 110 Auflagen dieses Werks, das die Regionalküchen der Emilia Romagna, in der Artusi geboren wurde und der Toskana, in die es ihn letztendlich verschlug, wiedergibt. Für das Florentiner Gericht *cavolo con le fette*, bei dem geröstetes Brot mit Braunkohl belegt und mit Kohlbrühe übergossen wird, gibt er nur eine vage Anleitung – es war offensichtlich nicht so sehr nach seinem Geschmack. In der breiten Bevölkerung hat *cavolo con le fette* jedoch eine große Anhängerschaft. Man ißt es zuhause und in Florentiner Restaurants, in denen Hausmannskost serviert wird. Der persönliche Geschmack bestimmt, wieviel Kochbrühe über die Knoblauchbrotscheiben gegeben wird. Man kann es lediglich leicht befeuchten, oder in einen Kohl-See setzen. Unerläßlich ist ein guter Schuß Olivenöl.

Vorspeise oder Beilage für 4 Personen:

500 g Braunkohl, Rotkohl, Grünkohl oder
½ Kopf Weißkohl
4–5 l Wasser
2–3 EL grobes Meersalz
4 große Scheiben toskanisches Landbrot
(je ca. 2 cm dick)
1 ungeschälte Knoblauchzehe
frischgemahlener schwarzer Pfeffer
4 EL (60 ml) natives Olivenöl extra

1. Kohl gründlich säubern und in warmem Wasser waschen. Vom Grün- oder Braunkohl die mittleren Blattrippen, beim Weiß- und Rotkohl den Mittelstrunk ausschneiden.

2. Wasser zum Kochen bringen, salzen und Kohl zugeben. In 10–15 Minuten weich kochen. Grün-, Rot- und Braunkohl brauchen dabei länger als Weißkohl. Gemüse mit einem Schaumlöffel aus dem Wasser heben, mit kaltem Wasser abschrecken, abtropfen lassen und leicht ausdrücken oder trockenschleudern, um die ganze Restflüssigkeit zu entfernen. Kochbrühe aufheben, Kohl grobhacken.
3. Brot leicht rösten, Scheiben mit der Knoblauchzehe abreiben und je eine Scheibe in einen Suppenteller legen.
4. Jede Scheibe gut mit Kohl belegen. Je $\frac{1}{2}$–1 Kelle Kochbrühe über die belegten Brote schöpfen, mit Salz und Pfeffer würzen und Olivenöl darüberträufeln.

Marios Kohl-Reisbällchen

Cappuccetti di riso

Mario Lo Menzo, der private Küchenchef von Herzog Tasca, dem Oberhaupt des sizilianischen Weinguts *Regaleali*, kocht die Gerichte des sizilianischen Adels, die man nur selten anderswo serviert bekommt. Er beherrscht sowohl die einfache sizilianische Bauernküche wie die elegante Cuisine der Adeligen und Gerichte, die er auf seinen Reisen mit dem Conte kennengelernt hat. *Cappuccetti di riso*, kleine mit Kohl umwickelte Reisbällchen, sind die Leibspeise der Contessa. Ein echter *monzu'* hätte dafür immer einen Topf Brühe auf dem Herd und reduzierte Fleischsauce in der Speisekammer gehabt, aber die Zeiten haben sich geändert. Mario, einer der letzten Köche im Dienste einer Adelsfamilie, nimmt *dado*, Brühwürfel, wie es im modernen italienischen Haushalt üblich ist. Wer seinem Rezept folgt, sollte darauf achten, daß es sich um gute Qualität handelt. Ich verwende lieber klares Wasser anstatt der Brühe.

Vorspeise für 4 Personen, ca. 16 Stück:

4 l Wasser + 1,8–2 l heißes Wasser (nach Wunsch)
2 EL Meersalz
½ mittelgroßer Weißkohl
1 kleingehackte Zwiebel
2 EL natives Olivenöl extra
250 g Risottoreis, vorzugsweise Carnaroli *oder*
Vialone Nano *(siehe auch Seite 25*
für weitere Informationen zu Reis)
1 Prise Safranfäden oder ¼ TL Safranpulver
frischgemahlener schwarzer Pfeffer
90 g geriebener Parmesan
1 EL Butter oder natives Olivenöl extra

1. Wasser zum Kochen bringen, Salz und Kohl zugeben. 10 Minuten oder länger kochen, bis der Kohl weich ist.
2. Kohl mit einem Schaumlöffel aus dem Wasser heben, mit kaltem Wasser abschrecken und abtropfen lassen. (Nach Wunsch das Kochwasser aufheben und später den Reis darin kochen).
3. Den Strunk aus dem Kohl ausschneiden und Blätter einzeln abtrennen. Die harten mittleren Blattrippen ebenfalls ausschneiden.
4. Für die Reisfüllung Zwiebel auf kleiner Flamme in Olivenöl ca. 10 Minuten leicht bräunen.
5. Reis zugeben und 5 Minuten dünsten, so daß das Öl gut untergemischt und die Körner leicht angeröstet sind.
6. 750 ml heißes, leicht gesalzenes Wasser oder die entsprechende Menge Kohlbrühe und den Safran zugeben. Reis auf starker Hitze kochen, bis fast die ganze Flüssigkeit aufgenommen ist, dabei öfters mit einem langen Holzkochlöffel oder einer -gabel umrühren.
7. Reis auf großer Flamme fertigkochen, dabei nach und nach restliches Wasser oder Kohlbrühe zugeben (rund

200 ml auf einmal, insgesamt rund 1,8 l). Nach jeder Flüssigkeitszugabe gut umrühren. Zum Schluß darf fast die gesamte Flüssigkeit aufgenommen sein, der Reis sollte aber noch Biß haben. 60 g Parmesan zugeben und rund 1 Minute unterrühren.

8. Risotto vom Herd nehmen und 5 Minuten ruhen lassen. Auf eine große Servierplatte breiten, damit der Reis auskühlen kann.
9. Ofen auf 190 °C vorheizen. Eine Auflaufform leicht ölen oder eine beschichtete Form verwenden.
10. Ein Kohlblatt flach auf die Handinnenfläche legen. Eine etwa eigroße Menge Risotto auf den Kohl geben und das Blatt aufrollen. Das Ergebnis muß nicht allzu ordentlich aussehen, da man eventuelle Löcher auch mit einem zweiten Blatt reparieren kann. Der Reis sollte jedoch komplett eingewickelt sein.
11. Bällchen rund formen, dabei durch leichtes Drücken alles überflüssige Wasser entfernen.
12. Kohlbällchen nebeneinander in die vorbereitete Form setzen. Mit dem restlichen Parmesan bestreuen und Butterflöckchen oder Olivenöl darübergeben. 30 Minuten im Ofen backen, bis die Bällchen leicht gebräunt sind. Sofort servieren.

Torquatos Kohl-Polentasuppe

Farinata di cavolo

Farinata ist ein klassisches italienisches Gericht: Maisgrieß wird dafür mit oder ohne Gemüse zu einem cremigen Brei gekocht. Ich liebe Torquatos Rezept für Kohl-*Farinata*: Er würzt wie gewöhnlich mit Knoblauch, da »die Kohlfamilie sich sehr gut mit Knoblauch vermählt«, wie sich mein kulinarischer Berater auf der Piazza Santo Spirito auszudrücken pflegt. Mit einer Bain-Marie ist das Kochen von Polenta kein Problem. Alternativ kann man für dieses Rezept auch einen 3-Liter-Topf in einen größeren Topf oder eine ausreichend große, mit heißem Wasser gefüllte Pfanne stellen. Bei der Polenta bringt die erstklassige gelbe Qualität, wenn möglich zwischen Mühlsteinen gemahlen, die besten Ergebnisse. Verwenden Sie einheimischen Maisgrieß oder Importware aus Italien. Bei letzterer sollte man einen Blick auf die Haltbarkeitsdauer werfen, da abgelaufene Ware oft Käfer enthält.

Vorspeise für 4–6 Personen:

250 g Braunkohl, Rotkohl, Grünkohl oder Weißkohl
4–5 l Wasser
2–3 EL grobes Meersalz
250 g Maisgrieß (Polenta)
3–4 geschälte, kleingehackte Knoblauchzehen
4 EL (60 ml) natives Olivenöl extra
frischgemahlener schwarzer Pfeffer

1. Kohl gründlich säubern und in warmem Wasser waschen. Vom Grün- oder Braunkohl die mittleren Blattrippen, beim Rot- und Weißkohl den Mittelstrunk ausschneiden.
2. Wasser zum Kochen bringen, salzen und Kohl zugeben. In 10–15 Minuten weich kochen. Grün-, Rot- und Braunkohl brauchen etwas länger als Weißkohl. Gemüse mit einem

Schaumlöffel aus dem Wasser heben, mit kaltem Wasser abschrecken, abtropfen lassen und leicht ausdrücken oder trockenschleudern, um die ganze Restflüssigkeit zu entfernen. Kochbrühe aufheben, Kohl grobhacken.

3. 1 l Kohlbrühe in einen 3-Liter-Topf gießen und zum Kochen bringen. Polenta einstreuen und dabei mit einem Schneebesen umrühren, damit sich keine Klumpen bilden. Kohl zur Polenta geben und den Topf in einen größeren, mit kochendem Wasser gefüllten Topf stellen oder eine Bain-Marie verwenden. Polenta auf kleiner Flamme in rund 45 Minuten cremig, aber nicht zu dick kochen.
4. Knoblauch in 2 EL Olivenöl dünsten und leicht gebräunt vor dem Servieren unter die *farinata* rühren. Das fertige Gericht in Suppenteller füllen und auf jede Portion einen Schuß des restlichen Öls und frischgemahlenen schwarzen Pfeffer geben.

Torquatos Kohl-Reissuppe

Dieses Gericht ist nicht so dickflüssig wie Risotto, leichter zuzubereiten, da man nicht ständig rühren muß und eine schmackhafte Lösung für ein herzhaftes Wintergericht, wenn die Speisekammer praktisch leer ist. Aus den äußeren Kohlblättern bereitet man die Gemüsebrühe zu, die inneren werden kleingehackt, mit Zwiebeln, Reis und Brühe gekocht und mit geriebenem Parmesan angereichert, eine der wenigen »nicht-toskanischen« Zutaten, die Torquato zuläßt. Guter Reis hat in der Suppe immer noch Biß, was auch erwünscht ist.

Vorspeise für 4–6 Personen:

½ mittelgroßer Weißkohl
1 mittelgroße Möhre
einige Petersilienzweige (Blätter und Stengel)
1 Knoblauchzehe
1,5 l kochendes Wasser
grobes Meersalz
frischgemahlener schwarzer Pfeffer
1 kleingehackte rote Zwiebel
2 EL natives Olivenöl extra
180 g Risottoreis, vorzugsweise Carnaroli *oder* Vialone Nano
(siehe auch Seite 25 für weitere Informationen zu Reis)
60 g geriebener Parmesan

1. Die zähen Außenblätter des Weißkohls waschen. Mit Möhre, Petersilie und Knoblauch in das Wasser geben, salzen, pfeffern, aufkochen und 15–20 Minuten zu einer Gemüsebrühe köcheln.
2. Restlichen Kohl waschen, Mittelstrunk entfernen und Blätter in Streifen schneiden.
3. Zwiebel und Olivenöl in einem 3-Liter-Topf mit schwerem Boden verrühren. Auf mäßiger Hitze weich dünsten, aber nicht bräunen.

4. Kohlstreifen zugeben und auf kleiner Hitze dünsten, bis der Kohl zusammengefallen ist. Einen guten Liter Gemüsebrühe angießen und zum Kochen bringen. Reis zugeben und unter gelegentlichem Umrühren 15–25 Minuten köcheln lassen, bis er durch ist. Die Körner sollten noch Biß haben, dürfen aber nicht mehr hart sein. Die Suppe muß flüssiger als Risotto sein. Falls sie zu dick wird, noch etwas Brühe angießen.
5. Mit geriebenem Parmesan bestreut servieren.

Massimos Penne mit Kohl und Kartoffeln

Inspiriert von meinen süditalienischen Kartoffel-Gemüse-Pastagerichten schlug mein Mann Massimo vor, ich könnte doch eine Variante mit toskanischem Braunkohl probieren. Wie immer trügte ihn sein kulinarisches Gespür nicht, und unsere Florentiner Version eines apulischen Klassikers ist mittlerweile bei der ganzen Familie beliebt.

Vorspeise für 4–6 Personen:

250 g Rotkohl, Braunkohl, Grünkohl oder Weißkohl
5–6 l Wasser
2–3 EL grobes Meersalz
1 große festkochende, in 2 cm große Würfel geschnittene Kartoffel
400–450 g Spaghetti
1–2 kleingehackte Knoblauchzehen
3–4 EL natives Olivenöl extra
frischgemahlener schwarzer Pfeffer

1. Den Kohl gründlich waschen, dabei zähe Blattrippen bzw. Strunk entfernen, in dünne Streifen schneiden.
2. Wasser zum Kochen bringen. Kohlstreifen sowie 2–3 EL Salz zugeben und 5 Minuten sprudelnd kochen lassen.
3. Kartoffelwürfel zufügen und weitere 5 Minuten kochen. Pasta einlegen und *al dente* kochen (rund dreiviertel der empfohlenen Kochzeit).
4. Während die Nudeln kochen, Knoblauch und 1 EL Olivenöl in eine große beschichtete Pfanne geben. Auf mäßiger Hitze dünsten, bis der Knoblauch zu brutzeln anfängt, dann vom Herd nehmen.
5. Pasta und Gemüse abgießen, dabei rund 500 ml Kochwasser auffangen.
6. Nudeln und Gemüse in die Pfanne mit dem Knoblauch geben und 250 ml Kochwasser zugießen. Nudeln auf größter Flamme fertigkochen. Die Sauce muß cremig sein; falls die Pasta zu trocken ist, noch mehr Kochwasser zugießen.
7. Pasta auf Suppenteller verteilen und mit einem Schuß Öl und frischgemahlenem schwarzem Pfeffer servieren.

Winterkürbis

Zucca

Ein ganzes Kapitel über Kürbis? Ja, denn Italien hat interessante Zubereitungen für dieses Gemüse vorzuweisen, die man zwar selten im Restaurant bekommt, die jedoch den üblichen bekannten Kürbisgerichten meist weitaus überlegen sind. Von Torquato Innocenti auf dem Santo Spirito-Markt bekommt man Riesenkürbis aufgeschnitten nach Gewicht, mit der üblichen kostenlosen Dreingabe seiner Rezepte und küchentechnischen Tips. Ein weiterer Grund für ein ganzes Kapitel über den Kürbis! Und selbst eingefleischten Kürbisgegnern schmeckt vielleicht das eine oder andere der vorgestellten Rezepte. Mein Sohn Max, der kaum Gemüse ißt, liebt beispielsweise Kürbissuppen, Gnocchi und Kürbisrisotto, wenn er auch viele andere Rezepte mit der Bemerkung »zuviel Gemüse« ablehnt.

Die verschiedenen Kürbisarten weisen unterschiedliche Nährwerte auf. Ihr Zuckergehalt bewegt sich zwischen 4 bis 16 Prozent, ihr Wassergehalt zwischen 79 bis 95 Prozent. Geschmack und Konsistenz können langweilig und wässrig bis süß und fest sein, je nach Züchtung, Wachstumsbedingungen und Reifegrad. Die verschiedenen Kürbissorten enthalten teilweise einen hohen Ballaststoffanteil, Calcium und Kalium sowie Betakarotin, eine Vorstufe von Vitamin A. Vollreife und damit dunklere Kürbisarten haben mehr Karotin. Vitamin A trägt zum Wachstum und zur Wiederherstellung von Körpergewebe bei, stärkt die Schleimhäute, wodurch sie weniger infektanfällig werden, schützt vor schädlichen Einflüssen aus der Luft, aktiviert die für die Eiweißverwertung wichtigen Gallensäfte und schützt vor Nachtblindheit. Kürbis ist ein Antioxidans und schützt vor der Bildung freier Radikale. Alles gute Gründe, Speisekürbis auf den Menüplan zu setzen!

Als Mitglied der *Cucurbitacae*-Familie der Kürbisgewächse haben alle kultivierten Kürbisse lange, rankenartige Triebe mit einhäusigen Blüten. Die männlichen Blüten mit ihren Staubgefäßen befruchten die Fruchtknoten der mit Stempeln ausgerüsteten weiblichen Blüten. Daraus entwickelt sich eine große Beere, die Kürbisfrucht oder *pepo*. Die männlichen Blüten des Winterkürbis können wie Zucchiniblüten fritiert, überbacken oder geschmort werden.

Die meiste Literatur beschreibt den Winterkürbis, zu dem unter anderem die Kürbisarten Riesen- oder Speisekürbis (*Cucurbita maxima)* und Moschuskürbis *(Cucurbita moschata)* zählen, als Entdeckung aus der Neuen Welt. Aus Indien seien die bei uns ebenfalls verbreiteten Flaschenkürbisse der Gattung *Lagenaria* gekommen und schon relativ früh den altrömischen Köchen in Italien bekannt gewesen. Professor Tesi, ein Obst- und Gemüsespezialist der Universität von Florenz ist abweichender Meinung. Er behauptet, daß der Winterkürbis ursprünglich aus dem asiatischen Raum stammt, und daß nur die Sommerkürbisse *(Cucurbita pepo*), zu denen auch die Zucchini gehören, aus Südamerika kommen. Eine andere Quelle identifiziert Exemplare aus Asien an ihren runden, weichen Stengelansätzen, die Kürbisarten aus Süd- und Mittelamerika an ihren relativ scharfkantigen, mehreckigen Stengeln. Apicius nennt den Winterkürbis in seinen Rezepten lateinisch *cucurbitas*, woraus man schließen kann, daß die Italiener diese Kürbisarten bereits vor der Entdeckung Amerikas kannten. Da die importierten Sommerkürbisarten einem bereits bekannten Gemüse ähnlich sahen und noch dazu besser schmeckten, haben sie sich in der italienischen Küche bestimmt sehr schnell und problemlos ausgebreitet.

Aus der Küstenstadt Chioggia kommt ein unförmiger dunkelgrüner Flaschenkürbis mit warziger Haut und dunkelorangem Fleisch. In Venedig nennt man ihn *zucca barucca*. Diese Kürbisart ist stärkehaltiger als die meisten anderen Kürbisarten. In

Rezepten kann man ihn durch eine Mischung aus Speisekürbis und Süßkartoffel ersetzen. In Venetien und im Friaul wird er oft für winterliche Risotti, Gnocchi, und für Suppen verwendet. Für viele italienische Rezepte muß man den Winterkürbis schälen, was einfacher gesagt als getan ist. Viele Arten haben eine so harte Schale, daß man ihr mit dem Messer überhaupt nicht beikommt. Ein Trick, der das Schälen leichter macht: Legen Sie eine Zeitung auf dem Küchenfußboden aus und lassen sie den Kürbis darauffallen, woraufhin er unweigerlich in einfacher zu handhabende Stücke zerspringt. Auf jeden Fall muß das zum Schälen verwendete Messer scharf sein, und man sollte auf seine Hände achtgeben.

Traditionelle italienische Kürbisarten sind der oben erwähnte Flaschenkürbis *zucca barucca* aus Chioggia und der aus Neapel stammende Riesenkürbis. Dazu drängen auch immer mehr Hybridsorten und nichtitalienische Arten wie der amerikanische Butternußkürbis »Butternut« oder der »Hubbard« auf den Markt. Für die folgenden Rezepte können alle festfleischigen Winterkürbisarten verwendet werden, oder, wenn der Kürbis zu wenig Geschmack hat, eine Kombination aus Süßkartoffeln und Kürbis.

Kürbisgeschichte

Bereits im 1. Jahrhundert nach Christus spielte der Winterkürbis eine Hauptrolle in der römischen Bankettgeschichte. Von dem Feinschmecker und Millionär Apicius, der sein ganzes Vermögen mit Gelagen durchbrachte, sind drei Rezepte überliefert, in dem Kürbis püriert, süßsauer eingelegt und fritiert wird – natürlich nicht ohne die damals beliebte Würzsauce *garum* aus vergorenen Sardellen. Anfang des 17. Jahrhunderts versuchte der Exilvenezianer Giacomo Castelvetro, das europäische Ausland für die italienische Vorliebe für Gemüse zu begeistern. Das Herbstkapitel seiner Abhandlung beschloß er mit einer Beschreibung des sogenannten »Meeres-Kürbis«, der deswegen so heißt, weil schlechte Schwimmer sich mit zwei um die Brust gebundenen getrockneten Flaschenkürbis-Kalebassen über Wasser halten können. Große Exemplare verwendete Castelvetro für schmackhafte Suppen. In seinem Werk für Adelige und literarisch gesinnte Leser unterschied schließlich Vincenzo Corrado 1781 drei verschiedene Kürbisarten – *zucchette* im Frühjahr, die Gartenkürbisarten im Sommer und die dickschaligen, orangefleischigen Winterkürbisarten. Seine Rezepte sind wie gewöhnlich sehr vielversprechend und umfassen Suppen, Aufläufe, fritierten Kürbis mit Ricotta sowie Eingelegtes.

Signora Adas Penne mit Kürbissauce

Signora Ada hat ihren Stand auf dem Santo Spirito-Markt neben Torquato Innocenti. Wenn er nicht da ist, ist sie es, die mir Gemüse und gute Ratschläge dazu verkauft. »Wenn ich diese Pasta serviere, glaubt mir niemand, daß die Sauce mit Kürbis gemacht wurde«, behauptet sie. Die Probe aufs Exempel bei meiner Familie, die alle keine großen Kürbisfans sind, gab ihr recht. Die Sauce beginnt man wie Torquatos Pfannenkürbis (siehe Seite 298), verkocht den Kürbis dann aber langsam zu Mus und serviert ihn mit kurzer Pasta. Nach Wunsch bestreut man das Gericht noch mit geriebenem Parmesan.

Vorspeise oder Hauptgericht für 4–6 Personen:

375 g geschälter und in 2 cm große Würfel geschnittener Winterkürbis
3 EL natives Olivenöl extra
2 durchgepreßte Knoblauchzehen
2 EL feingehackte glatte Petersilie
feines Meersalz + 2–3 EL Salz

frischgemahlener schwarzer Pfeffer
5–6 l Wasser (für die Pasta)
400–450 g Penne oder Rigatoni
40–60 g geriebener Parmesan (nach Wunsch)

1. Kürbis und Olivenöl in einem 3-Liter-Topf mit schwerem Boden vermengen. Kürbis auf mäßiger Hitze weich dünsten. Knoblauch und Petersilie zugeben, mit Salz und Pfeffer würzen.
2. Während der Kürbis weichkocht, das Nudelwasser zum Kochen bringen. Wasser salzen und Pasta in das sprudelnde Wasser schütten.
3. Die Nudeln nach rund dreiviertel der empfohlenen Kochzeit abgießen – sie müssen noch gut *al dente* sein –, dabei rund 500 ml Kochwasser auffangen. Pasta und 250 ml Kochwasser zur Kürbissauce geben und auf stärkster Hitze 3–5 Minuten kochen, bis die Nudeln fertig sind und die Sauce sich gut damit verbunden hat. Falls die Sauce zu sehr einkocht, von dem restlichen Kochwasser zugeben.
4. Nach Wunsch mit geriebenem Parmesan bestreuen und servieren.

Francos Kürbis-Kartoffelsauce für Pasta

Pasta mit Kürbis und Kartoffeln? Franco Ricatti aus dem hervorragenden Restaurant *Bacco* in Apulien, der Ferse des italienischen Stiefels, erklärte mir dieses Gericht als gelungenes Beispiel für die regionale Küche der Gegend, die man aber nie in Restaurants serviert bekommt. Die Kürbis-Kartoffelsauce ist die winterliche Ausführung seiner Zucchini-Kartoffelsauce. Das in Würfel geschnittene Gemüse kocht man im selben Topf mit der Pasta, gießt beides ab und verleiht die nötige Würze mit Olivenöl und Parmesan. Meine Version ist durch Knoblauch und scharfe Pfefferschote etwas schärfer; dafür verzichte ich auf den Käse.

Vorspeise für 4–6 Personen:

5–6 l Wasser (für Pasta und Gemüse)
375 g geschälter und in 2 cm große Würfel geschnittener Winterkürbis
1 große geschälte und in 2 cm große Würfel geschnittene festkochende Kartoffel
2–3 EL Salz + grobes Meersalz
400–450 g Spaghetti
1–2 kleingehackte Knoblauchzehen
1 kleines Stück rote Pfefferschote oder Chilipulver nach Geschmack
2 EL kleingehackte glatte Petersilie
2–3 EL natives Olivenöl extra
60 g geriebener Parmesan (nach Wunsch)

1. Nudelwasser zum Kochen bringen, salzen und das Gemüse darin 2 Minuten kochen lassen, dann die Pasta einlegen.
2. Während Nudeln und Gemüse kochen, Knoblauch, gehackte Pfefferschote und Petersilie mit 1 EL Olivenöl in einer großen beschichteten Pfanne auf mäßiger Hitze dünsten. Sobald der Knoblauch zu brutzeln anfängt, die Pfanne vom Herd nehmen.
3. Pasta mit dem Gemüse nach rund dreiviertel der empfohlenen Kochzeit abgießen – die Nudeln müssen noch gut *al dente* sein. 500 ml Kochwasser auffangen.
4. Spaghetti und das abgetropfte Gemüse mit 250 ml Kochwasser in die Pfanne zum Knoblauch geben und auf stärkster Hitze 3–5 Minuten weiterkochen, bis die Pasta fertig ist und sich gut mit der cremigen Sauce verbunden hat. Falls die Sauce zu sehr einkocht, noch mehr Kochwasser zugeben.
5. Pasta auf Suppenteller verteilen, einen Schuß Olivenöl darübergeben und nach Wunsch mit Parmesan bestreut servieren.

Ledas Kürbis-Gnocchi

Leda della Rovere kocht in ihrem Familienrestaurant in Manzano, der »Stühle-Hauptstadt« Italiens in der untouristischen Gegend des Friaul zwischen Venedig und dem ehemaligen Jugoslawien. Ihre Gerichte sind bodenständig und basieren auf erstklassigen, regional erzeugten Zutaten, und obwohl Leda regelmäßig alle bekannten Kochzeitschriften liest, ist ihre Küche fest den Traditionen ihrer Heimat verhaftet. Wunderbar sind ihre Kürbis-Gnocchi, die unter den Händen weniger begabter Köche durch die Beigabe von zuviel Mehl oft bleischwer geraten. Für das Rezept dämpft sie den Kürbis und läßt ihn dann abtropfen. Ich finde es einfacher, ihn im Ofen zu backen. Während Leda Flaschenkürbis verwendet, behelfe ich mir in Florenz mit *Butternut*, dem erdnuß- bis birnenförmigen glatten Moschuskürbis, der gut ausgereift ein dunkelorangefarbenes süßliches Fruchtfleisch hat. Sehr gut gelingt das Rezept auch mit einer Kombination aus Riesenkürbis und Süßkartoffel. Eine weitere regionale Spezialität, die man für das Rezept benötigt, aber außerhalb Friauls kaum bekommt, ist geräucherter Ricotta. Ersatzweise schmeckt geräucherter Provolone, wenn er auch saftiger als der geräucherte, aber nicht salzige Ricotta ist.

Vorspeise für 4–6 Personen:

375 g roher Winterkürbis, für rund 250 ml Püree
125 g Süßkartoffel, für etwa 1 Tasse Püree
2 Eier
feines Meersalz + 2–3 EL Salz
ca. 150 g gesiebtes Mehl
4–5 l Wasser
2–3 EL Butter
6 kleingehackte frische Salbeiblätter
frischgemahlener schwarzer Pfeffer
60 g geriebener geräucherter Provolone-Käse
(oder ein anderer geräucherter Käse)

1. Ofen auf 200 °C vorheizen.
2. Kürbis halbieren und mit der Süßkartoffel 1 Stunde im Ofen backen, bis beides weich ist. Abkühlen lassen.
3. Das Kürbisfleisch mit einem Löffel aus der Schale nehmen, die Kartoffel schälen und durch die Flotte Lotte drehen oder mit der Küchenmaschine sehr fein pürieren. 350 ml Kürbis-Kartoffelmischung abmessen.
4. Kürbis, Eier, Salz und 100 g Mehl zu einem Teig verkneten, den man mit dem Löffel leicht abstechen kann, der aber nicht so zäh wie Hefeteig ist. Falls er zu weich ist, noch mehr Mehl unterkneten.
5. Gnocchiwasser zum Kochen bringen und salzen.
6. Von dem Gnocchiteig eierlöffelgroße Nocken abstechen (sie kleben!) und sofort in das kochende Wasser einlegen (ca. 6–8 Stück auf einmal). Gnocchi köcheln lassen, bis sie an die Oberfläche kommen. Falls sie nach 2–3 Minuten noch nicht aufgetaucht sind, kleben sie am Topfboden fest. In dem Fall kann man sie durch zartes Anstoßen mit einem Holzkochlöffel wieder lösen. Fertige Gnocchi mit einem Schaumlöffel aus dem Wasser heben und auf einer sauberen Arbeitsfläche auskühlen lassen. Das Kochwasser aufheben, um die Gnocchi darin vor dem Servieren kurz wieder zu erhitzen.
7. Butter auf mäßiger Hitze in einer großen beschichteten Pfanne schmelzen und den Salbei zugeben. Mit Salz und Pfeffer würzen.
8. Nockenwasser wieder zum Kochen bringen und die abgekühlten Gnocchi darin in 3–4 Minuten erhitzen. Vorsichtig abgießen, dabei 250 ml Kochwasser auffangen.
9. Gnocchi in die Pfanne zu Butter und Salbei geben, das restliche Kochwasser zugießen und auf großer Hitze kochen. Die Pfanne dabei schütteln, so daß sich Butter und Gnocchi vermengen und gleichzeitig eine cremige Sauce entsteht.
10. Gnocchi mit Sauce auf Suppenteller verteilen, mit Käse bestreuen und sofort servieren.

Kürbisrisotto

»Chioggia-Kalbfleisch« steht auf dem Schild neben dem warzigen, grünschaligen Flaschen-Winterkürbis auf dem Rialto-Markt in Venedig, was kurz und knapp die Herkunft (die nahegelegene Küstenstadt Chioggia) und die zarte, aber fleischige Konsistenz dieser regionaltypischen Gemüsesorte beschreibt. Bei einem herbstlichen Kürbis-Risotto-Wettbewerb zwischen Natale Rusconi, Geschäftsführer des Hotels *Cipriani* in Venedig, und seinem Küchenchef Renato Piccolotto, lernte ich gleich zwei Arten kennen, wie man mit dem Kürbis ein hervorragendes Risotto zubereitet. Die Version des Kochs erregte mehr Aufsehen und sah besser aus, Natales mit Knoblauch und *peperoncini* »verschärfte« Variante ist einfacher nachzukochen. Sein Risotto wird in einer ausgehöhlten Kürbishälfte serviert. Das ist ebenso praktisch wie elegant, da der Reis durch das ausgekratzte Kürbisfruchtfleisch vorher seinen Geschmack bekommen hat. Beide Köche verwenden für ihre Rezepte Flaschenkürbis, doch schmecken auch andere Riesen- bzw. Speisekürbisarten gut. Falls der Kürbis allein zuwenig Geschmack hat, mischt man ihn mit Süßkartoffel.

Vorspeise für 3–4 Personen:

1 feingehacke kleine Zwiebel
1 EL feingehackter frischer Rosmarin
1 kleines Stück rote Pfefferschote
oder 1 Prise Chilipulver
4 EL (60 ml) natives Olivenöl extra
*250 g Risottoreis (*Vialone Nano *oder* Carnaroli*)*
500 g geschälter und kleingehackter Winterkürbis
4 EL (60 ml) Weißwein (nach Wunsch)
2–2,5 l leichtgesalzene Gemüsebrühe
(1 Zwiebel, 1 Knoblauchzehe, 1 Möhre,
1 Stange Sellerie und einige Petersilienstengel

15 Minuten in Wasser kochen)
oder leichtgesalzenes Wasser
Salz (nach Wunsch)
60 g geriebener Parmesan (und nach Wunsch weiterer Käse zum Bestreuen)

1. Zwiebel, Rosmarin, die gehackte Pfefferschote und 2 EL Olivenöl in einen 4-Liter-Topf mit schwerem Boden vermengen. Die Zwiebel auf kleiner Hitze weich dünsten.
2. Reis zugeben, gut mit dem Öl vermengen und einige Minuten anrösten.
3. Kürbis und falls gewünscht den Weißwein zugeben und gut unterrühren. Die Flüssigkeit auf großer Hitze verkochen lassen.
4. Leichtgesalzenes kochendes Wasser oder Gemüsebrühe 200-ml-weise zugeben und unter kräftigem Rühren auf dem Grund des Topfs mit dem Reis verkochen lassen (dazu einen langen Holzkochlöffel oder -gabel verwenden). Achtung: Risotto wird so heiß wie geschmolzene Lava! Jeweils noch Wasser oder Brühe zugeben, solange das Risotto noch einigermaßen flüssig ist. Nach rund 10 Minuten Wasser oder Brühe nur noch kellenweise zugeben, bis der Reis fast gar ist. Risottoreis nach weiteren 5 Minuten probieren. Er sollte einen guten Biß haben, da er noch einige Minuten weitergart. Das Risotto sollte noch etwas suppig sein, da es durch den Käse, Öl (oder Butter) und das letzte Umrühren noch andickt.
5. Sobald der Reis *al dente* ist und die Körner in der milchigen Flüssigkeit noch gut erkennbar sind, Käse und restliches Olivenöl (oder Butter) zugeben und mit dem Kochlöffel zwei Minuten lang kräftig durchrühren.
6. Risotto vom Herd nehmen, auf Suppenteller verteilen und vor dem Auftragen einige Minuten ruhen lassen. Auf Wunsch mit geriebenem Parmesan bestreut servieren.

Fabios Kürbiscremesuppe

Typisch für die saisonal ausgerichtete Regionalküche von Fabio Picchi und Benedetta Viale im Florentiner *Cibrèo* sind ihre cremigen Suppen, die ohne ein Gramm Sahne auskommen. Ihre sahnige Konsistenz erhalten sie durch Olivenöl, ihren Pfiff durch scharfen *peperoncino*, den Fabios Vater anbaut. Solche Suppen und Polenta sind normalerweise das, was man im *Cibrèo* als Vorspeise ordert. »Pasta ist kein traditionelles Gericht aus Florenz,« sagt Fabio. »Deswegen gibt es bei uns keine Pasta«. Ich habe den Verdacht, daß seine Einstellung zur Pasta auch ein wenig daher rührt, daß die kleine Küche, von der aus zwei Restaurants bedient werden, mit Pasta Logistikschwierigkeiten hätte. Für seine samtige goldgelbe Kürbiscremesuppe kombiniert Fabio Kürbis mit einer kleinen Menge Amarettikekskrümel, angelehnt an *tortelli,* frische Pasta gefüllt mit Kürbis und Amarettikeksen, die im norditalienischen Mantua Tradition haben. Fabios Suppe ist allerdings sehr viel einfacher in der Zubereitung. Natürlich verwendet er Fleischbrühe als Grundlage, da sie bei ihm immer auf dem Herd steht, wohingegen ich wie üblich Wasser einsetze.

Vorspeise für 6 Personen:

1 kleingehackte Stange Sellerie
1 kleingehackte mittelgroße Möhre
1 mittelgroße kleingehackte Zwiebel
2 EL natives Olivenöl extra + weiteres Öl zum Servieren
500 g geschälter und in Würfel geschnittener Riesenkürbis
250 g geschälte und in Würfel geschnittene vorwiegend festkochende Kartoffeln
1 kleine rote Pfefferschote
900 ml kochendes Wasser oder leichte Brühe
2 TL grobes Meersalz
3 Amarettikekse zur Verzierung

1. Sellerie, Möhre, Zwiebel und Olivenöl in einem 3-Liter-Topf vermengen und auf mäßiger Hitze in rund 10 Minuten weich dünsten, aber nicht bräunen. Gelegentlich umrühren.
2. Kürbis, Kartoffeln und Pfefferschote zugeben und mit dem kochenden Wasser oder der Brühe aufgießen. Mit Salz abschmecken.
3. Die Suppe aufkochen und 20 Minuten auf kleiner Hitze köcheln lassen, bis das Gemüse gar ist.
4. Pfefferschote aus der Suppe nehmen und wegwerfen. Gemüse mit Brühe im Mixer oder mit dem Pürierstab cremig pürieren. Suppe wieder erhitzen.
5. Die Amarettikekse in eine kleine Plastiktüte geben und darin fein zerkrümeln.
6. Suppe auf Teller verteilen und mit einer Prise Kekskrümel und ein paar Tropfen Olivenöl garniert servieren.

Kürbis-Bohnen-Pastasuppe

Obwohl man den warzigen, grünschaligen Winter-Flaschenkürbis *zucca barucca* auf allen Märkten Venetiens bekommt, ist »Risotto« das einzige, was vielen dazu einfällt. »Kann man wirklich nur Risotto daraus zubereiten?« fragte ich immer wieder, und schlußendlich wurde ich doch noch belohnt: Mit dem folgenden Rezept für eine herzhafte Wintersuppe aus Bohnen, Kürbis und Pasta, gewürzt mit Rosmarin – »wie *pasta e fagioli*«, sagte man mir. Die Suppe strotzt vor Eiweiß und ist mit bereits gegarten Bohnen leicht nachzukochen. Gute Dosenbohnen sind auch in Ordnung, allerdings muß man dann beim Nachwürzen mit Salz aufpassen. Für die Suppe tritt kurzfristig die sonst gültige Regel, Spaghetti nie zu brechen, außer Kraft. Gewünscht sind fünf Zentimeter lange Stücke, man kann aber auch kurze Röhrenpasta verwenden. Ganz ohne Pasta schmeckt die Suppe übrigens auch hervorragend.

Vorspeise für 6–8 Personen:

375 g geschälter und in 2 cm große Würfel geschnittener Speisekürbis
4 EL (60 ml) natives Olivenöl extra
1 feingehackte kleine Zwiebel
750 ml gekochte weiße Bohnen (rund 300 g Rohgewicht)
750 ml Bohnenkochwasser, ersatzweise Fleisch- oder Gemüsebrühe oder Wasser
grobes Meersalz
frischgemahlener schwarzer Pfeffer
250 ml kochendes Wasser
125 g in 5 cm lange Stücke gebrochene Spaghetti oder kurze Pasta

1. Kürbis und 2 EL Olivenöl in einem 4-Liter-Topf mit schwerem Boden vermengen. Auf großer Flamme leicht anbräunen.
2. Hitze herunterschalten, Zwiebel zugeben und mitdünsten, bis sie ebenfalls anbräunt. Gelegentlich umrühren. Bohnen, Kochwasser (oder Brühe oder Wasser) zugießen und mit Salz und Pfeffer abschmecken. Die Suppe 10–15 Minuten köcheln lassen, bis der Kürbis weich ist.
3. $^1/_3$ der Suppe im Mixer pürieren und wieder zurück in den Topf geben. Oder mit einem Pürierstab direkt im Suppentopf nicht zu cremig pürieren.
4. 250 ml kochendes Wasser und die Pasta in die Suppe geben und darin garen (die Kochzeit hängt von der Nudelsorte ab). Dabei öfters umrühren, damit die Nudeln nicht am Topfboden ankleben. Suppe in Teller verteilen und mit Olivenöl beträufelt servieren. Wer die Suppe ohne Pasta wünscht, läßt den letzten Schritt einfach aus und serviert sie nur mit etwas Öl.

Torquatos Pfannenkürbis

»Den Kürbis in Stücke schneiden, in Öl braten und mit Knoblauch und Petersilie bestreuen, beides gut für's Blut,« war Torquato Innocentis gewohnt knappe Anleitung für das folgende Rezept, mit dem er mir seinen braunhäutigen dunkelorangefleischigen Kürbis verkaufte. Das hörte sich zu gut an, um wahr zu sein – kein Dämpfen oder im Ofen backen, nur eine Pfanne und 10 Minuten Kochzeit? Aber es funktionierte. Durch das Kurzbraten in der Pfanne verkocht die meiste Flüssigkeit des Kürbis, was den in ihm enthaltenen Zucker viel besser und schneller karamelisiert als langes Garen im Ofen.

Beilage für 4 Personen:

750 g geschälter und in 2 cm große Würfel geschnittener Speisekürbis
3 EL natives Olivenöl extra
feines Meersalz
frischgemahlener schwarzer Pfeffer
1 durchgepreßte Knoblauchzehe
2 EL kleingehackte glatte Petersilie

1. Kürbis und Olivenöl in einer großen beschichteten Pfanne vermengen. Mit Salz und Pfeffer würzen und auf mittlerer Flamme 5–10 Minuten weich dünsten. Dabei die Pfanne öfters schütteln, damit der Kürbis nicht anbrennt.
2. Knoblauch und Petersilie über den Kürbis streuen, untermengen und das Gericht heiß oder bei Zimmertemperatur servieren.

Valerios Rosmarinkürbis aus dem Ofen

Torquato kommt schon lange nicht mehr alleine auf den Markt. Er ist in den letzten Jahren etwas langsam geworden und braucht Hilfe beim Kistenschleppen, Abwiegen, Addieren, Kassieren und Verpacken seiner Produkte, während er seine Rezepte zum Besten gibt. Wenn ihm sein Sohn Valerio, eigentlich ein Feuerwehrmann, hilft, gibt es oft kulinarische Fachsimpeleien am Stand, bei denen die Kunden mit einbezogen sind und untereinander Kochtips und Rezepte austauschen.
Valerio kocht gut und hat auch eigene Ideen. Er benutzt weitaus mehr Zutaten als sein Vater, weswegen seine Rezepte aber keinen Deut komplizierter werden.
»Mischen sie kleingeschnittenen Kürbis mit Kartoffeln und Rosmarin und braten sie das Ganze im Ofen,« war einmal sein Tip des Tages. Wenn man dabei das Gemüse nebeneinander in eine beschichtete Form legt, verhindert man, daß der beste Teil, die karamelisierte Kruste, am Blech kleben bleibt. Die Kartoffeln nehmen etwas vom Geschmack des Kürbis an und der Kürbis verkocht zu einer knusprigen Masse. Von diesem Gericht bleiben mir nie Reste.

Beilage für 4 Personen:

500 g geschälte und in 2 cm große Würfel geschnittene festkochende Kartoffeln
750 g geschälter und in 2 cm große Würfel geschnittener Speisekürbis
60 ml natives Olivenöl extra
2 EL frischer Rosmarin
feines Meersalz
frischgemahlener schwarzer Pfeffer

1. Ofen auf 200 °C vorheizen.
2. Kartoffeln 5 Minuten in eine Schüssel kaltes Wasser legen, um die Stärke abzuwaschen.
3. Kartoffeln abgießen und mit Küchenkrepp trockentupfen. Mit dem Kürbis in eine beschichtete Auflaufform geben, dabei aber nicht übereinander legen. Olivenöl darüberträufeln, mit Rosmarin bestreuen und mit Salz und Pfeffer würzen.
4. Kartoffeln und Kürbis 1 Stunde im Ofen garen, bis beides schön gebräunt ist. Nach 30 Minuten einmal wenden. Sofort servieren.

Agostinas und des Herzogs Kürbis in Zwiebelmarinade

Die sizilianischen Rezepte in Enrico Alliatas vegetarischem Handbuch sind wundervoll. Der Herzog von Salaparuta verwendet Kürbis wie Thunfisch und legt ihn in eine Sauce aus Zwiebeln, Essig und Minze ein – *skapici* nennt man diese Art der Zubereitung auf italienisch. Für das zimmerwarm servierte Gericht salzt er den Kürbis und läßt das austretende Gemüsewasser abtropfen, wie man es auch mit Auberginen macht. Sein Rezept erinnert an die süßsaure Zwiebelsauce *cipollata*, die Marchesa Anna Tasca zum Beispiel zu Kürbis, Resten von gebratenem Fisch oder auch zu Leber serviert. Wie der Herzog wuchs auch sie mit einer Kombination aus eleganten, französisch angehauchten Gerichten und der traditionell und mit viel Liebe gekochten sizilianischen Landküche auf. Der Adel aß seine *cipollata* mit Fleisch und Fisch, während die weniger gut situierte Gesellschaftsschicht sie zu grob aufgeschnittenem Gemüse genoß. Annas Angestellte Agostina verriet mir ihr Rezept für Winterkürbis mit *cipollata*. Sie fügt noch eine Prise Zucker bei, die in der Version des Herzogs nicht vorkommt.

Beilage für 4 Personen:

750 g geschälter und in 2 cm dicke Scheiben geschnittener Speisekürbis
3–4 EL natives Olivenöl extra
feines Meersalz
frischgemahlener schwarzer Pfeffer
2 große, in Scheiben geschnittene rote Zwiebeln
3 EL Rotweinessig
1 EL Zucker (nach Wunsch)
3 EL grobgehackte frische Minze

1. Kürbisscheiben mit 1 EL Olivenöl bepinseln und in einer großen beschichteten Pfanne auf mäßiger Hitze 5–8 Minuten gut anbräunen. Wenden, Hitze verringern, und mit Deckel weitere 8–10 Minuten dünsten, bis die Kürbisstücke weich sind. Zur Garprobe mit einem Zahnstocher anstechen. Kürbis aus der Pfanne nehmen, mit Salz und Pfeffer würzen und auf einem Servierteller anrichten.
2. Zwiebeln mit 2–3 EL Olivenöl in derselben Pfanne auf kleiner Flamme weich dünsten.
3. Essig, Zucker und Minze zu den Zwiebeln geben, mit Salz und Pfeffer würzen und gut vermengen. Die Sauce bei mäßiger Hitze 1–2 Minuten kochen.
4. Pfanneninhalt über die Kürbisscheiben gießen und abkühlen lassen. Bei Zimmertemperatur servieren.

Zucchini und Zucchiniblüten

Zucchini e fiori di zucca

In manchen Ländern mag man versuchen, aus der Zucchini ein extravagantes Gemüse zu machen, indem man ihr den französischen Namen *courgette* gibt. Die meisten nennen sie jedoch italienisch *zucchini*. Die Zucchini ist ursprünglich ein Frühjahrs- und Sommergemüse, wenngleich man sie heute fast das ganze Jahr über bekommt. Teilweise leidet sie unter einem schlechten Ruf, zu dem sicherlich die oft geschmacklosen, außerhalb der Saison geernteten Exemplare beigetragen haben und auch die Riesenexemplare, die man manchmal von enthusiastischen Gärtnern geschenkt bekommt. Die neuerdings angebotenen Zwergzucchini sehen zwar hübsch aus, verbessern die Situation aber nicht wesentlich. Der Schlüssel zu einer guten Zucchini ist die frühe Ernte, da man sie unreif und klein verwenden sollte, bevor sich die Samen entwickeln. Das drücken die Italiener durch die Verkleinerungsform »-ini« aus, die sie für die Zucchini an ihre Bezeichnung für Kürbis, *zucca,* angehängt haben.

Zucchini folgen dem Beispiel anderer Kürbisgewächse und sind einhäusig. Die orangegelben männlichen Blüten mit Staubgefäßen sitzen auf Stielen und bestäuben die mit dem Blütenstempel ausgerüsteten gleichfarbigen weiblichen Blüten. Aus deren befruchteten Fruchtknoten entwickeln sich die eigentlichen Zucchini. Die männlichen Blüten findet man auf italienischen Gemüsemärkten, wo sie zum Füllen, Fritieren oder als Gemüse zu Reis, Pasta oder Eiern angeboten werden. Die weiblichen Zucchini kommen oft mit ihrer Blüte auf den Markt, die allerdings bereits nach ein bis zwei Tagen braun wird und austrocknet. In Ländern, in denen die Zucchini nicht für den Verkauf angebaut wird, ist es oft schwer, an Blüten zu gelangen, da sie sehr leicht verderben. Heimgärtner, die ihre eigenen Blüten ernten können, haben es leichter. Auf den Märkten Siziliens bekommt man auch die zarten Triebe und Blätter der Zucchini, *tenerumi* genannt. In Restaurants sah ich sie allerdings noch nie – wahrscheinlich nimmt man sie als Gemüse nicht ernst. *Tenerumi* wirken angeblich darmreinigend und werden unkompliziert zubereitet: nur gedünstet oder mit Pasta in einer einfachen Suppe gekocht.

Es ist nicht leicht nachzuvollziehen, wie die Zucchini, ein Mitglied der großen Familie der Kürbisgewächse (*Cucurbitaceae*), nach Italien kam. Teilweise behauptet die Literatur, daß sie wie der Speisekürbis aus Mittel- und Südamerika stammt, was allerdings nicht mit den Hinweisen auf Zucchini aus dem Altertum zusammenpaßt, aus Zeiten lange vor der Entdeckung der Neuen Welt. Eine verläßliche botanische Quelle behauptet, die Zucchini käme aus Südafrika, äußert sich aber sonst nicht zur Kürbisfrage. Verallgemeinernd sprechen viele italienische kulinarische Texte einfach vom »Kürbis«, manche unterscheiden noch genauer zwischen den meist runden Winterkürbisarten und den oft länglichen kleineren Sommerkürbissen. Ein anderer Name für die Zucchini ist auch noch *zucchetta*, kleiner Kürbis. Wahrscheinlich fiel es leicht, von den langen grünen Flaschenkürbisarten mit asiatischem Ursprung die Verbindung zu den kürzeren, zarteren und geschmackvolleren, aber ebenfalls grünen Vertretern aus der Neuen Welt zu schaffen.

Zucchini bestehen zu mehr als 90 Prozent aus Wasser, haben wenig Kalorien, viel Kalium, aber keinen besonders hohen Nährwert. In Italien sieht man sie allgemein als »sicheres Gemüse« für all diejenigen an, die an Verdauungskrankheiten leiden und sich hauptsächlich von ungewürzten, gedämpften Speisen *(bianco)* ernähren müssen. Meine üblichen Quellen zur Volksheilkunde und Hausmedizin schweigen sich über die

positiven Effekte der Zucchini aus, wohingegen sie zu Speisekürbis eine Menge zu bieten haben.
Obwohl die Zucchini ganzjährig erhältlich ist, schmeckt sie im Frühjahr und Sommer, ihrer natürlichen Reifezeit, am besten. Je frischer, desto besser ist die Devise. Beim Kauf sollten Zucchini fest sein, mit straffer, glatter und unbeschädigter Schale. Männliche Zucchiniblüten werden für gewöhnlich abends gepflückt, wenn die Blüten geschlossen sind. In vielen Kochbüchern liest man, daß die Staubgefäße entfernt werden sollten. Die Italiener, die ich dazu befragte, machen dies alle nicht, also lasse ich sie ebenfalls in der Blüte. Vor der Verarbeitung sollte man die Blüten 30 Minuten in kaltes Wasser einlegen, damit sie wieder frisch und knackig werden.

In italienischen Haushalten werden Zucchini und Zucchiniblüten mit Respekt behandelt, wenngleich man sie im Restaurant nur selten anders als gedünstet oder fritiert bekommt. Traditionell in Ligurien ist Reis-Zucchini-Vanillekuchen. In Kampanien gibt es eine einfache Suppe aus Zucchini und Zucchiniblüten in einer Brühe aus Schweinefett, Zwiebeln, Brühe oder Wasser, die auf Röstbrot serviert wird. Zucchini überbäckt man mit Parmesan, füllt sie mit Brotkrümeln, Fleisch und Thunfisch oder brät sie mit Knoblauch und der wilden Minzeart *nepitella* in der Pfanne.
Auf Sizilien gibt es gebratene Zucchinischeiben zu Spaghetti mit Tomatensauce, in Neapel fritiert man sie und mariniert sie anschließend mit Knoblauch, Oregano und Essig. Aus Florenz stammt ein Gericht, das nicht unbedingt die Liebhaber *al dente*-gekochten Gemüses anspricht: *buglione,* in Tomate weich und cremig gekochte Zucchini.

Zucchinigeschichte

Einer der ersten verbrieften Rezepteschreiber, die mit Riesenzucchini arbeiteten, war der Exilvenezianer Giacomo Castelvetro. Im Sommerkapitel seines Gemüsekochbuchs schrieb er Anfang des 17. Jahrhunderts über einen weißen Kürbis, der Armlänge erreichen kann. Was machte er damit? Er kochte ihn und dünstete ihn dann mit Zwiebeln, Öl und *agresto*, einem leichten Essig. Der Florentiner Francesco Gaudenzio kochte Ende des 17., Anfang des 18. Jahrhunderts in Jesuitenklöstern in Spoleto, Rom und Arezzo. In seinem 1705 veröffentlichten Werk beschrieb er die alltägliche Klosterküche, oft mit Abwandlungen der Rezepte für Fastentage. Mengenangaben kommen hier nicht vor, und die Zubereitungszeiten gibt er oft in Gebetslängen an. Ein langes Rezept für eine Suppe aus Brühe, Zucchini, Öl, Salz, Pfeffer und Gewürzen hatte er auch im Repertoire. Vincenzo Corrado wartete in seinen Kochbuch-Bestsellern aus dem 18. Jahrhundert mit einer ganzen Vielzahl an Rezepten für »lange Kürbisse«, Riesenkürbisse und die zarten Kürbistriebe auf. Er beschreibt die verschiedenen Kürbissorten, führt ihre Verwendung bis auf die alten Römer zurück und empfiehlt geschälte, in Streifen geschnittene und gesalzene mittelgroße *zucchette* gegen schlechte Laune. Am liebsten ist mir sein Rezept für »Zucchini italienische Art«: Zucchini unter heißer Kohle oder im Ofen gebacken, mit einem Dressing aus Öl, Zitrone, Knoblauch, Minze und schwarzem Pfeffer.

Lisas gegrillte Zucchini

Contessa Lisa Contini, eine herausragende Köchin der toskanischen Hausmannskost, ihr Ehemann Herzog Ugo und viele der sieben Kinder arbeiten gemeinsam auf dem Weingut *Tenuta di Capezzana* der Familie. Lisa richtet sich mit ihren

Rezepten immer ganz nach dem jeweiligen Angebot im Garten und der Speisekammer. Ein wichtiges Element ihrer *cucina*, das Lisa fast immer einsetzt, ist das hervorragende Olivenöl des Guts, und auf Mengenangaben kann man sie diesbezüglich nicht so leicht festlegen. Das folgende Zucchinirezept ist allerdings so einfach und die Zutaten sind so überschaubar, daß man dabei gar nichts verkehrt machen kann. Lisa schneidet die Zucchini dafür mit der Fleischschneidemaschine in dünne Scheiben, ich verwende die Mandoline. Sie grillt die Zucchinischeiben in einer gußeisernen Grillpfanne mit Rillen, mariniert sie dann mit ihrem guten Olivenöl, Knoblauch und Petersilie, um sie dann zimmerwarm zu servieren. »Wenn etwas übrig bleibt, gibt man noch mehr Olivenöl über die Zucchini. Im Kühlschrank halten sie noch mindestens eine Woche,« sagt Lisa.

Vorspeise für 4–6 Personen:

4 mittelgroße Zucchini
1–2 durchgepreßte Knoblauchzehen
2 EL kleingehackte glatte Petersilie
Meersalz
frischgemahlener schwarzer Pfeffer
3–4 EL natives Olivenöl extra

1. Von den Zucchini die Enden abschneiden. Längs in 2,5 mm breite Streifen schneiden.
2. Eine gußeiserne gerillte Pfanne leicht einölen und stark erhitzen. Die Zucchinischeiben auf jeder Seite 2–3 Minuten grillen, mit der Grillzange wenden.
3. Zucchinischeiben auf einen Servierteller legen, Knoblauch und Petersilie darauf verteilen, mit Salz und Pfeffer würzen und mit Olivenöl beträufeln. Bei Zimmertemperatur servieren.

Francescas Zucchini-»Carpaccio«

Wie kam solch ein neumodisches Gericht, eine vegetarische Variante der venezianischen Fleischvorspeise, wohl auf die Speisekarte des *Borgo Antico* – eine beliebte Pizzeria bei uns um die Ecke? Ganz einfach: Die Florentinerin Francesca Cianci ging nach New York und kochte dort fünf Jahre lang im Restaurant *Mezzaluna*. 1990 kam sie wieder zurück und übernahm das *Borgo Antico*, bis sie es vor kurzem für eine attraktive Position im eleganten Landgasthaus in Montefiridolfi außerhalb Florenz wieder verließ. Während ihrer Zeit im *Borgo* bereicherte sie die dortige Speisekarte um viele neue aber dennoch einfache Gerichte, die sie aus den Produkten des nahen Santo Spirito-Marktes zubereitete. Das *Borgo* führt ihr *zucchini carpaccio* heute nicht mehr, doch auf meiner Speisekarte ist es geblieben. Zu der Zeit, in der die Marktbauern die frischgeernteten Zucchini anbieten, ist es ein Dauerbrenner in meiner Küche. *Zucchini carpaccio* ist eines meiner schnellsten Rezepte und kommt mit ganzen fünf Zutaten, einschließlich Salz und Pfeffer aus, die natürlich alle erstklassig sein sollten. Auf jeden Fall müssen die Zucchini dafür frisch sein. Ich schneide sie mit einer scharfen Klinge mit der Hand in dünne, gleichmäßige Scheiben und verwende einen Kartoffelschäler für die benötigten Parmesanspäne. Zwei mittelgroße, papierdünn aufgeschnittene Zucchini reichen für einen Servierteller.

Vorspeise für 4 Personen:

2 kleine frische Zucchini
$^1/_2$ Bund grobgehackter Rucola
3 EL natives Olivenöl extra
1 TL Balsamessig (nach Wunsch)
feines Meersalz
frischgemahlener schwarzer Pfeffer
100–150 g Parmesan am Stück

1. Von den Zucchini die Enden abschneiden, mit einem geeigneten Messer oder einer Schneidemaschine quer in papierdünne Scheibchen schneiden. Seien Sie dabei vorsichtig! Zucchinischeiben auf einem Servierteller anrichten.
2. Rucola über die Zucchini streuen.
3. Mit Olivenöl und Balsamessig beträufeln und mit Salz und Pfeffer würzen.
4. Mit dem Gemüseschäler Parmesanspäne direkt auf die Zucchini und den Rucola hobeln. Sofort servieren.

Francos Pasta mit Zucchini-Kartoffelsauce

»Das Rezept ist zu einfach,« sagt Franco Ricatti, dessen Küche man bis vor kurzem im *Bacco* im apulischen Barletta genießen konnte. »Niemand möchte so etwas im Restaurant essen. Aber zu Hause gibt es bei uns solche Gerichte häufig«. Er beschrieb mir sein »Eintopf«-Pastagericht aus Zucchini, Kartoffeln, Pasta, Olivenöl und Parmesan, und ich bat ihn, es für mich zu kochen. Franco Ricattis Küche wird von Restaurantführern für ihre Kreativität gelobt. Er verwendet dafür die besten Zutaten der Region, doch weiß er, daß er mich mit den einfachen Rezepten der italienischen Hausmannskost am allermeisten beeindrucken kann. Franco bricht die Spaghetti für das Gericht in fünf Zentimeter lange Stücke und verwendet keine Kräuter, was für einen Italiener ungewöhnlich ist. Ich gebe etwas Petersilie oder Basilikum dazu.

Vorspeise für 4–6 Personen:

5–6 l Wasser (für Pasta und Gemüse)
1 große geschälte und in 1 cm große Würfel geschnittene Kartoffel
2–3 EL Salz
2 mittelgroße, in 1 cm große Würfel geschnittene Zucchini
400–450 g Spaghettini (dünne Spaghetti)

2–3 EL natives Olivenöl extra
frischgemahlener schwarzer Pfeffer
2 EL kleingehackte glatte Petersilie oder Basilikum (nach Wunsch)
60 g geriebener Parmesan

1. Nudelwasser zum Kochen bringen und salzen. Kartoffelwürfel 2 Minuten darin kochen, Zucchini und Pasta einlegen und die Spaghettini *al dente* kochen – sie werden nicht, wie sonst üblich, mit der Sauce fertiggekocht.
2. Pasta und Gemüse abgießen und 125 ml Kochwasser auffangen. In eine große Schüssel geben, mit Olivenöl übergießen, pfeffern, nach Wunsch die Kräuter darüberstreuen, 2–3 EL Kochwasser und den Parmesan dazugeben und alles gut vermischen. Falls die Nudeln zu trocken erscheinen, noch etwas Kochwasser zugießen. Sofort servieren.

Zucchini-Risotto

Primizia heißen die frühesten Exemplare der jahreszeitlich erhältlichen Gemüsesorten. Sie sind die ersten, die auf den Märkten erscheinen, wertvolle Beute, die man weitaus teurer einkauft, als die später nachfolgende Ernte der Hauptsaison. Nach einem Winter aus Kohl, Bohnen, Kartoffeln und Lauch sind die ersten Zucchini immer wieder ein Grund zur Freude. Wenn ich sie zusammen mit dem ersten, noch dünnen Basilikum bei Torquato Innocenti bekommen möchte, muß ich früh aufstehen, da all die anderen Marktkunden genauso ausgehungert nach Abwechslung sind wie ich. In *Harry's Bar* in Venedig gibt es *risotto alla primavera*, »nach Frühlingsart«, in dem Zucchini, Pilze, Artischocken, Spargel, Gemüsepaprika und Tomaten sich zu einem schönen Gemüse-Potpourri vereinen. Bei Torquato sind jedoch nicht alle Arten in derselben Saison erhältlich, so daß ich meine eigene Version des *risotto alla primavera* nur aus ganz frühen Zucchini und Basilikum mache. Das Gericht hat einen so feinen Geschmack, daß ich es mit gar nichts anderem kombinieren möchte.

Vorspeise für 3–4 Personen:

1 feingehackte kleine Zwiebel
2 kleingehackte Knoblauchzehen
4 EL (60 ml) natives Olivenöl extra oder 2 EL Olivenöl und 2 EL Butter
*250 g Risottoreis (*Vialone Nano *oder* Carnaroli*)*
375 g gesäuberte und in kleine Würfel geschnittene Zucchini
4 EL (60 ml) Weißwein (nach Wunsch)
2–2,5 l leicht gesalzene, sehr heiße Gemüsebrühe (1 Zwiebel, 1 Knoblauchzehe, 1 Möhre, 1 Stange Sellerie mit einigen Petersilienzweigen 15 Minuten in Wasser kochen)
Salz
2 EL kleingehacktes frisches Basilikum
frischgemahlener schwarzer Pfeffer
60 g geriebener Parmesan (+ nach Wunsch weiterer Käse zum Bestreuen)

1. Zwiebeln, Knoblauch und 2 EL Olivenöl in einem 4-Liter-Topf mit schwerem Boden vermengen. Zwiebel auf mäßiger Hitze weich dünsten.
2. Reis zugeben, ebenfalls gut mit dem Öl vermischen und einige Minuten rösten.
3. Zucchini und, falls gewünscht, Weißwein zufügen und gut unterrühren. Hitze erhöhen, um den Wein zu verkochen.
4. Gemüsebrühe 200-ml-weise zugießen und unter kräftigem Rühren auf dem Grund des Topfs jeweils mit dem Reis verkochen lassen (dazu einen langen Holzkochlöffel oder eine -gabel verwenden). Achtung: Risotto wird so heiß wie geschmolzene Lava! Jeweils noch Wasser oder Brühe zugeben, solange das Risotto noch einigermaßen flüssig ist. Nach rund 10 Minuten Wasser oder Brühe nur noch kellen-

weise zugeben, bis der Reis fast gar ist. Risottoreis nach weiteren 5 Minuten probieren. Er sollte noch einen guten Biß haben, da er noch einige Minuten weitergart. Das Risotto sollte noch etwas suppig sein, da es durch den Käse, Öl (oder Butter) und das letzte Umrühren noch andickt.

5. Sobald der Reis *al dente* ist und die Körner in der milchigen Flüssigkeit noch gut erkennbar sind, Käse und restliches Olivenöl (oder Butter) zugeben und zwei Minuten lang kräftig durchrühren.
6. Vom Herd nehmen, Basilikum unterheben und pfeffern. Das Risotto auf Suppenteller verteilen und vor dem Auftragen einige Minuten ruhen lassen. Auf Wunsch mit geriebenem Parmesan bestreut servieren.

Torquatos Zucchini-»Zigarren«

Torquato Innocenti verkauft seine frischgeernteten Zucchini mit den Blüten, was ein sicheres Zeichen für Frische ist. Sein Zubereitungstip für die jungen Zucchini, die noch eine ganz haarige Schale haben, ist einfach: Man brät sie im ganzen in der Pfanne braun und serviert sie mit Basilikum. Mit einer Tüte seiner kleinsten zigarrengroßen Zucchini unter dem Arm ging ich nach Hause und probierte sein Rezept aus – das Ergebnis war überzeugend wie immer. Ein »Muß« sind frische, knackige Zucchini, ansonsten hat man nur eine musige, durch die Schale zusammengehaltene Masse in der Pfanne. Köche mit eigenem Garten sollten die Zucchini ernten, bevor die Blüte sich öffnet und sie mit Blüte in der Pfanne braten.

Beilage für 4–6 Personen:

8–10 zigarrengroße frische Zucchini
2–3 EL natives Olivenöl extra
2 EL kleingehacktes Basilikum
feines Meersalz
frischgemahlener schwarzer Pfeffer

1. Von den Zucchini die Enden abschneiden. Sollte die Blüte noch dran sein, das Blütenende nur vorsichtig waschen, um die Blüte nicht zu verletzen.
2. Zucchini nebeneinander in eine große beschichtete Pfanne legen. 1 EL Olivenöl darüberträufeln und die Pfanne schütteln, damit das Öl sich gleichmäßig um die Zucchini verteilt.
3. Zucchini auf mäßiger Hitze 20–25 Minuten garen. Die Pfanne dabei öfters schütteln, damit sie gleichmäßig auf allen Seiten bräunen.
4. Zucchini auf einen Servierteller heben, mit Basilikum bestreuen, salzen, pfeffern und mit 1–2 EL Olivenöl beträufeln. Heiß oder bei Zimmertemperatur servieren.

Torquatos Zucchini mit scharfer Tomatensauce

Buglione piccante

Kisten runder und langer Zucchini, drei verschiedene Sorten halbreifer und tiefroter Tomaten und dazu Basilikum mit der erdfeuchten Wurzel in Papier eingeschlagen, zieren Torquatos Stand auf dem Höhepunkt der Sommersaison auf dem Santo Spirito-Markt.
Traditionelle toskanische Köche bereiten aus diesen drei Zutaten die *buglione* zu, ein »Durcheinander« aus gedünsteten Zucchini mit Tomaten und Basilikum. Torquatos Version hat durch die Pfefferschote, *peperoncino*, eine gewisse Schärfe, was meiner Meinung nach dem klassischen Gericht gegenüber eine große Verbesserung darstellt.

Beilage für 4 Personen:

500 g in dünne Scheiben geschnittene Zucchini
3 EL natives Olivenöl extra
1 kleingehackte rote Pfefferschote oder Chilipulver nach Geschmack
2 kleingehackte Knoblauchzehen
250 ml Tomatenstückchen (frische Tomaten häuten, entkernen, entsaften und kleinschneiden oder Dosenware)
2 EL kleingehacktes frisches Basilikum oder glatte Petersilie
feines Meersalz

1. Zucchini und 2 EL Olivenöl in einer großen beschichteten Pfanne vermengen. Zucchini auf starker Hitze und unter häufigem Wenden leicht bräunen.
2. Zucchinischeiben am Pfannenrand zusammenschieben. Das restliche Olivenöl in die Mitte gießen, Knoblauch und Pfefferschote zugeben und 1–2 Minuten dünsten.
3. Tomaten in die Pfanne geben, mit allen Zutaten gut vermengen und das Ganze 5 Minuten köcheln lassen. Basilikum oder Petersilie darüberstreuen. Salzen und heiß oder bei Zimmertemperatur servieren.

Danias gefüllte Zucchiniblüten

Dania Luccherinis Restaurant und Landhotel *La Chiusa* in Montefollocino liegt wunderbar zwischen den Olivenhainen und Weingärten der Toskana, mit Blick auf die auf einem Hügel gelegene Stadt Montepulciano. Danias Küche ist geschmackvoll, elegant und doch leger. Ganz besonders gut schmecken mir ihre gefüllten Zucchiniblüten. Sie füllt sie mit Käse und schmort sie kurz in Tomatensauce. Ich gare meine im Ofen und reiche die Sauce separat dazu. Die Ricotta-Farce in die Blüten zu füllen, ist genauso leicht, wie Zahnpasta auf die Bürste zu bringen.

Vorspeise für 4–6 Personen:

12 große Zucchiniblüten
280 g Vollmilch-Ricotta (30 Minuten in einem Sieb abtropfen lassen, falls er zu wässrig ist)
1 Ei
30 g geriebener Parmesan
2 EL kleingehackte glatte Petersilie
feines Meersalz
frischgemahlener schwarzer Pfeffer
1 durchgepreßte Knoblauchzehe
2 EL natives Olivenöl extra
500 ml Tomatenstückchen (frische Tomaten häuten, entkernen, entsaften und kleinschneiden oder Dosenware)

1. Zucchiniblüten vorsichtig waschen und abtropfen lassen.
2. Ricotta, Ei, Parmesan und Petersilie vermengen und mit Salz und Pfeffer würzen.
3. Käsemischung in eine Spritztülle oder eine Plastiktüte füllen, von der eine Ecke ca. 1 cm breit abgeschnitten wurde, und die Zucchiniblüten damit füllen.
4. Knoblauch und Olivenöl in einer großen beschichteten Pfanne erhitzen. Auf mäßiger Hitze dünsten, bis der Knoblauch zu brutzeln anfängt, dann die Tomaten zugeben. 5 Minuten weiterdünsten und mit Salz und Pfeffer würzen.
5. Zucchiniblüten in die Sauce legen und 5 Minuten mitdünsten. Heiß servieren.

Herzogliche Pasta mit »Pseudo-Venusmuscheln«

In seinem Kochbuch präsentierte der sizilianische Herzog Salaparuta seiner Leserschaft viele internationale vegetarische Rezepte, wovon die besten allerdings die traditionell sizilianischen Gemüsegerichte und seine vegetarischen Versionen klassischer Hauptgerichte sind. Hierzu gehören beispielsweise des Herzogs »Pseudo-Venusmuscheln«.
Er fand nämlich, daß der Geschmack von Zucchiniblüten dem der kleinen Muscheln ähnelt. Das denke ich zwar nicht, finde das Gericht aber dennoch äußerst gelungen.

Vorspeise für 4–6 Personen:

2 feingehackte Knoblauchzehen
1 kleingehackte Zwiebel
2 EL feingehackte Blattpetersilie
12 kleingehackte Zucchiniblüten
1 Prise in 125 ml heißem Wasser
aufgelöste Safranfäden oder
$^1/_8$ TL aufgelöstes Safranpulver
250 ml Tomatenstückchen
(frische Tomaten häuten, entkernen, entsaften
und kleinschneiden
oder Dosenware)
Meersalz + 2–3 EL Salz
5–6 l Wasser (für die Pasta)
400–450 g Spaghetti

1. Knoblauch, Zwiebel, Petersilie und Olivenöl in einer großen beschichteten Pfanne vermengen. Auf großer Flamme andünsten.
2. Zucchiniblüten zugeben. Unter die Zwiebel-Knoblauchmischung heben und dünsten, bis sie zusammenfallen.
3. Safran, Wasser und Tomaten zufügen und mit Salz und Pfeffer würzen. 5 Minuten köcheln lassen.
4. Nudelwasser zum Kochen bringen. Wasser salzen und Pasta in das sprudelnde Wasser einlegen. Die Spaghetti nach rund dreiviertel der empfohlenen Kochzeit abgießen – sie müssen noch gut *al dente* sein –, dabei rund 500 ml Kochwasser auffangen.
5. Nudeln und 250 ml Kochwasser zur Sauce geben und auf stärkster Hitze 3–5 Minuten kochen, bis die Pasta fertig ist und die Sauce sich gut damit verbunden hat. Falls die Sauce zu sehr einkocht, von dem restlichen Kochwasser zugeben (nicht mehr als ½ Kelle auf einmal).
6. Sofort servieren.

Torquatos Zucchiniblüten-»Frittata«

Ein Vorschlag von Torquato für die Verwendung von Zucchiniblüten ist die folgende *frittata* aus der Pfanne, mit Mehl, Basilikum und dem gewohnten »Schuß Öl« aus eigener Ernte.
Frühaufsteher bekommen zu den benötigten Blüten, Basilikum und Knoblauch auch kleine legefrische Eier von seinen Hühnern, die er sorgfältig in Zeitung einwickelt.

Vorspeise oder kleines Hauptgericht für 4–6 Personen:

ca. 24 Zucchiniblüten
2–3 EL natives Olivenöl extra
1–2 durchgepreßte Knoblauchzehen
2 EL kleingehacktes frisches Basilikum
4 Eier
feines Meersalz
frischgemahlener schwarzer Pfeffer

1. Zucchiniblüten in kaltes Wasser legen, damit sie frisch und sauber werden. Abtropfen lassen und mit Küchenkrepp trockentupfen oder in einer Salatschleuder trocknen.
2. Blüten und Olivenöl in einer großen beschichteten Pfanne mit dem Öl vermengen. Auf mäßiger Hitze 10–15 Minuten dünsten, bis die Blüten leicht angebräunt sind. Knoblauch und Basilikum zugeben und 1 Minute mitdünsten.
3. Die Zucchiniblüten, die nun ziemlich zusammengefallen sind, in eine mittelgroße Pfanne umfüllen.
4. Aufgeschlagene Eier mit einer Gabel verrühren, salzen, pfeffern und über die Zucchiniblüten gießen.
5. *Frittata* auf kleiner Flamme garen, bis die Unterseite gut gestockt, die Oberfläche aber noch flüssig ist. Die Pfanne leicht schütteln, damit sich die *frittata* vom Boden löst. Eventuell mit dem Bratwender ablösen, falls sie festklebt.
6. Pfanne mit einem großen Teller abdecken und umdrehen, so daß die *Frittata* mit der Unterseite nach oben auf dem Teller liegt. Wieder in die Pfanne gleiten lassen und die andere Seite garen.
7. *Frittata* auf einem Servierteller heiß oder bei Zimmertemperatur servieren.

Zwiebeln, Lauch und Frühlingszwiebeln

Cipolle, porri e cipolline

Ohne die *cipolla*, die Zwiebel, italienisch zu kochen, ist fast unmöglich. In den meisten Küchen spielt sie eine wichtige Nebenrolle, steigt bisweilen aber auch zum kulinarischen Star auf. Gelbbraune oder rote Zwiebeln, die man nach der Ernte durch Trocknen der Außenschalen haltbar macht, gibt es ganzjährig auf allen italienischen Märkten. Im Winter kommt der Porree dazu, den man im Frühjahr dann durch die saisonale Delikatesse der weißen oder rosaschattierten Frühlingszwiebeln ersetzt, mit ihren kleinen, maximal golfballgroßen und gerade ausgeformten Zwiebelknollen und grünem Lauch.

Die Speisezwiebel, *Allium cepa,* ist eine krautreiche zweijährige Pflanze der *Liliaceae*-Familie. Sie blüht im Sommer mit einer hübschen, fedrig-runden Blüte, die den typischen Zwiebelgeruch ausströmt. Zwiebeln haben röhrenförmige, hohle Blätter und bilden unterirdisch eine Knolle oder einen Bulbus mit dicht übereinanderliegenden, fleischig-verdickten Blättern. Zwiebelbulben reagieren auf die Taglänge, das heißt sie beginnen Blätter auszuformen, wenn die Tage länger werden. Manche Zwiebeln werden unreif geerntet und sind dann kleiner, zartschaliger und delikater im Geschmack als reife Zwiebeln. Frühlingszwiebeln sind dagegen eigene Züchtungen. Die ätherischen Öle der Zwiebel bringen Köche zum Weinen, aber die von ihr aufsteigenden Gase sind wasserlöslich und bei kühlen Temperaturen weniger aggressiv. Es empfiehlt sich daher, Zwiebeln vor dem Verarbeiten in den Kühlschrank oder kurz in kaltes Wasser zu legen, um die Tränenproduktion einzuschränken. Mir wurde erzählt, daß sich die Zwiebelgase einen feuchten, warmen Platz suchen, und wenn man beim Zwiebelschneiden die Zunge herausstreckt, können sie nicht bis in die Augen gelangen – das glaube, wer mag.

Seit der Frühzeit ist die Zwiebel ein Grundnahrungsmittel des Mittelmeerraums gewesen. Ihr Ursprung liegt in Zentralasien. Schon die Ägypter verehrten sie, und auch die Griechen und Römer schätzten sie sehr, trotz ihres Rufs als Gemüse des niedrigen Stands und ihres stechenden Geruchs. Abbildungen der Zwiebel findet man sogar auf den Fresken des Etruskergrabs bei Ceveteri vor den Toren Roms. Der deutsche Völkerkundler Victor Hehn erzählt die Volkssage der griechischen Landung in Sizilien: Die Griechen trafen dort auf die einheimischen Sikaner und versprachen ihnen Frieden, so lange ihre Köpfe auf ihren Schultern säßen und sie Land unter ihren Füßen hätten. Was die Sikaner nicht wußten, war, daß die hinterlistigen Griechen Sand in ihre Schuhe gefüllt und, verborgen unter ihren Hemden, Zwiebeln auf ihre Schultern gesetzt hatten. Nachdem sie sich von Sand (das Land) und Zwiebeln (den Köpfen) befreit hatten, fuhren die Griechen mit ihrer Invasion fort und eroberten die ahnungslosen Sikaner. Und schuld daran war nur die Zwiebel.

Die Bedeutung der Zwiebel wuchs im 18. und 19. Jahrhundert erheblich, obwohl sie bereits in den meisten botanischen und kulinarischen Abhandlungen des Mittelalters und der Renaissance als Zutat erwähnt worden war: Der Einsatz von Gewürzen nahm ab, und die Köche brauchten etwas, um das Aroma ihrer Gerichte zu bereichern.
Hippokrates und Plinius gaben sehr frühe medizinische Hinweise zur Zwiebel: Sie empfahlen die Knolle bei schlechter Sicht, Kahlheit, Schlaflosigkeit, Zahnschmerzen, Insektenbissen, Würmern und, örtlich aufgetragen, gegen Hämorrhoiden. Mediziner des späten Mittelalters waren der Meinung, Zwiebeln zum Frühstück seien gut gegen die Pest. Und da Zwiebeln tatsächlich leicht antibiotisch wirken, mag diese Kur viel-

leicht wirklich etwas geholfen haben. Die moderne Medizin stellte fest, daß roh verzehrte Zwiebel gegen die Blutgerinnung wirkt, den Blutdruck senkt und den Cholesterinwert verbessert, indem es den Anteil an High Density-Cholesterin (HDL) erhöht. Außerdem verlangsamt sie durch eine Steigerung des Säuregehalts der Magensäfte die Verdauung und gilt als Desinfektionsmittel für den Darm. Zwiebeln enthalten wenig Kalorien, sehr viel Wasser und ein wenig Kalium, Vitamin C und Folsäure. Der sagenumrankte italienische Franziskanermönch Frate Indovino schrieb ihr harntreibende, verdauungsfördernde, schleimlösende, abführende, beruhigende und blutbildende Eigenschaften zu und empfahl, zur Schmerzlinderung Insektenstiche mit einer aufgeschnittenen Zwiebel einzureiben, ein Hausmittel, das auch heute noch angewendet wird.
Neben den vielen regionaltypischen italienischen Zwiebelsorten werden im Mai und Juni Frühlingszwiebeln angeboten, und hauptsächlich aus dem Ausland kommen auch Lauchzwiebeln, die wie Frühlingszwiebeln ohne Bulbus aussehen, sowie Schalotten.

Zwiebeln bilden die Grundlage des italienischen *soffrito*, mit dem viele Saucengerichte beginnen. Sie werden dafür langsam in gutem Olivenöl gedünstet, zusammen mit Knoblauch, Stangensellerie, Möhren und, für Nichtvegetarier, eventuell mit etwas Speck. Ansonsten bäckt man Zwiebeln, füllt sie, brät sie und schmort sie, serviert sie als Vorspeise, auf Pasta, als Hauptgericht oder würzende Beilage. Frühlingszwiebeln werden pikant oder süß-sauer eingelegt. Die Einwohner von Florenz lieben rote Zwiebeln und behaupten sogar, daß Katharina de' Medici ihre berühmte *carabaccia*, eine Suppe auf der Grundlage von Zwiebeln, mit nach Frankreich exportierte, wo sie zur bekannten französischen Zwiebelsuppe wurde. Heute enthält die *carabaccia* neben Zwiebeln, geröstetem Brot und Käse auch Frühlingsgemüse wie dicke Bohnen und Erbsen. Meine bevorzugte Einkaufsquelle für Zwiebeln sind Torquato Innocenti vom Santo Spirito-Markt in Florenz und sein Sohn.

Sie verkaufen sowohl die beliebten Florentiner Roten wie auch Lauch und liefern wie gewöhnlich jede Menge guter Ratschläge und Rezepte dazu.

Beim Kauf sollten Zwiebeln fest sein und eine glatte, trockene Haut haben. Zwiebeln mit Trieb sind bereits in der Verrottungsphase und können innen weich oder verfault sein. Bei Lauch ist auf frischaussehende grüne Blätter zu achten. Er muß sorgfältig gewaschen werden, da sich zwischen den gebleichten Blattenden oft Schmutz befindet. Um das Austreiben zu verhindern, sollten Zwiebeln an einem kühlen, dunklen Platz gelagert werden.

Zwiebelgeschichte

Vom Feinschmecker Apicius gibt es ein ganzes Buch über Saucen aus dem 1. Jahrhundert, die ein Landsmann drei Jahrhunderte später in einem Gesamtwerk wiederaufleben ließ. Apicius schlägt eine weiße Sauce auf Zwiebelbasis vor, und auch für viele Gemüsesuppen und Fleischgerichte verwendet er das Knollengewächs. Aus dem Kochbuch des »Anonymen Venezianers« im späten 14. Jahrhundert stammt ein Rezept für *cisame*, eine süßsaure Sauce aus Zwiebeln, Essig, Mandeln, Rosinen, viel Gewürzen und Honig, die man zu Fisch reichte, und die stark an die heute gängige Zubereitungsart *in saor* der Venezianer für Fisch erinnert. Seite 186 enthält ein Rezept für eine nicht süße und nicht zu stark gewürzte Version dieser Sauce für Radicchio. Im kultivierten Renaissance-Stil ergoß sich im 16. Jahrhundert der berühmte Florentiner Bronzino, Maler am Hof der Medici, in Versen über die Küche im allgemeinen und die Zwiebel im besonderen. Sinngemäß lobt er das Knollengewächs als »besser als alle anderen Annehmlichkeiten dieses Lebens, wenn man sie im Ofen bäckt, um einen Salat mit Portulak und Gurke daraus zu bereiten«. Der Autor

Domenico Romoli schrieb im 16. Jahrhundert ein umfassendes Werk über Küche, Ernährung und Rezepte. Im Gemüse- und Kräuterkapitel behauptet er, daß die Zwiebel roh mit Essig genossen zum Geschlechtsverkehr anrege und die Spermienproduktion erhöhe, aber auch zu Kopfweh führe und schwer verdaulich sei. Die negativen Effekte könne man aber durch Garen der Zwiebel ausschalten, meinte Romoli. Sein Zeitgenosse Costanzo Felici wußte auch einiges über die medizinischen Vorzüge der Zwiebel zu berichten. Sie sei appetitanregend, löse Blockaden im Körper und nähme vielen Lebensmitteln ihre schädlichen Eigenschaften. Felici unterschied verschiedene Zwiebelsorten: Große flache, kleine rechteckige, intensiv rote, milchig-weiße und »alle Farben dazwischen«, je nach Jahreszeit, Anbaugebiet, Land und Erde. Er warnte auch, daß manche Zwiebeln einen sehr stechenden Geruch haben können und den Koch zum Weinen bringen. Und im 17. Jahrhundert stellte Vincenzo Tanara in seinem damaligen Bestseller fest, daß die Oberschicht die Zwiebel zwar gerne als Salat an Fastentagen oder als Beilage zu Wildgeflügel verzehre, daß jedoch die Zubereitungsart der Bauern, mit Salz und Brot, oft weitaus geschmackvoller sei.

Ganze gebackene Zwiebeln

Bei diesem Rezept werden Zwiebeln im ganzen gebacken: entweder im Ofen, vor einem offenen Küchenfeuer oder in der Glut eines Holzkohlenfeuers. Es ist praktisch die Zwiebelversion der im Ofen gebackenen Kartoffel und wird als traditionelle Zubereitung in vielen Texten erwähnt, wohingegen man es in Restaurants so gut wie nie findet. Gebackene Zwiebeln gehen so einfach wie nur selten ein Gericht. Zwiebeln werden dafür ohne Schälen oder sonstige Vorbereitung in den Ofen geschoben und in Kombination mit fast allem anderen gebacken, das eine ungefähre Garzeit von 45 Minuten hat. Danach drückt man sie aus ihrer Schale und richtet sie mit einem Dressing aus Olivenöl, Salz und Pfeffer an. Oft gibt man auch italienischen Balsamessig dazu, eine klassische und hervorragende Ergänzung. Wer sehr guten, alten Balsamessig zur Verfügung hat, verwendet diesen, da man nur sehr wenig braucht. Eine Alternative ist es, handelsüblich erhältlichen, günstigeren Balsamessig zu reduzieren. Durch Einkochen konzentriert man seine Aromen, womit er dem alten Balsamessig sowohl in der sirupartigen Konsistenz wie auch im Geschmack näher kommt.

Vorspeise oder Beilage für 4 Personen:

4 große ungeschälte rote oder gelbe Zwiebeln
4 EL (60 ml) + 1 TL handelsüblicher Balsamessig
(Aceto balsamico) *oder 2 TL alter Balsamessig*
2 EL natives Olivenöl extra
feines Meersalz
frischgemahlener schwarzer Pfeffer

1. Ofen auf 190 °C vorheizen. Eine ofenfeste Form mit Aluminiumfolie auslegen.
2. Zwiebeln in der vorbereiteten Form 45 Minuten backen, bis sie weich sind (Stäbchenprobe machen). Zwiebeln abkühlen lassen, bis man sie gut weiterverarbeiten kann.
3. Während die Zwiebeln backen, die 60 ml Balsamessig in einer kleinen Kasserolle 5–6 Minuten auf starker Hitze um die Hälfte zu einem Sirup einkochen lassen. Den zurückbehaltenen Teelöffel Balsamessig zugeben, unterrühren und abkühlen lassen.
4. Abgekühlte Zwiebeln schälen. Dazu eine Zwiebel in die Hand nehmen und leicht drücken, so daß sich das Innere in einem Stück aus der Schale löst. Zwiebeln halbieren, dann vierteln oder achteln.
5. Zwiebeln mit dem reduzierten oder dem alten Balsamessig und mit Olivenöl übergießen, mit Salz und Pfeffer würzen. Warm oder lauwarm servieren.

Cesares gefüllte Zwiebeln

Im Ofen gebackene gelbe Zwiebeln werden im ganzen Piemont in Lebensmittelgeschäften verkauft. Das ist eine wunderbare Arbeitserleichterung für Gerichte, bei denen man die Zwiebeln füllt und zeigt auch, wie sehr man das Knollengewächs in dieser Region schätzt. Traditionellerweise füllt man Zwiebeln mit Fleisch, aber nicht so bei Cesare Giaccone, Patron und Küchenchef des *Ristorante da Cesare* in Albaretto della Torre. Er serviert gefüllte Zwiebeln in einer leichteren Version, mit einer Parmesansauce und Stückchen weißer Trüffel. Cesares Küche ist regional und auf die in der Umgebung erhältlichen Zutaten ausgerichtet, die er mit viel Stil einsetzt. Weiße Trüffel kommen bei ihm während ihrer kurzen spätherbstlichen Saison im Überfluß auf den Tisch.
Wer nicht unbedingt in einer trüffelreichen Gegend zuhause ist, kann für das Aroma des Gerichts ein wenig Trüffelpaste verwenden. Ganz ohne Trüffeln läßt es sich aber auch zubereiten. Die äußersten Zwiebelschalen dienen als attraktive Form für die Käse-Zwiebelfüllung. Erleichtert wird die Zubereitung dadurch, daß man die Zwiebeln erst gekocht und nicht schon roh aushöhlt.

Vorspeise für 4 Personen:

4 ungeschälte mittelgroße gelbe Zwiebeln
180 ml Milch
1 EL Butter
4 TL Mehl
90 g geriebener Parmesan
grobes Meersalz + 200 g Meersalz
zum Überbacken der gefüllten Zwiebeln
frischgemahlener schwarzer Pfeffer
1–2 EL Trüffelpaste (nach Wunsch)

1. Ofen auf 190 °C vorheizen. Eine ofenfeste Pfanne mit Aluminiumfolie auslegen.
2. Zwiebeln in der vorbereiteten Form 45 Minuten backen, bis sie weich sind (Stäbchenprobe machen). Zwiebeln abkühlen lassen, bis man sie gut weiterverarbeiten kann.
3. Während die Zwiebeln garen, eine Béchamelsauce zubereiten. Dazu die Milch erhitzen und in einem separaten kleinen Topf die Butter schmelzen. Das Mehl auf einmal zur Butter geben und 2–3 Minuten köcheln lassen, dabei mit einem kleinen Schneebesen rühren. Heiße Milch unter ständigem Rühren mit dem Schneebesen langsam zur Mehl-Buttermischung geben, so daß sich keine Klumpen bilden. Die Béchamelsauce auf kleiner Flamme köcheln lassen, bis sie so dick wie Sauerrahm ist. Parmesan und nach Wunsch die Trüffelpaste zugeben und mit Salz und Pfeffer würzen. Sauce abkühlen lassen.
4. Zwiebeln schälen. Dazu eine abgekühlte Zwiebel in die Hand nehmen und leicht drücken, so daß sich das Innere in einem Stück aus der Schale löst. Am Wurzelansatz abschneiden, dabei aber darauf achten, daß die Zwiebelhülle mit einer inneren Schale als Ganzes erhalten bleibt. Die Zwiebelhülle zurechtdrücken, so daß sie als Form für die Füllung verwendet werden kann.
5. Das Innere von zwei Zwiebeln ausdrücken und im Mixer oder mit der Flotten Lotte pürieren (restliches Zwiebelfleisch für etwas anderes verwenden). Unter die Béchamelsauce rühren.
6. Zwiebel-Béchamelmischung in einen Spritzbeutel oder in eine Plastiktüte füllen, bei der eine Ecke (ca. 1 cm lang) abgeschnitten wurde. Mischung in die Zwiebelschalenformen spritzen.
7. 4 Souffléförmchen nur $^1/_2$ hoch mit Salz füllen und die gefüllten Zwiebeln daraufsetzen. Etwas in das Salz hineindrücken, so daß sie nicht umfallen können.
8. Gefüllte Zwiebeln 15–20 Minuten im heißen Ofen überbräunen und heiß servieren.

Torquatos Zwiebelschnitzel

Torquato hat in seinem Laden immer eine Kiste roter Zwiebeln stehen, die in Florenz beliebteste Sorte, und verkauft sie mit hervorragenden Nährwert- und Zubereitungstips. »Rote Zwiebeln sind gut für das Blut und harntreibend. Gebraten schmecken sie besser als Schnitzel«, sagt er, und empfiehlt, dicke Zwiebelscheiben leicht mehliert in verquirltem Ei zu wenden und die so entstandenen Schnitzel in gutem Olivenöl zu braten.

Vorspeise oder Beilage für 4 Personen:

2–3 große geschälte rote Zwiebeln
8 EL (120 ml) natives Olivenöl extra
1 verquirltes Ei
feines Meersalz
frischgemahlener schwarzer Pfeffer
Mehl zum Panieren

1. Zwiebeln in 1 cm dicke Scheiben schneiden.
2. Die Hälfte des Öls in einer breiten, hohen Pfanne erhitzen.
3. Mit Salz und Pfeffer verquirltes Ei auf eine Untertasse oder einen größeren Teller geben.
4. 5–6 Zwiebelscheiben in Mehl wenden, in das Ei eintauchen und im Olivenöl rund 5 Minuten fritieren, bis sie braun sind. Scheiben umdrehen und auch die andere Seite bräunen. Mit einem Schaumlöffel aus dem Öl heben und auf Küchenkrepp abtropfen lassen. Warm stellen. Die zweite Hälfte des Öls in die Pfanne geben und die restlichen Zwiebelscheiben auf die gleiche Weise zubereiten. Vor dem Servieren salzen und sofort auftragen.

Livias Genoveser Makkaroni für Reich und Arm

Maccheroni alla Genovese

Die enge, kurvige Straße zum Restaurant *Don Alfonso* führt durch eine hügelige Gegend, flankiert von Oliven- und Zitronenhainen und kleinen Gemüsegärten, in denen an Bambusstäben festgemachte Tomatensträucher, buschige Artischocken und reihenweise spitzblättrige Zwiebel- und Knoblauchpflanzen stehen – alles wichtige Zutaten der regionalen Küche.

Die Besitzer des *Don Alfonso* in dem Örtchen Sant'Agata sui Due Golfi mit seinem fantastischen Blick auf die Buchten von Neapel und Salerno sind Livia und ihr Ehemann Alfonso Iaccarino. Don Alfonsos *maccheroni alla genovese* haben es mir besonders angetan, nicht zuletzt wegen der netten Geschichte über die zwei komplett verschiedenen Versionen: Der Adel pflegte für seine Variante Rindfleisch stundenlang mit Zwiebeln zu schmoren, so daß die Zwiebeln zu einer cremigen Sauce zerfielen; arme Köche stellten dieselbe Sauce ohne das Fleisch her.

Beide Gesellschaftsschichten aßen ihre Saucen dann zu kurzer Pasta wie Rigatoni. Bei *Don Alfonso* wird die von mir bevorzugte fleischlose Version serviert, und zwar mit Olivenöl anstelle des sonst verwendeten Schweinefetts, was ich sehr begrüße. Damit wird das Gericht zu einer einfachen Zwiebelschmorsauce, die man mit Sellerie, Möhren, Petersilie und Wein würzt.

In Neapel weiß man, daß dieses Gericht nur schwer verdaulich ist und deshalb besser als Mittagessen serviert werden sollte.

Vorspeise für 4–6 Personen:

4 EL (60 ml) natives Olivenöl extra
4 kleingehackte große rote Zwiebeln
1 kleingehackte Stange Sellerie
1 feingehackte kleine Möhre
1 EL kleingehackte Petersilie
250 ml Weißwein
grobes Meersalz + 2–3 EL Salz
frischgemahlener schwarzer Pfeffer
5–6 l Wasser (für die Pasta)
400–450 g Rigatoni oder Penne
30–60 g geriebener Parmesan

1. Zwiebel, Sellerie, Möhre und Petersilie mit Olivenöl in einer großen Pfanne mit schwerem Boden vermengen. Auf kleiner Flamme unter gelegentlichem Umrühren 15 Minuten dünsten, bis das Gemüse weich ist.
2. Wein zugeben, mit Salz und Pfeffer würzen und die Pfanne mit einem Deckel fest verschließen. Das Gemüse rund 2–3 Stunden köcheln lassen, bis es zu einer cremigen Sauce zerfallen ist. Sauce in einen Meßbecher füllen, rund 500 ml abmessen und wieder in die Pfanne geben; den Rest beiseite stellen.
3. Nudelwasser zum Kochen bringen. Wasser salzen und Pasta in das sprudelnde Wasser schütten.
4. Die Nudeln nach rund dreiviertel der empfohlenen Kochzeit abgießen – sie müssen noch gut *al dente* sein –, dabei rund 500 ml Kochwasser auffangen.
5. Nudeln und ein Viertel des Kochwassers zur Sauce geben und auf größter Flamme 3–5 Minuten kochen, bis die Pasta fertig ist und die Sauce sich gut damit verbunden hat. Falls die Sauce zu sehr einkocht, von dem restlichen Kochwasser (nicht mehr als $^{1}/_{2}$ Kelle auf einmal) zugeben.
6. Mit geriebenem Parmesan bestreuen und servieren.

Torquatos Lauch aus der Pfanne

»Das ist der Spargel des Winters« war eines Morgens Torquatos Verkaufsargument für ein erstklassiges Bündel Lauchstangen, eines seiner besten Wintergemüse. Wie gewöhnlich sprudelten Vater und Sohn über vor wunderbaren Rezepten für ihr Produkt. Torquatos Anregung zum Lauch klang zu einfach, als daß ich sie hätte ignorieren können: »Wie Spargel mit Öl in der Pfanne braten«, sagte er, »und die grünen Enden für Suppe oder *frittata* aufheben«.

Beilage oder Vorspeise für 4–6 Personen:

750 g küchenfertig gestutzte Lauchstangen
4 l Wasser
feines Meersalz
2 EL natives Olivenöl extra
1 EL feingehackte Blattpetersilie
frischgemahlener schwarzer Pfeffer

1. Die Lauchstangen längs halbieren. Kleinere Stangen nur zu $^{3}/_{4}$ aufschneiden und rund 5 cm über dem Wurzelende ganz lassen. Sorgfältig unter Wasser spülen, um Schmutz und Erde zwischen den Blättern gründlich zu entfernen.
2. Wasser aufkochen, salzen und Lauch darin 4–5 Minuten blanchieren, bis er fast weich ist. Mit einem Schaumlöffel aus dem Wasser nehmen und mit kaltem Wasser abschrecken. Lauch etwas ausdrücken und mit Küchenkrepp abtupfen, so daß er möglichst wenig Wasser behält. Das Kochen macht ihn zarter.
3. Olivenöl und Lauch in einer großen beschichteten Pfanne vermengen, so daß sich das Öl gut um die Stangen verteilt.
4. Lauchstangen auf starker Hitze leicht bräunen. Mit Salz und Pfeffer würzen und mit Petersilie bestreuen. Heiß oder bei Zimmertemperatur servieren.

Torquatos Lauch-Bohnensuppe

Das ist die Suppe, für die man die grünen Lauchenden verwendet, die beim Rezept »Lauch aus der Pfanne« (siehe Seite 329) überbleiben. Die Suppe ist noch aromatischer als Torquatos Lauch-Kartoffelsuppe und sehr einfach zu machen, besonders, wenn man dafür bereits gekochte Bohnen verwendet. Wer nicht soviel Zeit hat, behilft sich mit hochwertigen Dosenbohnen.

Vorspeise für 4–6 Personen:

500 g Lauch
1 l Bohnenkochwasser von Trockenbohnen
(keine Dosenware), hausgemachte Brühe oder leicht
gesalzenes Wasser (bzw. eine Kombination
aus Brühe und Wasser)
3 EL natives Olivenöl extra + zusätzliches Öl
zum Darüberträufeln
500 ml gekochte weiße Bohnen
(ca. 180 g Rohgewicht)
1 EL kleingehackter frischer Salbei
grobes Meersalz
frischgemahlener schwarzer Pfeffer

1. Von den Lauchstangen die Enden abschneiden und zähe Außenblätter entfernen. Die grünen Blattenden abschneiden. Sorgfältig unter Wasser spülen, um Sand und Erde zwischen den Blättern gründlich zu entfernen.
2. Lauchgrün und Lauchabschnitte im Bohnenkochwasser, der Brühe oder dem Salzwasser 20 Minuten kochen. Lauch mit einem Schaumlöffel herausheben und wegwerfen.
3. Weiße Lauchenden in dünne Ringe schneiden.
4. Lauch, Salbei und Olivenöl in einem schweren 3-Liter-Topf vermengen.
5. Lauch auf mäßiger Hitze 10 Minuten dünsten und dabei gelegentlich umrühren.

6. Bohnen, 750 ml Bohnenkochwasser, Salz und Pfeffer zugeben und 15 Minuten köcheln.
7. 1/3 der Suppe im Mixer sämig pürieren und wieder zur Suppe geben.
8. Suppe mit einem Schuß Olivenöl und frischgemahlenem schwarzem Pfeffer servieren.

Zwiebel-Kapernsalat

In der Gegend um Martina Franca in Apulien wird ein Püree aus Favabohnen und grünem Chicorée in Begleitung einer Reihe von Beilagen zur kompletten Hauptmahlzeit. Mit dabei sind sonnengetrocknete Tomaten, eingelegte Auberginen, Paprikaschoten und Artischockenböden, gekochter Chicorée und der folgende marinierte Zwiebel-Kapernsalat, der mir besonders gut schmeckt. Er spielt auf dem Teller zwar nicht die Hauptrolle, geschmacklich sind die knackigen essigsauren Zwiebeln, das cremige Bohnenpüree und die leicht bitteren grünen Knospen jedoch eine wunderbare Kombination. Der marinierte Salat paßt auch hervorragend zu gekochten Kartoffeln oder Grillgerichten.

Würzbeilage für 4 Personen:

1 große, in dünne Scheiben geschnittene rote Zwiebel
2 EL möglichst in Salz konservierte Kapern
Essig
feines Meersalz
frischgemahlener schwarzer Pfeffer

1. Alle Zutaten vermengen und mindestens 15 Minuten, besser bis zu 6 Stunden marinieren. Essig abgießen und servieren.

Penne mit Lauch-Zitronensauce

Contessa Lisa Contini ist eine der besten Gastgeberinnen der Toskana und bekocht auf ihrem Landgut neben ihrer Familie auch immer eine große Schar von Gästen. Vor ein paar Jahren aß ich bei den Continis Pasta mit Zitronenschale und Kräutern. Die Contessa überzeugte mich damit so, daß ich die Kombination in meine Spargelsauce (siehe Seite 201) integrierte. Wenn, wie Torquato behauptet, Lauch der »Spargel des Winters« ist, ist es logisch, ihn ebenfalls mit der Zitronen-Kräutersauce zu versuchen. Man kocht den Lauch dafür, püriert ihn mit Zitronenschale und Petersilie, schlägt das Produkt mit Olivenöl auf und fügt zur Verzierung eine kleine Menge dünngeschnittener Lauchringe zu – fertig ist eine zwar nicht traditionelle, aber äußerst schmackhafte Pastasauce.

Vorspeise für 4–6 Personen:

4–6 mittelgroße küchenfertig gestutzte Lauchstangen
1 EL Zitronensaft
5–6 l Wasser (für Lauch und Pasta) + 250–500 ml zusätzliches Wasser
2–3 EL Salz
1 TL feingehackte Zitronenschale
1 EL kleingehackte Blattpetersilie
4 EL (60 ml) natives Olivenöl extra
Meersalz
frischgemahlener schwarzer Pfeffer
400–450 g Penne oder andere kurze Pasta
60 g geriebener Parmesan

1. Von den Lauchstangen die Wurzelenden sowie zähe und beschädigte Außenblätter ablösen. Die Stangen längs halbieren und sorgfältig unter fließendem Wasser spülen, um Erde und Sand gründlich zu entfernen. Ein 50-g-Stück in

sehr feine Ringe schneiden und mit dem Zitronensaft vermischen, dann beiseitestellen.

2. Nudel-Gemüsewasser zum Kochen bringen, salzen und die halbierten Lauchstangen darin in 6–8 Minuten sehr weich kochen. Mit einem Schaumlöffel aus dem Wasser heben, mit kaltem Wasser abschrecken und leicht ausdrücken, so daß möglichst wenig Wasser darin verbleibt. Das Lauchkochwasser für die Pasta aufheben.
3. Gekochten Lauch mit Zitronenschale, Petersilie, Olivenöl und rund 250 ml Lauchkochwasser pürieren. Mit Salz und Pfeffer würzen und in einen 3-Liter-Topf umfüllen.
4. Lauchkochwasser wieder auf 5–6 l auffüllen und zum Kochen bringen. Pasta in das sprudelnde Wasser einlegen. Die Nudeln nach rund dreiviertel der empfohlenen Kochzeit abgießen – sie müssen noch gut *al dente* sein –, dabei rund 500 ml Kochwasser auffangen.
5. Nudeln, ein Viertel des Kochwassers und marinierte, abgetropfte Lauchringe zum Lauchpüree in den Topf geben und auf größter Flamme 3–5 Minuten kochen, bis die Pasta fertig ist und die Sauce sich gut damit verbunden hat. Falls die Sauce zu sehr einkocht, von dem restlichen Kochwasser (nicht mehr als $^1/_2$ Kelle auf einmal) zugeben. Die Sauce sollte noch etwas flüssig sein, da sie durch den Käse noch andickt.
6. Parmesan zugeben und 1 Minute mitkochen, so daß er schmilzt. Das Gericht sofort servieren.

Aimos und Nadias Spaghetti mit Frühlingszwiebeln

Spaghetti con cipolotti

Sehr günstig liegt das Restaurant *Aimo und Nadia* nicht: man fährt dazu eine ganze Weile durch das nicht gerade attraktive Vorstadtgebiet Mailands. Früher war es eine ungemütliche toskanische Trattoria, in der man allerdings eine der besten Küchen Italiens serviert bekam: einfach aber elegant, mit Schwerpunkt auf erstklassigen saisonalen Zutaten. Vor über 10 Jahren verwandelten Aimo und Nadia das Lokal dann zu einem ausgewachsenen Restaurant, mit silbernen Servierplatten und all den Dingen, die mir am feinen Essen nicht so liegen. Trotz des formellen Drumherums ist das von Nadia zubereitete Essen unter den Silberhauben immer noch das gleiche und unwiderstehlich gut. Auf der Speisekarte findet man täglich neue, interessante Dinge, doch Aimo weiß, daß ich immer eine kleine Portion der Spaghetti mit Frühlingszwiebeln haben muß. Das Rezept gab er nicht so ohne weiteres heraus, doch meine Hartnäckigkeit siegte! Aimo verwendet für das Rezept Frühlingszwiebeln, die wie Lauchzwiebeln mit einer kleinen weißen Knolle aussehen. Sie werden sehr fein geschnitten, allerdings konnte ich in der Sauce nie auch nur das Anzeichen eines Zwiebelchens entdecken und hatte immer den Eindruck, die Sauce sei püriert. Alternativ dazu habe ich die gekochten Frühlingszwiebeln mit Olivenöl aufgeschlagen, wodurch ich auch eine cremige Sauce bekam. Beide Versionen sind zu empfehlen.

Vorspeise für 4–6 Personen:

6 EL natives Olivenöl extra
2 frische Lorbeerblätter
1 feingeschnittener Zweig frischer Thymian
1 feingeschnittener Zweig frischer Oregano

3 durchgepreßte Knoblauchzehen
500 g der weißen Stücke von Lauch- oder Frühlingszwiebeln, sehr fein aufgeschnitten
1/2 TL kleingehackte rote scharfe Pfefferschote
125 ml Tomatenstückchen (frische Tomaten häuten, entkernen, entsaften und kleinschneiden oder Dosenware)
250 ml Gemüsebrühe aus dem Zwiebelgrün, 1 Lorbeerblatt und sonstigen vorhandenen Gemüseabschnitten
5–6 l Wasser (für die Pasta)
2–3 EL Salz
400–450 g Spaghetti
6 in dünne Streifen geschnittene Basilikumblätter

1. 3 EL Olivenöl in einer großen beschichteten Pfanne erhitzen und Lorbeer, Thymian und Oregano zugeben. 1–2 Minuten dünsten.
2. Knoblauch, Zwiebel und Pfefferschote zufügen, 10 Minuten weich dünsten.
3. Tomaten und Gemüsebrühe zugeben und 5 Minuten köcheln lassen. Falls die Sauce zu sehr einkocht, noch mehr Brühe zugießen. Sauce nach Geschmack im Mixer pürieren und wieder in die Pfanne geben.
4. Während die Sauce köchelt, Nudelwasser zum Kochen bringen. Wasser salzen und Pasta in das sprudelnde Wasser einlegen.
5. Die Spaghetti nach rund dreiviertel der empfohlenen Kochzeit abgießen – sie müssen noch gut *al dente* sein –, dabei rund 500 ml Kochwasser auffangen.
6. Nudeln und die Hälfte des Kochwassers zur Sauce geben und auf größter Flamme 3–5 Minuten kochen, bis die Spaghetti fertig sind und die Sauce sich gut damit verbunden hat. Falls die Sauce zu sehr einkocht, von dem restlichen Kochwasser (nicht mehr als 1/2 Kelle auf einmal) zugeben.
7. Pasta auf Teller verteilen, mit etwas Olivenöl beträufeln und mit Basilikumstreifen garnieren.

Bibliographie

Enrico Alliata, Herzog von Salaparuta, *Vegetarian Cooking and Raw Naturism*
Pellegrino Artusi, *Culinary Science and the Art of Eating Well* (1910)
Giovanni Ballarini, *Risks and Virtues of Food* (Calderini, 1989)
Luigi Carnacina, *La Buona Vera Cucina*
Jean Carper, *Wundermedizin Nahrung* und *Jungbrunnen Nahrung* (Econ 1996)
Lotteringhi della Stufa, *Dinners and Banquets*
Carol Fields, *The Italian Baker* (HarperCollins, 1986)
Jeanne Carola Francesconi, *La Cucina Napoletana*
Marcella Hazan, *Die klassische italienische Küche* (Heyne, 1995)
Anna Tasca Lanza, *The Heart of Sicily* (Clarkson Potter, 1993)
Mary Taylor-Smith, *Pomp and Sustenance* (Knopf, 1989)
Oretta Zanini de Vita, *The Food of Rome and Lazio*
Armando Zanotto, *Il Radicchio in Cucina*

Rezeptverzeichnis nach Sachgruppen

Fenchel – Finocchio

Kapern – Capperi

Kartoffeln – Patate

Knoblauch – Aglio

Paprikaschoten mild und scharf – Peperoni e Peperoncini

Weißkohl und Rotkohl – Cavolo e cavolo nero

Winterkürbis – Zucca

Zucchini und Zucchiniblüten – Zucchini e fiori di zucca

Zwiebeln, Lauch und Frühlingszwiebeln – Cipolle, porri e cipolline

Vorspeisen

Suppen

Salate

Risotti

Nudelgerichte

Saucen und Würzpasten

Beilagen

Hauptgerichte

Nachspeisen und Snacks

Alphabetisches Rezeptregister

H

I

K

L

M

N

O

P

R

V

W

Z